Paul B. Kleiser (Hrsg.)
Griechenland im Würgegriff

W0096967

Der Herausgeber

Paul B. Kleiser, geb. 1950 in Neustadt im Schwarzwald, Studium der Politischen Wissenschaften, Germanistik, Geschichte und Volkswirtschaft in Konstanz und München, Dozent der Erwachsenenbildung, Autor, Lektor und Übersetzer, politisch aktiv bei attac und im Sozialforum München. Zuletzt erschienen bei ISP: Klein/Kleiser (Hrsg.), *Die EU in neoliberaler Verfassung,* Köln 2006; Kleiser, *Merkels Hosenanzug.* Befindlichkeiten der Berliner Republik, Köln 2012.

Paul B. Kleiser (Hrsg.)

Griechenland im Würgegriff

Ein Land der EU-Peripherie wird zugerichtet

Mit Beiträgen von Georgia Bekridaki, Paul B. Kleiser,
Martin Klingner und Jan Krüger, Paul Michel, Panos Petrou,
Dimitris Psarras, Nadja Rakowitz, Karl Heinz Roth,
Christos Sideris und Charles-André Udry

Martin Bruecle
Feb. 2015

ISP·Köln

Gewidmet Dimitris, Niki und Danai K. mit Dank für die langjährige Gastfreundschaft. Dimitris Heimatdorf Aegition wurde wie so viele während des Zweiten Weltkriegs von deutschen Truppen niedergebrannt und verwüstet.

Wir bedanken uns bei der Zeitschrift *Lunapark 21* für die Nachdruckerlaubnis des Beitrages von Karl Heinz Roth, bei der *Sozialistischen Zeitung* (SoZ) für die Nachdruckerlaubnis des Interviews mit Dimitris Psarras.

Coverfoto von Yannis Behrakis
© Thomson Reuters, Berlin

Bibliografische Information der Deutschen Bibliothek
Die Deutsche Bibliothek verzeichnet diese Publikation in der Deutschen Nationalbibliografie; detaillierte bibliografische Daten sind im Internet über http://dnb.ddb.de abrufbar

ISBN 978-3-89900-139-6

ISP

Neuer ISP Verlag GmbH, Köln/Karlsruhe
Belfortstraße 7, D-76133 Karlsruhe
e-mail: Neuer.ISP.Verlag@t-online.de
Internet: www.neuerispverlag.de

Der Neue ISP Verlag ist Mitglied der assoziation Linker Verlage (aLiVe).

2., aktualisierte und durchgesehene Auflage, April 2014
© Neuer ISP Verlag und Herausgeber
Satz: GNN-Stuttgart
Umschlaggestaltung: Druckcooperative Karlsruhe
Gesamtherstellung: Digitaldruck leibi.de, Neu-Ulm
Printed in Germany

2 3 4 5 – 14 15 16 17

Inhalt

Vorwort zur 2. Auflage

Mitte Juni 2013 sah der frühere Chef der Euro-Gruppe und Ministerpräsident Luxemburgs, Jean-Claude Juncker, Griechenland »auf einem guten Weg«. Auch Bundeskanzlerin Angela Merkel und Finanzminister Wolfgang Schäuble rühmten mehrfach die »Sparanstrengungen« und »Reformbemühungen« der griechischen Regierung. Angesichts der heutigen sozialen Realität in Griechenland muss man davon ausgehen, dass es sich bei diesen Politikern um Zyniker oder Ignoranten handelt. Denn wenige Tage nach dem Juncker-Statement vermeldete die Presse ein weiteres »Minuswachstum« von 5,2 Prozent für das erste Quartal 2013; laut Monatsberichte der Deutschen Bundesbank schrumpfte die griechische Wirtschaft im Gesamtjahr 2013 wiederum um vier Prozent. 2012 war im Gegensatz zum von der Troika und der griechischen Regierung zur Schau gestellten Optimismus über die angeblichen »Erfolge der Sparpolitik« die Wirtschaftsleistung um sechs Prozent zurückgegangen. Seit drei Jahren verkündet die der Gesundbeterei verfallene Regierung jeweils einen Aufschwung für das kommende Jahr, nun auch wieder für 2014. Seit Ausbruch der Krise ist die griechische Wirtschaft jedoch um über 25 Prozent geschrumpft. In einem Bericht gab der IWF Anfang Juni 2013 zu, dass es »einen sehr großen Unterschied« gebe zwischen den eigenen Vorhersagen und der eingetretenen Realität. Doch die Politik des Kahlschlags geht unvermindert weiter; die sozialen Folgen verschlimmern sich zusehends. Das hat Angel Gurria, den Generalsekretär der OECD, nicht gehindert, zu prahlen: »Kein Land hat solche Strukturreformen durchgeführt wie Griechenland«. Also: Operation gelungen – Patient tot.

 »Wir sind mit Griechenland dadurch solidarisch, dass wir die Athener Haushaltspolitik genauestens überwachen«, verkündete EU-Währungskommissar Joaquín Almunia vor dem ersten „Memorandum" 2010. (*FAZ*, 4. Febr. 2010) Nicht nur erinnert die Logik dieses Satzes an Orwell, auch die daraus abgeleitete Praxis hat sichtlich verheerende Auswirkungen für das Land. Sogar ein Spekulant wie George Soros schrieb den europäischen Sparmeistern, allen voran der deutschen Kanzlerin, die mit Verweis auf die Plünderungspolitik des Dritten Reiches in Griechenland häufig mit Naziarmbinde gezeigt wird, ins Stammbuch: »Wenn ein Land nur noch spart, sinkt die Nachfrage massiv, und damit brechen die Gewinne der Unternehmen ein. Also kürzen die Firmen die Löhne und Gehälter ihrer Angestellten, die dadurch weniger Geld in der Tasche haben. So sackt die Nachfrage noch weiter ab, und das Wirtschaftswachstum bricht ein. John Maynard Keynes, der legendäre Ökonom, hat es ganz verständlich zusammengefasst: Sobald die private Nachfrage schwächelt, muss die Politik dieses Defizit ausgleichen. Nur die Deutschen scheinen ihm nicht zugehört zu haben.« (*Der Spiegel*, Nr. 7/2012)

Die Politik der kleinen Troika (so nannten die Griechen bis zum Ausscheiden der »Demokratischen Linken« ihre Regierung aus den Parteien Nea Dimokratia, PASOK und Dimar) setzte gehorsam die brutalen Austeritäts-Vorgaben der großen Troika (aus EG, Europäischer Zentralbank und Internationalem Währungsfond) in die Tat um. Sie kürzte den Haushalt wie noch kein europäisches Land zuvor, zerschlug den Sozialstaat, stürzte das Volk in Massenarmut und berief sich angesichts des Massenwiderstandes auf Gesetze aus der Zeit der Militärdiktatur, um angekündigte Streiks von Beschäftigten des Öffentlichen Nahverkehrs oder Lehrerinnen und Lehrern zu untersagen. Während hierzulande bei der Forderung nach Mindestlöhnen gerne auf die Tarifautonomie verwiesen wird, hob die Athener Regierung *per ordre de Mufti* die geltenden Verträge einfach auf und ordnete drastische Lohnsenkungen an. Die europäische Kommission, die die EU gerne als »Raum des Rechts und der Demokratie« ausgibt, schwieg zustimmend. Binnen weniger Jahre wurden die seit dem Sturz der Militärdiktatur 1974 von den Beschäftigten und ihren Gewerkschaften erkämpften Löhne und sozialen Absicherungen dem Austeritätsmoloch geopfert. Und die Demokratie weicht mehr und mehr einem autoritären Regime, dessen Repressionsapparat (mit teilweiser Unterstützung der »Stiefelnazis« der »Goldenen Morgenröte«) brutal gegen die Widerstandsaktionen der einfachen Bevölkerung vorgeht. Hinter dem Regierungshandeln verbergen sich letztlich die Interessen der griechischen Reeder- und Bankerbourgeoisie, die für Griechenland die gleiche Bedeutung hat wie in Deutschland die Automobilindustrie; gut zehn Prozent der abhängig Beschäftigten stehen in ihren Diensten. Längst haben die Reeder gleich den russischen Oligarchen einen erheblichen Teil ihres Besitzes außer Landes gebracht. Ihre Vermögen in der Schweiz sollen den gleichen Umfang haben wie die der deutschen Steuerhinterzieher. Ihnen gehört die größte Handelsflotte der Welt; doch unter welcher Flagge sie fahren, entscheiden sie allein nach ihren pekuniären Interessen. Eine ganze Reihe von ihnen findet man auf der Forbes-Liste der 500 reichsten Familien der Welt. Seit der Militärdiktatur sind sie von direkten Steuerzahlungen ausgenommen; dafür machten sie damals den Diktator Papadopoulos zum »Ehrenvorsitzenden auf Lebenszeit«. Sie kontrollieren auch die privaten Fernsehstationen und die meisten Presseorgane des Landes. Letztlich ist die gegenwärtige Regierung völlig von ihnen abhängig, so dass sie bislang trotz zahlreicher Mahnungen aus Brüssel eine effektive Besteuerung der Reichen verhindert hat. Die Behandlung der Lagarde-Liste von Familien mit Vermögen in der Schweiz spricht Bände über das griechische Netzwerk von Korruption und Klientelismus.

Auf der anderen Seite müssen allein in Athen täglich mindestens 50 000 Menschen nach Suppenküchen suchen, um überleben zu können. Mindestens ein Viertel der Bevölkerung lebt inzwischen an oder unter der Armutsgrenze. In Athen kann man z. B. rund um die Universität Hunderte von Menschen beobachten, die in aller Öffentlichkeit mit schmutzigem Besteck Drogen konsumieren. Man braucht sich nicht zu wundern, dass die Zahl der AIDS-Infizierten steil nach oben geht. Die Regierung strich die geringen Geldmittel für die Vorsorge bei Infektionskrankheiten zusammen und beauftragte statt dessen die Polizei, Drogenabhängige und Infizierte einzusperren. Zwei Minister der PASOK riefen gar die Bevölkerung zur Denunziation auf, um jene zu verhaften, die in den Augen der Minister »eine gesundheitliche Zeitbombe darstellen«, die »Gesellschaft mit ansteckenden Krankheiten verschmutzen« und »griechischen Familienvätern« (sic) den Tod durch AIDS bringen.

Das Ausmaß von Krise und Verarmung lässt sich nur mit der Zeit der deutschen Besatzung und des anschließenden Bürgerkriegs vergleichen. Aber auch diese Zeiten waren für die Onassis, Niarchos oder Latsis usw. ein ziemlich gutes Geschäft.

Aber – so wird man einwenden – haben »wir« nicht Milliarden an Griechenland bezahlt? Und blutet der *Mater dolorosa* aus der Uckermark angesichts der sozialen Einschnitte, Rentenkürzungen und Entlassungen nicht »schon das Herz«? Dankenswerterweise hat attac Österreich sich die Mühe gemacht und hat einfach mal nachgerechnet, wohin die vielen Milliarden geflossen sind, denen man das Etikett »Rettungspläne« oder »Hilfszahlungen« angeklebt hat. Von den 207 Milliarden an »Hilfen«, die seit Mai 2010 in den vier »Memoranden« vereinbart worden sind (inzwischen sind es 240 Mrd.), wurden 55 Mrd. für die Rückzahlung fällig gewordener Staatsanleihen und elf Mrd. für den Rückkauf alter Schulden verwendet. Mit 58 Mrd. wurde das Eigenkapital griechischer Banken aufgestockt – nachdem es durch Kapitalflucht der Reichen ins Ausland kräftig ausgezehrt worden war. Mit 35 Mrd. wurde den Banken und »Investmentfonds« der Welt der Schuldenschnitt des Jahres 2012 schmackhaft gemacht – nachdem sie vorher angesichts von Zinsen bis 35% einen kräftigen Reibach gemacht hatten. Die Gesamtzahlungen Griechenlands für Zinsen und Tilgung dürften sich für die vergangenen 20 Jahre ohnehin auf über eine Billion Dollar belaufen – das Land wurde von den Gläubigern also kräftig ausgenommen. Seit 1991 soll das Land allein 640 Mrd. Euro an Zinsen bezahlt haben, wovon etwa 75% an ausländische Kreditgeber gingen. Der

Beitritt zum Euro war ja gerade mit der Hoffnung verbunden, bei den Zinsen, die angesichts einer rasch an Wert einbüßenden Drachme häufig bei 20 bis 30 Prozent lagen, kräftig sparen zu können, was bis 2008 ja auch gelang.

Jedenfalls kommt attac Österreich zum Schluss, dass sich mindestens 77 Prozent der Kredite direkt oder indirekt dem Finanzsektor zuordnen lassen. Selbst von den knapp 47 Mrd. Euro, die überhaupt im Staatsbudget aufgetaucht sind, musste (oder wollte) die Athener Regierung 35 Mrd. als Zinszahlungen an die Besitzer von Staatsanleihen weiterreichen. Dazu kommen noch gut zehn Milliarden für die »Landesverteidigung«, denn »Merkozy« machten im Interesse der deutschen und französischen Rüstungsindustrie mächtig Druck, um zu verhindern, dass Athen Rüstungsaufträge stornierte. In Griechenland stehen mehr Panzer deutscher Fabrikation als hierzulande selbst! Die Griechen müssen also ihre Panzer und U-Boote bezahlen, auch wenn sie dabei vor Hunger krepieren – so sieht die Moral »christlicher« PolitikerInnen aus. Die Programme der Bankenrettung waren und sind also im Wesentlichen Rettungsprogramme für die Reichen und Superreichen, die seit 2007 ihre Einkommen deutlich steigern konnten, während der Großteil der Bevölkerung auf der Strecke bleibt oder sogar in bittere Armut gestoßen wird.

Die offizielle Arbeitslosigkeit (laut www.statistics.gr) lag im September 2013 bei 27,4% und im Oktober bei 27,8%. Bei den 15 bis 24-Jährigen lag sie bei 57,9%; im angeblich »produktivsten Alter« von 25 bis 34 Jahren immer noch bei 37,8%; im Oktober 2013 waren insgesamt 1.387 540 Menschen arbeitslos gemeldet. Von ihnen waren 71% Arbeitslose von »langer Dauer«, also über einem Jahr; 23,3% waren »neue Arbeitslose«, die noch nie in Lohn und Brot standen. Das Wachstum der Arbeitslosigkeit zwischen dem 3. Quartal 2010 und dem 3. Quartal 2013 lag bei 130,1%. Die Zahlen des wissenschaftlichen Instituts der GSEE (Gewerkschaft der Privatangestellten) sind noch höher. Eine genauere Prüfung der offiziellen Zahlen zeigt eine weit alarmierendere Realität des sog. »Arbeitsmarktes«. So ist die Zahl der (zwangsweise) Teilzeitbeschäftigten (die gerne voll arbeiten würden), seit dem dritten Quartal 2010 von 135 100 auf 213 900 im dritten Quartal 2013 angestiegen. Die Zahl der Menschen, die aus Frustration überhaupt nicht mehr nach Arbeit suchen, aber gerne arbeiten würden, hat sich im gleichen Zeitraum von 54 900 auf 96 700 erhöht. Im Privatsektor sind 1.371 450 Menschen beschäftigt, was der Zahl der Arbeitslosen entspricht. Und der Mindestlohn wurde von 751 Euro auf 586 Euro, für die unter 25-Jährigen sogar auf 511 Euro zusammengestrichen.

Diese Situation hilft den Kapitalisten, das »Gesetz des Dschungels« durchzusetzen. So verdienen 20 Prozent der Beschäftigten höchstens 500 Euro im Monat, während es bei 43% bis zu 800 Euro sind – jeweils brutto! Der um die saisonalen Schwankungen korrigierte Lohnindex (laut der Veröffentlichung des Amtes für Statistik vom 27. Dezember 2013) lag 2008 bei 101,5 und fiel bis Ende 2013 auf 82,1. In zahlreichen Sektoren sind die Löhne um mehr als ein Drittel gefallen, im Öffentlichen Dienst um 30 Prozent. Außerdem wird ein bedeutender Teil der Arbeitskräfte offiziell in »Teilzeit« für vier oder weniger Stunden angestellt, arbeitet aber acht und mehr Stunden unbezahlt. Hinzu kommt, dass viele Menschen über mehrere Monate auf ihren »Scheißlohn« warten (vier Monate haben sozusagen »Tradition«), aber dennoch arbeiten, um ihre Sozialversicherung zu behalten.

Junge Menschen, insbesondere besser Qualifizierte, wandern zu Tausenden ins Ausland ab, weil sie zuhause keinerlei Perspektive sehen. Die schmale Arbeitslosen-Unterstützung wird – wenn überhaupt – höchstens ein Jahr lang bezahlt und liegt zwischen 180 und 468 Euro. In über 40 Prozent der Haushalte gibt es mindestens einen Arbeitslosen.

Gleichzeitig wurden die Steuern massiv erhöht. Die Mehrwertsteuer stieg auf 23%; für den Öffentlichen Dienst wurde eine zusätzliche »Solidaritäts-steuer« eingeführt und alle Eigenheimbesitzer (dies sind etwa drei Viertel der Griechen) haben nun (neben drei schon bestehenden Steuern) eine neue Immobiliensteuer zu bezahlen, die mit der Stromrechnung eingezogen wird. Gegenwärtig wird monatlich etwa 30 000 Haushalten die Stromversorgung abgeklemmt, weil sie die Rechnungen nicht bezahlen können. Mindestens 300 000 Haushalte haben gegenwärtig keinen Strom. Inzwischen steigt auch die Zahl der Haushalte stark an, denen sogar das Wasser abgestellt wird. (*SZ,* 25. Juni 2013)

Viele Schulen, Kindergärten – aber auch Privathaushalte – waren diesen Winter ohne Heizung. Wie im Krieg wurden Bäume und Wälder illegal abgeholzt, um nicht frieren zu müssen. In Thessaloniki wurden Verschmut-zungswerte der Luft gemessen, die um ein Vielfaches über dem von der EU festgelegten höchstens zulässigen Grenzwert lagen. Das Öl-Embargo des Westens gegen den Iran hat diese Krise weiter verschärft, zumal die chemische Industrie häufig Erdöl als Rohstoff benötigt.

Besonders dramatisch ist die Lage im Gesundheitswesen, das schon immer unter zahlreichen Problemen der Unterversorgung und der Korruption (die berüchtigten »Fakelaki« = Briefchen) litt. Arbeitslose verlieren nach einem Jahr die Krankenversicherung; daher sind mindestens ein Drittel der Bevöl-kerung ohne diesen Schutz (manche sagen: fast die Hälfte). Die Medikamente muss man selbst bezahlen und kann dann hoffen, irgendwann max. 75% der Kosten zurückerstattet zu bekommen; doch dabei lässt sich der Staat sehr viel Zeit. Außerdem war der Staat sehr erfinderisch im Ausdenken weiterer Selbstbeteiligungen. Die aus einem Zusammenschluss mehrerer Kassen neugeschaffene Krankenversicherung EOPYY soll mit fast zwei Milliarden Euro bei den Versicherten in der Kreide stehen. Denn der Staat möchte die Vorgaben der Troika erreichen und um jeden Preis im Budget einen »Primärüberschuss« vorweisen können, damit nach Auslaufen der Memoranden Ende 2014 mit den internationalen Institutionen neue Kredite vereinbart werden können. Im vergangenen Jahr haben gut zwei Drittel der Bevölkerung keinen Arzt gesehen, nicht, weil sie so gesund wären, sondern weil sie einfach nicht über die nötigen Mittel für einen Arztbesuch verfügen. Das führt zu unvorstellbaren Zuständen in den Notaufnahmen der Krankenhäuser, deren Personal bis zur Erschöpfung arbeiten muss – und öfters lange auf die (gekürzten) Lohnzahlungen warten kann. Seit Beginn der Krise wurden 35 000 Arbeitsplätze im Gesundheitssektor gestrichen. (SZ, 3. Juli 2013) Laut Encyclopaedia Britannica (Book of the Year) gab es 2007 in Griechenland 47 944 Ärzte, einen auf 229 Einwohner, was etwa der deutschen Ärztedichte entsprach; diese Zahl ist bis 2012 auf 22 462 oder einen auf 502 Einwohner gefallen. Denn die Ausgaben für Gesundheit wurden auf sechs Prozent des (schrumpfenden) BIP gedeckelt, doch so tiefe Krisen machten eigentlich eine deutliche Erhöhung der Ausgaben nötig, weil psychische und psychosomatische Erkrankungen massiv zunehmen. Allein die Ausgaben für Medikamente sind von 4,3 Mrd. Euro auf 2,8 Mrd. Euro zusammengestrichen worden und sollen weiter bis auf zwei Milliarden abgesenkt werden. (The Lancet, vol. 383, 22. Febr. 2014) Damit gibt Griechenland weniger für Gesundheit aus als alle Länder, die vor 2004 der EU beigetreten sind. Der frühere Gesundheitsminister Andreas Loverdos meinte zynisch, man habe das »Metzgermesser« angesetzt. Binnen gut einem Jahr wurde sein Stuhl bereits vom dritten Nachfolger, dem aus der rechtsradikalen LAOS-Partei stammenden Antonis Georgiadis eingenommen, der gerade dabei ist, die zur EOPYY gehörenden ambulanten Polikliniken zu schließen, um weitere 8 500 Beschäftige loszuwerden, damit die Troika ihr Plazet für die Freigabe weiterer Kredittranchen gibt.

Vom früheren isländischen Gesundheitsminister Gudjun Magnusson soll die Frage stammen, was der Unterschied sei zwischen einen Vampir und dem IWF? (Island hatte sich beharrlich geweigert, den Sparvorgaben von IWF und OECD im Sozial- und Gesundheitsbereich nachzukommen. Dafür hat es seine hochstehende Versorgung der Bevölkerung behalten.) Seine bittere Antwort: Der Vampir hört auf, einem das Blut auszusaugen, wenn man tot ist. Dass die Austeritätspolitik Menschen buchstäblich umbringt, lässt sich am griechischen Beispiel leicht belegen. Im Jahr 2009 verlangte die Troika unter Führung des IWF, dass der Gesundheitsetat von 24 auf 16 Mrd. Euro heruntergekürzt werde. Griechenland dürfe höchstens sechs Prozent des BIP für die Gesundheit ausgeben, während es in Deutschland etwa elf Prozent (USA 18%) sind. Die Folgen: eine um 40 Prozent angestiegene Kindersterblichkeit oder Krebspatienten, die so lange nicht zum Arzt gehen, bis ihnen die Tumore durch die Haut wuchern. Es fehlt an allem, an sauberen Spritzen, Handschuhen und Desinfektionsmitteln. Dabei weiß man seit langem, dass in Krisen aufgrund des physischen und psychischen Stresses die Zahl der Erkrankungen zunimmt. Vor allem Herz-Kreislauferkrankungen und Diabetes, aber auch Krebserkrankungen treten vermehrt auf. Diese durch die Politik von EU und Troika mitverursachte Lage kann man nur als humanitäres Desaster bezeichnen!

Angesichts dieser Situation sind überall in Griechenland Formen der Selbsthilfe und der Selbstorganisation entstanden. Bauern verkaufen ihre Produkte direkt an die Verbraucher, Menschen schließen sich zusammen, um Suppenküchen zu organisieren, es gibt Formen des geldlosen Austausches von Gütern und Dienstleistungen usw. Mit »Solidarity for all« ist auch eine Art Dachorganisation entstanden, die die verschiedenen Initiativen koordinieren und zusammenführen soll. Die Abgeordneten der Linkspartei Syriza spenden 20 Prozent ihrer Diäten, damit diese Koordinierungsstelle und ihre Arbeit bezahlt werden kann. In ihrem Beitrag analysiert die Athener Soziologin *Georgia Bekridaki* die verschiedenen Ansätze und Strömungen der Bewegungen für Selbstorganisation und stellt sie dem deutschsprachigen Publikum vor. Ergänzt wird dieser Artikel durch den Erfahrungsbericht von *Nadja Rakowitz* vom Verband demokratischer Ärztinnen und Ärzte, der sich natürlich vor allem mit dem Gesundheitswesen und den alternativen Praxen befasst. Hinzu kommt ein Interview mit einem der Organisatoren der »Social Clinic« von Elleniko bei Athen, der auch auf die Möglichkeiten und Grenzen dieses Ansatzes eingeht. Dieses von etwa 250 Ärzten, Ärztinnen, Krankenschwestern und anderen HelferInnen betriebene Zentrum, das durch zahlreiche Presse- und Medienberichte (z. B. *SZ*, 25. Juni 2013) inzwischen auch international bekannt geworden ist, versorgt mittlerweile monatlich unentgeltlich etwa tausend mittellose PatientInnen. Diese Entwicklung hat Schule gemacht; mittlerweile gibt es in Griechenland über 40 solcher selbstverwalteten Ansätze der Gesundheitsversorgung.

Einige Jahre lang konnten Flüchtlinge noch am ehesten über die türkische Grenze nach Griechenland kommen und so in die »Festung Europa eindringen«. An eine Weiterreise war und ist jedoch zumeist nicht zu denken, weil die nationalen Egoismen gerade der reichen EU-Länder eine gerechte Lastenverteilung hintertreiben. Etwa eine Million ImmigrantInnen aus Albanien oder Bulgarien, sowie Flüchtlinge aus asiatischen oder afrikanischen Ländern »strandeten« in Hellas. Mit der Krise nehmen die Überlebensmöglichkeiten der Flüchtlinge in Griechenland ab und der Rassismus der Einheimischen zu. Verzweiflung und ohnmächtige Wut einer verarmten und gedemütigten Bevölkerung – das lehrt die historische Erfahrung der 1930er Jahre – können sich auch gegen diejenigen richten, denen es noch dreckiger geht. An der Grenze zur Türkei wurden in den vergangenen Jahren hunderte Menschen einfach umgebracht; nur in den seltensten Fällen wird ein Täter ermittelt.

In der Nacht vom 19. auf den 20. Januar 2014 bestiegen 28 Flüchtlinge aus Afghanistan im türkischen Izmir ein Schiff, dessen Kapitän sie auf die griechische Insel Farmakonisi bringen sollte. Das Schiff erreichte die griechische Küste, wurde aber von der Küstenwache wieder aufs Meer hinausgeschleppt und womöglich seeuntauglich gemacht. Dabei kamen zwölf Menschen, vor allem Frauen und Kinder, zu Tode. Karl Kopp von der Hilfsorganisation Pro Asyl spricht von einer »Push-Back-Operation«, wobei Flüchtlingsboote einfach wieder aufs Meer zurückgeschoben und dort ihrem Schicksal überlassen werden. (*SZ*, 13. Febr. 2014) Diese Praxis widerspricht allen von der EU und ihren Mitgliedsländern beschlossenen Menschenrechtskonventionen und ist natürlich rechtswidrig, aber gerade im Mittelmeerraum weit verbreitet. Zehntausende haben dort ihren Versuch, nach Europa zu gelangen, mit dem Leben bezahlt. Zusammen mit den Mitgliedsstaaten baut die EU das Frontex-System auf, das eine Einwanderung übers Mittelmeer praktisch verunmöglichen soll.

Besonders besorgniserregend ist der rasche Aufstieg der neofaschistischen Partei »Goldene Morgenröte« (Chrysi Avgi) von einer 1980 gegründeten Kleinstgruppe zur drittgrößten Partei des Landes. Man kann sie als eine Art Sumpfblüte der griechischen Wirtschafts- und Gesellschaftskrise bezeichnen. Ihre Führung tritt bei jeder Gelegenheit mit »Hitlergruß« auf; einige Abgeordnete riefen sogar im Athener Parlament »Heil Hitler!« und ihr Pressesprecher Ilias Kasidiaris, ein früherer Elitesoldat, der die Verminung der griechisch-türkischen Grenze fordert, griff im Wahlkampf 2012 vor laufender Kamera zwei Abgeordnete von Syriza tätlich an.[1] Öffentlich wird der Holocaust in zahlreichen Reden und Schriften geleugnet. Solange die sozialen Verwüstungen, die langjährige Arbeitslosigkeit, die Ruinierung der Mittelklassen und die soziale und politische Krise weitergehen, findet der Faschismus immer Gehör in jenem Teil der Gesellschaft, der für seine vergiftete Botschaft empfänglich

---

1   Dimitris Psarras, *Neonazistische Mobilmachung im Zuge der Krise.* Der Aufstieg der Nazipartei Goldene Morgenröte in Griechenland, Analysen der Rosa-Luxemburg-Stiftung, Berlin 2013, S. 42.

14

ist. Nachdem nun der Niedergang der Nea Dimokratia begonnen hat und sich sogar Teile der konservativen Mittelklasse von ihr entfernen, müssen wir längerfristig mit einem neuen Anwachsen von Chrysi Avgi rechnen. Dies gälte besonders für den Fall, dass Syriza die nächsten Wählen gewänne und eine linke Regierung bilden könnte.

Auf das Konto von Chrysi Avgi gehen zahlreiche Verbrechen und Gewalttaten, vor allem gegen MigrantInnen. Sie verfügt auch über gute Verbindungen zu Teilen der Polizei, der sie bisweilen bei der Festnahme von »Illegalen« half. Doch erst der Mord an dem antifaschistischen »griechischen« Sänger und Rapper Pavlos Fyssas am 18. September 2013 brachte die Justiz dazu, ihren bulligen »Führer« Nikos Michaloliakos und andere Abgeordnete von Chrysi Avgi verhaften zu lassen. Insgesamt wurden über dreißig Mitglieder und Funktionäre festgenommen. Sie werden – abgesehen vom Mord an Fyssas – folgender Verbrechen beschuldigt: Bildung einer verbrecherischen Organisation, versuchter Mord, Totschlag, schwere Körperverletzung, Erpressung und Geldwäsche (*Kathimerini*, 28. Sept. 2013 und *SZ*, 30. Sept. 2013). *Paul Michel* beleuchtet die Hintergründe des sich ausbreitenden Rassismus und des Aufstiegs der Neonazis in einem Land, das unter der deutschen Besatzerherrschaft unendlich zu leiden hatte, wie der Beitrag von *Karl Heinz Roth* ausweist.

Nach dem erfolglosen Generalstreik von Anfang November 2012 zur Verhinderung der Verabschiedung des 4. Memorandums durch das Athener Parlament dachten viele, die Bevölkerung sei zu müde für weitere großangelegte Widerstandsaktionen. Ministerpräsident Samaras von der Nea Dimokratia versuchte diese Situation auszunützen, als er zur Erfüllung der Forderung der Troika nach Entlassung von 15 000 Staatsbediensteten die öffentliche Rundfunk- und Fernsehstation ERT einfach schließen ließ, ohne vorher seine »Partner« in der Regierung zu konsultieren. Dadurch sollten auf einen Schlag 2 700 Arbeitsplätze »abgebaut« werden. Unter diesen Bedingungen verließ die »Demokratische Linke« von Fotis Kouvélis das Kabinett. Es drohte eine Regierungskrise und Neuwahlen, die evtl. zu einem Wahlsieg von Syriza hätten führen können – eine Schreckensvision für die Granden der EU und der Troika. Offensichtlich wurde hinter den Kulissen (auch aus Berlin) massiver Druck aufgebaut, damit die PASOK von Evangelos Venizelos in der Regierung verblieb und ihr eine schwache Mehrheit sicherte. Allerdings spricht vieles dafür, dass es in absehbarer Zeit zu Neuwahlen kommen wird, da die Regierungsmehrheit nun auf zwei Stimmen geschrumpft ist.

Die Schließung von ERT führte zu Massenprotesten und Demonstrationen, die von manchen mit der Besetzung des Politechnikums von 1973 und den unzensierten freien Radiosendungen von dort verglichen wurden, die ein Jahr später in den Sturz der Militärdiktatur einmündeten. *Panos Petrou* gibt eine Analyse dieses exemplarischen Kampfes der Beschäftigten und der Bewegung, die sich um ihn herum gebildet hat und bis heute weitergeht.

Der Herausgeber bedankt sich bei Georgia Bekridaki, Giorgos Chondros, Pavlos Delkos, Angela Klein, Thanasis Kourkoulas, Fotios Markou, Paul Michel, Elisabet Näher, Panos Petrou und Charles-André Udry für ihre Hilfen und Unterstützung.

München, im März 2014   Paul B. Kleiser

I. Griechenland – die Last der Geschichte

Von Paul B. Kleiser

Seit dem späten 18. Jahrhundert wurde das Thema Griechenland in der westeuropäischen Öffentlichkeit, zumal der deutschen, zu einem wichtigen soziokulturellen Bezugsrahmen. Dabei wechselten sich Stellungnahmen der Bewunderung für die großen Leistungen der Griechen der Antike immer wieder mit negativen Urteilen, ja Verunglimpfungen der Neugriechen ab. Häufig sprach man ihnen schlichtweg ab, überhaupt mit dem klassischen Athen oder Sparta – oder aber dem Hellenismus Alexanders des Großen und seiner Nachfolger – etwas zu tun zu haben. Man hielt sie für Orientalen, die überdies einer vernunftfeindlichen, obskurantistischen Religion anhingen. Besonders misstrauisch beäugte man die griechischen Händler Kleinasiens, die wie alle »Händlervölker« im Verdacht standen, nur durch Betrug und Ausbeutung zu ihrem (realen oder vermuteten) Reichtum gekommen zu sein. Exemplarisch für diese Haltung waren die millionenfach verbreiteten Bücher von Karl May, die ein äußerst negatives Griechenbild zeichnen. So heißt es in *Durch die Wüste*: »Der echte Türke ist ein ehrlicher, biederer Charakter. (…) Wo in der Türkei eine Gaunerei oder ein Halunkenstreich verübt wird, da hat *ein Grieche* seine schmutzige Hand im Spiel.«(Karl May 1962, 281) Leicht erkennt man die damals wie heute weit verbreiteten Vorurteile über »Handelsvölker« (Armenier, Griechen, Juden, Chinesen in Südostasien usw.).

Die genauso negativen wie unqualifizierten Behauptungen und Urteile von BILD (»Pleitegriechen«) oder *Focus* (die Aphrodite mit Stinkefinger) über Griechenland stehen durchaus in dieser rassistischen Tradition. Es wird so getan, als seien zweifellos in der griechischen Gesellschaft vorhandene Übel wie Korruption und Steuerhinterziehung gewissermaßen in jenem Volk genetisch verankert, als wären *alle* GriechInnen korrupt. Wenn der griechische periphere Kapitalismus mit der überlegenen Konkurrenz des europäischen Zentrums nicht mithalten kann und niederkonkurriert wird, liegt das dieser Ansicht nach nicht an der inneren Logik des kapitalistischen Systems, sondern dem moralischen Versagen »der Griechen«. Da die vorherrschende Ideologie geschichtliches Gewordensein gleichsam verdampft, um eine abstrakte Chancengleichheit aller behaupten zu können, verkennt sie die realen Unterschiede und Bedingtheiten und kann daher wirtschaftliches Versagen (einer aus diversen Gründen wenig erfolgreichen nachholenden Entwicklung) nur als individuelle oder kollektive Unfähigkeit oder Versagen deuten.

1. Griechenlandbilder

Historisch betrachtet erfolgte die Wiederentdeckung der alten Griechen in Westeuropa einerseits in der Renaissance (teilweise durch Vermittlung der Araber, im deutschen Kulturraum spielte Melanchton die größte Rolle), in Mitteleuropa vor allem aber in der Zeit des deutschen Idealismus. Der Neuhumanist Johann Joachim Winckelmann (1717-1768) rühmte die griechische Kunst (die er allerdings nur aus Italien kannte) und sprach ihr normbildenden Vorbildcharakter für die damalige Gegenwartskunst zu. In seinem Werk »Geschichte der Kunst des Altertums« (1764) schrieb er: »Der einzige Weg, für uns groß, ja wenn es möglich ist, unnachahmlich zu werden, ist die Nachahmung der Alten, und was jemand von Homer gesagt, dass derjenige ihn bewundern lernet, der ihn wohl verstehen gelernet, gilt auch von den Kunstwerken der Alten, sonderlich der Griechen.« (zit. nach Wolf Seidl 1989, 22). In der Nachfolge von Winckelmann begeisterten sich Lessing, Schiller, Goethe, Kleist und vor allem Friedrich Hölderlin, um nur die bekanntesten Namen zu nennen, für die Kultur des alten Griechenlands. Die deutsche Klassik ist ohne diesen Hintergrund einer intensiven Rezeption der Kultur der alten Griechen nicht zu verstehen. Goethe schrieb seine »Iphigenie auf Tauris«, um »das Land der Griechen mit der Seele zu suchen«. Und Hölderlin fragte in seinem »Gesang des Deutschen«: »Wo ist dein Delos, wo dein Olympia, daß wir uns alle finden am höchsten Fest?« Er träumte sich nach Griechenland: »Mich verlangt ins ferne Land hinüber, nach Alcäus und Anakreon, und ich schlief' im engen Hause lieber, bei den Heiligen in Marathon.«

Seit der Französischen Revolution, vor allem jedoch seit den napoleonischen Kriegen, stellte man in Deutschland zudem das griechische Ideal der Haltung der Welschen (der Franzosen) gegenüber, die sich traditionell als Nachfolger des (westlichen) Römischen Reiches und auch der ästhetischen Vorstellungen der Römer gesehen hatten. In der Französischen Revolution strebten die Jakobiner eine Art Neuauflage der Römischen Republik an und drapierten sich häufig auf römische Art. Bereits die französische Klassik (Corneille, Racine, Molière) hatte vom römischen Vorbild Zeugnis abgelegt.

Im Umkreis des griechischen Befreiungskampfes ab 1821, der als Nachbeben der napoleonischen Kriege und als Beginn des Zerfallsprozesses des Osmanischen Reiches (Napoleon war 1798 ins zum Osmanischen Reich gehörende Ägypten einmarschiert, ohne auf ernsthaften Widerstand zu stoßen) gesehen werden kann, entstand in ganz Westeuropa eine neuerliche Griechenlandbegeisterung. Diese philhellenische Bewegung war mehrheitlich liberal ausgerichtet und sah in der Unterstützung des Kampfes der Griechen die

Chance, gegen das nach dem Wiener Kongress 1815 entstandene reaktionäre Europa unter der Fuchtel des österreichischen Kanzlers Fürst Metternich die Werte der Französischen Revolution wie Demokratie und Verfassungsstaat zu verteidigen bzw. ihren Fortschritt zu ermöglichen. Doch es gab auch eine romantische Griechenlandschwärmerei, bei der sich vor allem der bayerische König Ludwig I. hervortat (er verfügte, Baiern hinfort mit dem griechischen y zu schreiben!). Er las das Evangelium im griechischen Urtext und hatte angeblich eine Büste von Homer in seinem Arbeitszimmer stehen! Die in seiner Regierungszeit in München von den Architekten und Baumeistern Friedrich von Gärtner und Leo von Klenze umgesetzten Bauwerke an der Ludwigstraße oder auf dem Königsplatz zeigen die Rezeption des klassischen Griechenland in aller Deutlichkeit. Nicht zufällig gibt es bis heute zahlreiche Parallelen in der griechischen Hauptstadt, vor allem die Akademie.

Gerade die bayerischen Philhellenen, etwa Friedrich von Thiersch (1784-1860), der sogar zur Gründung einer »deutschen Legion« zur Unterstützung des Befreiungskampfes der Griechen aufgerufen hatte, waren Fürst Metternich ein Gräuel; er forderte die Behörden mehrfach auf, gegen sie einzuschreiten und sie zu bestrafen. Auch der preußische Minister Graf von Bernstorff drängte die bayerische Regierung, polizeilich gegen den Professor aus München vorzugehen.

Der aus Dessau stammende Dichter Wilhelm Müller (»Griechenmüller«) brachte die unterschiedlichen Beweggründe der Griechenlandbegeisterung recht gut auf den Punkt, als er schrieb: »Alle Parteien vereinigen sich in dem Interesse für die Griechen. Die Frommen werden von der Religion, die Gebildeten von den klassischen Erinnerungen, die Liberalen von der Hoffnung auf altgriechische Republiken als Vorläufer und Pflanzschulen der künftigen allgemeinen Demokratisierung, Republikanisierung Europas bewegt.« (zit. nach Irmscher 1968, 61)

Doch mit dem Ende der Herrschaft der Osmanen über den südlichen Teil des heutigen Griechenland (Großraum Athen und Peloponnes) begann auch eine weniger idealistische Beschäftigung mit den dortigen Lebensverhältnissen. Man erkannte, dass es sich bei Griechenland um ein bitterarmes Bauernland handelte, das sich selbst mehr schlecht als recht ernähren konnte und die großen Zeugnisse der Vergangenheit (mit dem Segen der orthodoxen Kirche, die gegen die »heidnische Vergangenheit« äußerst skeptisch eingestellt war) häufig als Baumaterial verwendet hatte. Der aus der Nähe von Brixen stammende Historiker Jakob Philipp Fallmerayer (1790-1861) etwa drückte seine Enttäuschung über das von ihm auf seinen Orientreisen aufgesuchte reale Griechenland in seinem Buch »Geschichte der Halbinsel Morea während des

Mittelalters« (1830) in folgenden Worten aus: »Das Geschlecht der Hellenen ist in Europa ausgerottet. (...) Denn auch nicht ein Tropfen edlen und ungemischten Hellenenblutes fließt in den Adern der christlichen Bevölkerung des heutigen Griechenlands.« (zit. nach Tzermias 1999, 13)

Der in München lehrende Professor Fallmerayer war durchaus kein Reaktionär; immerhin gehörte er als Demokrat dem Frankfurter Paulskirchenparlament von 1848 an. Doch im Gegensatz zu den Philhellenen behauptete er, bei den neuen Griechen handle es sich entweder um orthodoxe Albaner oder aber um gräzisierte Slawen, die durch ihre Einwanderung im frühen Mittelalter die Hellenen verdrängt hätten. Der Streit ist auf dem Hintergrund des Aufstiegs des Russischen Reiches zu sehen, welches sich in der Tat neben England und Frankreich zu einer Garantiemacht des neugegründeten Staates (und der orthodoxen Kirche) aufschwang. Moskau beanspruchte bereits seit der frühen Neuzeit, das »dritte Rom« zu sein, Nachfolger des 1453 unter den Schlägen der Osmanen endgültig untergegangenen byzantinischen Reiches. Und in der Tat hatte das Zarenreich neben der tragenden Rolle der orthodoxen Kirche als Kitt für die zahlreichen Volksgruppen des recht heterogenen Landes auch den byzantinischen Hofstaat »importiert«. Fallmerayer verteidigte die »abendländische Freiheit« gegen den östlichen, »byzantinisch-autokratischen Despotismus«. (Mitte der 1850er Jahre sollten Marx und Engels gegen das »halbasiatische« Zarenreich, das sie als den Hauptgegner der europäischen Revolution ansahen, eine ähnliche Haltung einnehmen.[1]) Sicherlich wandelte Fallmerayer mit seiner (im Grunde rassistischen) Abstammungslehre auf gefährlichem Pfad, denn das Zusammengehörigkeitsgefühl der durch Sprache und Tradition vereinten Griechen hatte sich bereits lange vor dem Befreiungskampf in mehreren Aufständen gezeigt. Daher konnte man ihnen eine – weniger ethnisch denn kulturell begründete – nationale Identität nicht absprechen. Was er jedoch im Gegensatz zu den idealistischen Philhellenen, die den Orient zumeist nie gesehen hatten, sehr deutlich erkannte, waren die sozialen, kulturellen und mentalen Wirkungen der byzantinischen Theokratie, die 1000 Jahre gewährt hatte, sowie natürlich der 400 Jahre, die Griechenland Teil des Osmanischen Reiches gewesen war. Man kann die heutige Lage Griechenlands und zahlreiche Verhaltensweisen seiner Bewohner nicht verstehen, ohne die langfristigen, bis heute nachklingenden Folgen dieser beiden Reiche auf Staat und Gesellschaft zu berücksichtigen. So hat die äußerst staatskritische Haltung vieler Hellenen und ihre Versuche, möglichst wenig Steuern zu bezahlen, auch mit

---

1 Vgl. die von Friedrich Engels verfassten Artikel »Die türkische Frage«, veröffentlicht Ende März 1853, MEW 9, 22-27, oder »Was soll aus der europäischen Türkei werden?«, veröffentlicht 21. April 1853, MEW 9, 31-35.

dieser Geschichte der Unterdrückung und des bäuerlichen Widerstandes gegen den Staat als einer fremden Macht zu tun.

2. Griechenland in vormoderner Zeit

Die sozio-ökonomische Analyse dieser beiden Gesellschaftsformationen ist bis heute umstritten. Besonders der Begriff »Feudalismus« (Tzermias spricht sogar von »Agrarfeudalismus«, als hätte es je feudale Strukturen gegeben, die nicht auf Landbesitz beruht hätten – darin liegt ja gerade der Unterschied zur Antike, die wesentlich durch ihre *städtische* Kultur bestimmt war! Vgl. Tzermias 1999, 28) wird in einer genauso inflationären wie letztlich inhaltsleeren Art und Weise gebraucht. Muss man noch betonen, dass es sich bei den Gesellschaften der Antike (Athen, Sparta und Rom) um *Sklavenhaltergesellschaften* gehandelt hat und dass die Sklaven einen erheblichen Teil der landwirtschaftlichen wie der Hausarbeit verrichtet haben? Laut Theorie der römischen Rechtsgelehrten handelte es sich übrigens bei einem Sklaven nicht um einen Menschen, sondern ein »instrumentum vocale« (mit Sprache ausgestattetes Werkzeug). Der laut Marx »größte Denker des Altertums« (MEW 23, 430) und Propagandist der Sklaverei Aristoteles formulierte diesen Sachverhalt ziemlich eindeutig: »Die Bauern sollen, wenn es nach Wunsch geht, am ehesten Sklaven sein, weder alle von gleicher Abkunft noch von mutigem Charakter (denn so werden sie, wie man annehmen darf, zur Arbeit tauglich sein, und man hat von ihnen keine Aufstände zu befürchten), in zweiter Linie umwohnende Barbaren von ähnlicher Art wie die Sklaven.« (Aristoteles, Politik VII, a.a.O., 234)

Auch Max Weber hat diesen Zusammenhang in aller Eindeutigkeit festgehalten: »Die antike Kultur ist Sklavenkultur.« Und weiter: »Der Krieg im Altertum ist zugleich Sklavenjagd.« [Weber, »Die sozialen Gründe des Untergangs der antiken Kultur«, in: ders. *Politik und Gesellschaft*, Neu Isenburg (Melzer) 2006, S. 704.]

Die britische Politologin Ellen Meiksins Wood hat auf das (scheinbare) Paradox aufmerksam gemacht, dass nirgendwo in der antiken Welt die Sklaverei so weit verbreitet war wie in Athen und Rom und dass in Griechenland in der Hausarbeit (*oikos*) und den attischen Silberminen fast ausschließlich Sklaven arbeiteten. Es kam zu einer »Dialektik von Freiheit und Sklaverei«, dem Entstehen von freien Bauern und freien Arbeitern, das die vielbewunderte athenische Demokratie erst möglich gemacht hat. »Die Befreiung der attischen Bauern von traditionellen Abhängigkeitsformen führte zu einer Zunahme der Sklaverei, weil andere Formen unfreier Arbeit nicht mehr existierten. Aus diesem Grund hingen Demokratie und Sklaverei in Athen eng zusammen. Aber diese Dialektik von Freiheit und Sklaverei, die der freien Arbeit einen zentralen Platz in der materiellen Produktion zuweist, beinhaltet mehr als die einfache These, dass die Athener Demokratie auf der materiellen Basis der Sklaverei beruhte. Und wenn wir davon ausgehen, dass die Freiheit der freien Arbeit nicht weniger als die Unfreiheit der Sklaven ein wesentliches, wenn nicht sogar das entscheidende Merkmal der Athener Gesellschaft war, müssen wir auch dessen Implikationen für das typische ökonomische, soziale, politische und kulturelle Leben der Demokratie berücksichtigen.« (Meiksins Wood 2010, 189f.)

Byzanz

Im heutigen Griechenland ist das byzantinische Erbe überall sichtbar. Die orthodoxe Kirche ist – nach dem Staat – der größte Grundbesitzer des Landes und hat sich bis heute einer Vermessung und Katastrierung ihrer Ländereien ziemlich erfolgreich erwehrt. Sie ist desweiteren im Wesentlichen von der Steuer befreit und ihre über 12 000 Popen sind de facto Staatsangestellte – auch wenn es gegenwärtig Verhandlungen gibt, das zu ändern. Bis in die 1980er Jahre hinein gab es keine Zivilehe und deren Einführung durch die PASOK-Regierung von Andreas Papandreou stieß auf massiven Widerstand der konservativen Teile der Gesellschaft. Bis zum Zweiten Weltkrieg (und häufig auch danach) war der Traum von der Wiedergewinnung Konstantinopels/Istanbuls für Griechenland, also die Errichtung einer Art orthodoxem Großgriechenland, weit verbreitet und Teil der Feindschaft gegen die Türken, die diesen Traum 1922 unter Führung von Kemal (Atatürk) blutig zerstört hatten.

Das römische Weltreich wurde im Jahre 395 in einen (lateinischen) Westteil und einen (griechischen) Ostteil aufgeteilt, nachdem die Hauptstadt bereits unter dem zum Christentum konvertierten Konstantin (280-337) von Rom in die nach ihm umbenannte und ausgebaute Stadt am Eingang zum Schwarzen Meer verlegt worden war. Die Teilung entsprach nicht nur ausgeprägten kulturellen Unterschieden zwischen den beiden Reichsteilen, sondern auch der größeren Bedeutung der Städte und des Handels im östlichen Mittelmeer und darüber hinaus. Griechen hatten schon sehr früh als Händler mit den Phöniziern (von denen sie sich manches abgeschaut hatten, darunter vor allem die Schrift) konkurriert. (vgl. Meier 2004, 117f.) Es gelang ihnen nach und nach, den nördlichen Teil des östlichen Mittelmeeres zu beherrschen. Außerdem gründeten sie am Mittelmeer und am Schwarzen Meer Handelsstützpunkte, aus denen sich häufig griechische Kolonien entwickelten, so in Süditalien. Christian Meier schreibt: »Das bedeutete nicht nur, dass sich dieses Volk in der Mittelmeerwelt ausbreitete, sondern auch, dass die Grundelemente seiner Eigenart sich tiefer einwurzelten, da sie umso mehr als normal erscheinen, je mehr man sich in dieser Eigenart bewährte...« (Meier 2004, 121) Die griechische Diaspora, bis heute ein typisches Kennzeichen des Hellenentums bis in die »Neue Welt« und nach Australien, entstand also bereits im Altertum.

Konstantinopel entwickelte sich nach und nach zur bevölkerungsreichsten Stadt Europas und zu einem der größten Handelszentren der damaligen Welt; ein erheblicher Teil des Handels zwischen Europa und Asien bis nach China wurde über diese Metropole abgewickelt. Das implizierte auch, dass sich Menschen sämtlicher Völkerschaften des Ostreiches in diesem Zentrum ansiedelten, das immer »multiethnischer« wurde.

Im Westen (Italien, Spanien, Frankreich) hatten die Sklaven viel größere Bedeutung als im Osten, da dort die eher kleinteilige Landwirtschaft teilweise auch von armen, jedoch formal freien Bauern betrieben wurde. Aber im Westen hätte die Latifundienwirtschaft ohne Sklaven kaum unterhalten werden können. Die rasche Abnahme der Fähigkeiten des Reiches, durch Eroberungen für einen permanenten Zustrom von Sklaven zu sorgen, brachte auch diese landwirtschaftlichen Strukturen in Bedrängnis. Das Versiegen des Zustroms von in Kriegen erbeuteten Sklaven gehört zur Erklärung des Niedergangs der antiken Wirtschaft im Westen. Max Weber zitiert Plinius, der voller Sarkasmus geschrieben haben soll: »Latifundia perdidere Italiam«. (Die Latifundien haben Italien zerstört.)

Während das Westreich jedoch bald unter dem Druck der germanischen Invasion unterging, bestand das Ostreich trotz des massiven Eindringens von Slawen auf dem ganzen Balkan, die das Reich zumindest auf dem Balkan in seinen Grundfesten erschütterten, noch weitere 1000 Jahre fort; erst die Osmanen setzen ihm 1453 mit der Eroberung von Konstantinopel (Byzanz) ein Ende. Als der britische Historiker Edward Gibbon (1737-1794) im späten 18. Jahrhundert unter dem Titel »Geschichte des Verfalls und Unterganges des römischen Weltreiches« die erste moderne Gesamtdarstellung der byzantinischen Geschichte vorlegte, sah er in ihr vor allem einen Prozess des langsamen aber kontinuierlichen Verfalls einer Gesellschaft mit großer Vergangenheit. Für ihn lagen die Ursachen weniger im Niedergang der Wirtschaft, sondern – zeittypisch – im kulturellen und moralischen Niedergang der Führungseliten. Diese Meinung wurde im 19. Jahrhundert aus dem Gefühl westeuropäischer Überlegenheit heraus noch einseitiger formuliert: William Lecky behauptete 1869, Byzanz sei die »niedrigste und verächtlichste Form der Kultur« gewesen. Die Geschichte dieses Reiches ist eine monotone Reihe von Pfaffen-, Eunuchen-, und Weiberintrigen, von Vergiftungen, Verschwörungen, allgemeiner Undankbarkeit und immerwährendem Brudermord.« (zit. nach Maier, 2001, 12) Maier bemerkt dazu, dass die byzantinische Geschichte eine eigentümliche »Fremdheit« charakterisiere und sich »Byzanz keinem Begriff von Geschichte fügt, der den historischen Prozess als Fortschritt versteht«. (a.a.O., 13)

Das Ostreich konnte sich auf eine viel ältere und komplexere Wirtschaft und Kultur stützen, die im Zeitalter des Hellenismus (und der griechischen Kolonisation Kleinasiens) mit einem dichten Netz von Handelsstädten überzogen war. Die Landwirtschaft war – wie bereits angedeutet – in der Regel kleinteiliger und somit weniger stark von Sklavenarbeit abhängig. Die Kornkammer des Ostreiches, Ägypten, kannte zwar bedeutende Sklavenhalter; doch seine landwirtschaftliche Produktion wurde überwiegend von Kleinbauern erbracht.

Konstantinopel hatte sich Ende des 6. Jahrhunderts dreier großer Angriffswellen zu erwehren, die deutlich heftiger ausfielen als die der Germanen im Westen (Hunnen und Westgoten hatten im Übrigen zuerst Ostrom angegriffen, wohl weil dies lukrativer war!): Zuerst kam es zur Invasion der Slawen und Awaren auf dem Balkan, die ganz Griechenland überrollten; sodann drangen die Perser (gewissermaßen der »Erbfeind« der Griechen) tief nach Anatolien ein und schließlich wurden die Kornkammern Ägypten und Syrien von den islamisierten Arabern erobert. Bis heute ist umstritten, weshalb das Reich im »dunklen Zeitalter« nicht unterging; entscheidend dürften seine gut trainierte, relativ schlagkräftige »Berufsarmee« sowie der Aufbau von Militärbezirken (*themata*), in denen Kleinbauern nach Bedarf Militärdienste zu leisten hatten, gewesen sein.

Bis zur Plünderung von Byzanz 1204 durch die im IV. Kreuzzug versammelten westeuropäischen Milizionäre war dieses Reich – trotz des Aufstiegs des Islam, der Eroberung des Zweistromlandes und Persiens und seiner Ausbreitung bis nach Spanien – das bestimmende wirtschaftliche, politische und kulturelle Zentrum des Mittelmeerraumes. Seine Goldwährung (Goldbesant) war weithin akzeptiert. Seine Bürokratie und Verwaltung waren sprichwörtlich und sie brachen eben auch nicht unter der Invasion der Slawen zusammen. Es besaß zumeist ein schlagkräftiges Heer und spielte lange die erste Geige im Mittelmeer- und Fernhandel, bis es von den Seerepubliken Venedig (eigentlich eine Tochter von Byzanz, man sehe sich nur die Kathedrale von San Marco an. Venedig entwickelte eine bewegliche und kampfstarke Flotte, mit deren Hilfe es das östliche Mittelmeer kontrollierte und sich in Griechenland festsetzen konnte; Venedig beherrschte Kreta sogar bis 1669) und Genua übertroffen und bekämpft wurde. Und es war die »Kulturhauptstadt« Europas, der Ort, an dem die Traditionen der Antike und des Orients (Persien) mit denen eines spezifischen Christentums verbunden und verschmolzen wurden.

Byzanz setzte die von Augustus begründete Tradition des römischen Gottkaisers fort und entwickelte sich unter Einschmelzung des Christentums zu einer Theokratie. Es vereinigte die römische Tradition des Wahlkaisertums (häufig gelangten Soldaten oder Offiziere ins Kaiseramt) mit aus Persien stammenden Zeremonien der Huldigung und des Hofstaates. Auch die Vorstellung der einen und unteilbaren Herrschaft stammt ursprünglich aus dem Orient. Seit dem 6. Jahrhundert trug der Kaiser den Titel »König und Priester«, wobei man sich ideologisch auf das Alte Testament (Melchisedek) berief. In den Händen des Kaisers lag die unumschränkte Macht und er war zugleich Quelle des Rechts. Papst Benedikt XVI. zitiert seinen frühen Vorgänger Gelasius I. (Papst 492-496), der in einem Brief an den oströmischen Kaiser Anastasios (Kaiser 491-518) das Königspriestertum ablehnte und herausstrich, die Einheit der (weltlichen und religiösen) Gewalten liege einzig in Christus. »Für die Dinge des ewigen Lebens bedürfen die christlichen Kaiser der Priester (*pontifices*), und diese wiederum halten sich für den zeitlichen Lauf der Dinge an die kaiserlichen Verfügungen. Die Priester müssen in weltlichen Dingen den Gesetzen des durch göttliche Ordnung eingesetzten Kaisers folgen, während dieser sich in göttlichen Dingen dem Priester zu unterwerfen« hat. (Benedikt XVI., 2012, 136f.) Der gegenwärtige (emeritierte) Papst sieht in dieser »Gewaltentrennung« einen Aspekt von höchster Bedeutung für die spätere Entwicklung Europas (gemeint ist der Westen), der das »eigentlich Abendländische grundgelegt« habe (a.a.O., 137). Diese bereits bei Hegel nachzulesende These hat einiges für sich, allerdings sollte man hinzufügen, dass der Papst, als er in der Renaissance zu einem der mächtigsten Fürsten Italiens aufgestiegen war, diese Trennung sicherlich wieder aufgehoben hätte, wenn er Italien unter seiner Ägide hätte vereinigen können. Versuche dazu hat es einige gegeben. (vgl. Bernhard Schimmelpfennig, *Das Papsttum*. Von der Antike bis zur Renaissance, Darmstadt (WBG) ⁶2009). Schon der Kreuzzug gegen Byzanz hatte nicht nur den Zweck, auf dem Weg nach Jerusalem »zur Befreiung der Heiligen Stätten« einen angeblichen oder wirklichen »Verbündeten des Islam« aus dem Weg zu räumen, denn die »Lateiner« waren in Byzanz aus vielerlei Gründen verhasst, sondern auch das Schisma (Kirchenspaltung) von 1053 rückgängig zu machen und die Oberhoheit des römischen Papstes über die Orthodoxie durchzusetzen.

Der byzantinische Staat versuchte (wie später der europäische Absolutismus) seine Macht durch seine Bürokratie bis in den letzten Winkel seines Gebietes zu verwirklichen. Das wirtschaftliche und soziale Leben der Bewohner wurde zur Sicherung der Besteuerung einer massiven Kontrolle unterworfen. Diese Bürokratie lastete schwer auf den Menschen, zumal sie sprichwörtlich korrupt war; doch sie überdauerte die zahllosen innenpolitischen Wirren und Palastrevolten und hielt langfristig die Kontinuität des Staates aufrecht. Trotz ihres konservativen Grundcharakters war sie im Lauf der Zeit durchaus zu einigen Anpassungsleistungen im Stande. (Ähnliches ließ sich und lässt sich ja bis heute von den Nachfolgestaaten des byzantinischen Reiches einschließlich Russlands sagen!)

Warum kam es im Reich von Byzanz jedoch nicht zur »feudalen Synthese« des Westens, warum blieb es »festgenagelt zwischen der feudalen Produktionsweise und der der Sklaverei, unfähig, zur einen zurückzukehren oder zur anderen voranzuschreiten«, wie Perry Anderson schreibt? (Anderson 1978, 329) Tatsächlich versuchte das Reich immer wieder, seine verlorenen Gebiete zurückzuerlangen oder neue zu erobern, und immer wenn dies gelang, stieg auch der Sklavenhandel deutlich an. Außerdem hatten die Byzantiner auf die Märkte der Krim, von denen aus die Belieferung des Reiches, aber auch der Araber vonstatten ging, fast durchgehend Zugriff. Mit diesen »Lieferungen« aus dem Norden konnten sie auch ihre staatlichen Manufakturen am Leben erhalten, in denen sich schon früh die Seidenindustrie entwickelt hatte. (Wahrscheinlich hatten sie die Seidenraupen heimlich aus China mitgebracht).

Tatsächlich gab es seit dem 10. Jahrhundert eine Tendenz der Magnaten (*dynatoi*), sich das Land der Bauern anzueignen und sich die armen Bauern untertänig zu machen, doch diese Tendenz zur Bodenkonzentration stieß auf den heftigen Wiederstand des Staates, der seine Möglichkeiten der Steuereinnahmen, aber auch der Rekrutierung von Soldaten behalten wollte. Dieser Kampf dürfte als ein Grund für die Stagnation der in der Landwirtschaft angewandten Technik zu nennen sein; wohingegen im Westen (Gallien) die Dreifelderwirtschaft, der Eisenpflug, die Egge und der Kummet für das Einspannen der Pferde in der Landwirtschaft eingeführt wurden. Da die Bürokratie der byzantinischen Autokratie (zumindest seit Justinian) ihre fiskalische und militärische Souveränität immer durchsetzen konnte, kam es niemals zu jener Parzellierung der Souveränität wie im Westen, aus der heraus sich die feudale Lehenspyramide erst aufbauen sollte. Auch konnte sich im Osten kein erblicher Adel entwickeln, weil die Ehrenämter (*honores*) immer auf konkrete Staatsaufgaben bezogen und nicht vererbbar waren. Die sich in der Spätphase des Reiches konstituierenden Magnatenfamilien lebten traditionell in den Städten – und nicht, wie im Westen, mit ihren Bauern auf dem Land.

Nachdem der von Rittern aus Venedig und Frankreich angeführte Kreuzzug das christliche Byzanz erobert und geplündert hatte, was Tausende von

Todesopfern forderte, wurde im heutigen Griechenland, vor allem im Süden, auch ein Feudalsystem nach französischem Vorbild mit Vasallen und Lehensabgaben eingeführt. Doch während im Westen die Durchsetzung des Feudalismus mit einem deutlichen Schub in der Produktivkraftentwicklung verbunden war, waren die Ansätze zu einer Feudalisierung in Byzanz mit Zersetzungserscheinungen des kaiserlichen Staates verbunden. Der innere Niedergang hatte als Ergebnis unlösbarer Widersprüche also längst begonnen, als die Osmanen immer größere Teile des Reiches unter ihre Kontrolle brachten und 1453 schließlich die als uneinnehmbar geltende, weil mit mehreren Mauerringen befestigte Hauptstadt erstürmten.

Die Herrschaft der Osmanen

Die Sultane Bayesid I. (1389-1402), Murad II. (1421-1451) und vor allem Mehmed II. (1451-1481) gliederten Griechenland Zug um Zug ins Osmanische Reich ein und machten seine Regionen tributpflichtig. Die bei den Bauern in aller Regel verhassten »lateinischen« Eroberer mussten ihren Platz der weit weniger drückenden Türkenherrschaft überlassen.

Mit der Eroberung von Anatolien und vor allem des Balkans (»Rumelien«) wurde das frühere Ostrom für lange Zeit von den sozioökonomischen Entwicklungen nicht nur des westlichen Europa, sondern auch des europäischen Ostens (Preußen, Polen, Habsburgermonarchie und Russland) abgeschnitten.

In der Historiografie gibt es eine umfängliche Debatte über die Frage, ob und inwiefern das Reich der Osmanen als »asiatische Despotie« einen Bruch mit Byzanz darstellt oder ob nicht die historischen Kontinuitätslinien (so die Theokratie und die Bürokratie) überwiegen. Sowohl auf türkischer wie griechischer Seite finden sich zahlreiche tendenziell nationalistische Darstellungen, die den Unterschieden ein möglichst großes Gewicht beimessen möchten. Sicherlich lässt sich nicht bestreiten, dass die Eroberung des byzantinischen Reiches schon allein durch den Verlust der Kaiserherrschaft einen großen Bruch in der griechischen Geschichte darstellt und eine Art »griechischen Sonderweg« begründete. Allerdings darf auch nicht vergessen werden, dass die Griechen die mächtigste und bedeutendste Volksgruppe des osmanischen »millet«-Systems darstellten und ihre Geschichte nicht nur als eine von Unterdrückung und Widerstand gelesen werden kann. Da Christen und Juden einer Kopfsteuer unterworfen waren, siegte bei der Hohen Pforte – angesichts des riesigen Geldbedarfs des häufig Kriege führenden Staates – fast immer das pekuniäre Interesse über die Logik der Bekehrung zum Islam. Die in vielen Regionen des Balkans (Albanien, Bosnien) häufigen Übertritte geschahen zumeist freiwillig, da damit erhebliche materielle Vorteile verbunden waren.

Die aus den asiatischen Steppen stammenden türkischen Krieger, die ab dem 11. Jahrhundert Ostanatolien überrannten, waren ursprünglich Nomaden. Im Unterschied zum arabischen Dromedar erwies sich das baktrische Kamel als für das kleinasiatische Hochland gut verwendbares Transportmittel. Hinzu kam, dass Türken als Soldaten und Offiziere bereits in den Dynastien der Abbassiden und der Fatimiden im Mittleren Orient gedient und teilweise deren Kultur übernommen hatten. Die erste schwere Niederlage brachten sie einer byzantinischen Armee bereits 1071 bei Manzikert bei, doch wandten sie sich dann nicht nach Westen, sondern nach Süden in Richtung auf das fruchtbare Ägypten. Die Mongoleninvasion beendete diese Heerzüge und nur auf dem Hintergrund der dadurch verursachten Erschütterungen lässt sich verstehen, dass das unbedeutende Sultanat Osmans I. schließlich zur beherrschenden Macht aller islamischen Länder aufsteigen konnte. Auf seinem Höhepunkt unter Süleyman dem Prächtigen (1494-1566, Sultan ab 1520) konnte das Osmanische Reich als größtes und stärkstes Imperium auf dem Planeten gelten; zumindest waren seine Einnahmen erheblich höher als die des Habsburgers Karl V. (1500-1558), in dessen Reich »die Sonne nie unterging«.

Einerseits betrachteten sich die Türken als Kämpfer im heiligen Krieg gegen die Ungläubigen, andererseits ging es ihnen natürlich um Land für ihre Herden. Mehr und mehr versuchten sie auch, die lukrative Kontrolle der Handelsrouten zwischen Ost und West zu übernehmen. Als Krieger meinten sie, Handwerk und Handel sei ihrer unwürdig, so dass diese beiden Bereiche in den Händen von Christen und Juden verblieben.

Was waren nun die inneren Gestaltungsprinzipien dieses Reiches? Bereits in seinem Hauptwerk *Der Fürst* (1524) hat der Florentiner Niccolò Machiavelli in präziser Art und Weise auf den wesentlichen Unterschied zwischen der westlichen und der östlich-asiatischen Fürstenherrschaft (und damit zwischen Feudalismus und »asiatischer Despotie«) aufmerksam gemacht: »Entweder ist einer der Herr und alle anderen sind Knechte und erhalten durch seine Gnade das Amt, an der Regierung mitzuwirken. Oder ein Fürst herrscht durch seine Adligen, welche ihre Stellung nicht der Gnade des Herrschers, sondern ihrer alten Abkunft verdanken.« (...) Das ganze türkische Reich wird von einem Herrn regiert, die anderen sind seine Diener. Es zerfällt in Sandschaks, die er mit verschiedenen Verwaltern besetzt, welche er nach Gutdünken ernennt und absetzt.« (Machiavelli, *Der Fürst*, Frankfurt am Main 1990, S. 31)

Doch dem Herrscher als Vertreter Gottes auf Erden gehören nicht nur alle Menschen, sondern (dem Prinzip nach) auch das ganze Land; es gab somit kein privates Grundeigentum. In einem Brief an Friedrich Engels vom 2. Juni 1853 zitiert Marx den »alten François Bernier«, einen Arzt, der am Beispiel Indiens aufgezeigt hat, dass »der Herrscher der alleinige und einzige Besitzer des gesamten Grund und Bodens des Staates ist«, um dann fortzufahren: »Bernier findet mit Recht die Grundform für sämtliche Erscheinungen des Orients – er spricht von Türkei, Persien, Hindostan – darin, daß *kein Privateigentum* existiert. Das ist der wirkliche *clef* (Schlüssel, d. A.) selbst zum orientalischen Himmel.« (MEW 28, S. 252f., 254) Laut Halil Inalcik waren zur Zeit Süleymans 87 Prozent des Landes *miri* (= Staatseigentum) und nur Häuser, Gärten und Weinberge innerhalb der Dörfer waren *mülk* (= Privatbesitz); außerdem das Land der religiösen Stiftungen *(vakif)*, sowie das Land, auf dem sich die Städte befanden. (*The Ottoman Empire,* London 1973, S. 10f.)

In der »Herrschaftsinstitution«, dem Kopf des Staatsapparates, waren die Spitzen der Verwaltung und des Militärs zusammengefasst. Diese Schicht rekrutierte sich vor allem aus christlichen Sklaven, die als Kinder bei den christlichen Völkern des Balkans geraubt und zu Moslems gemacht wurden (Knabenlese = *devshirme*). Angesichts der allgemeinen Armut der Großfamilien und den Aufstiegschancen der nach Istanbul gebrachten Knaben dürfte sich die Trauer der betroffenen Familien, die im 19. Jahrhundert häufig propagandistisch gegen die »verbrecherischen Türken« ins Feld geführt wurde, in Grenzen gehalten haben. Jedenfalls wollte man durch Schaffung dieser Elitetruppe des Sultans um jeden Preis das Entstehen eines erblichen Adels mit entsprechenden Ansprüchen und potenzieller Gefährdung des obersten Herrschers verhindern. Die Jugendlichen erhielten – zusammen mit anderen Sklaven aus dem Ausland – eine Ausbildung für die zentralen Stellen der Armee oder der Verwaltung. Aus diesem Sklavencorps wurde die Reichsbürokratie vom Großwesir bis zu den Beys der verschiedenen Sandschaks zusammengestellt. Perry Anderson weist darauf hin, dass die Türken ursprünglich ein Reitervolk waren und die der Knabenlese entstammenden, in Europa gefürchteten Janitscharen-Regimenter, die die Infanterie und Artillerie des osmanischen Heeres bildeten, genau zu dem Zeitpunkt auftauchten, als sich »die internationale Vorherrschaft der Kavallerie ihrem Ende zuneigte«. (Perry Anderson 1979, 475f.)

Die osmanische Bodenordnung war ursprünglich eng mit dem Heerwesen (und dessen Eroberungen) verknüpft. Ihr Rückgrat bildete anfänglich die Reiterei, die sipahis (Reiter), denen der Sultan Land zur Bebauung überließ. Es wäre falsch, dieses Land als »Lehen« zu bezeichnen, denn die sipahis waren keine Vasallen im europäischen Sinne. Die sipahis wiederum verpachteten das Land an Bauern, die *rajis* (raja = Herde), die einen Teil der Ernte an den Herren abzugeben hatten. Jedoch hatten sie keine Frondienste zu leisten. Majoros/ Rill sprechen eigenartiger Weise vom »osmanischen Feudalsystem«, betonen jedoch, das sich »keine Feudalschicht bilden« konnte, weil der »Sultan den direkten Zugriff auf die Spahi-Aristokratie jederzeit behielt«. (Majoros/Rill, 2011, 180, 181) Wiederum wird der Begriff »Feudalismus« in einer genauso widersprüchlichen wie völlig unwissenschaftlichen Weise verwendet.

Die osmanische Bodenordnung hat Auswirkungen bis ins heutige Griechenland. Das Wort »Kataster« (Register oder Grundbuch) kommt zwar aus dem Griechischen, doch im Unterschied zu Deutschland, wo solche Grundbücher mindestens seit dem 19. Jahrhundert bestehen, gibt es ein solches Kataster in Griechenland nicht. Seit 1995 wird – auch mit Geld der EU – an einem solchen Verzeichnis gearbeitet und dafür wurde extra eine staatliche Gesellschaft errichtet (*Ktimatologio*). Doch erst sechs Prozent des Landes (zumeist in den Städten) sind elektronisch erfasst, drei Prozent sind gerade in Arbeit und drei weitere Prozent wurden ausgeschrieben. Das bedeutet natürlich, dass 88 Prozent des Landes, etwa die Hälfte seiner bebaubaren Fläche, nicht nur nicht erfasst sind, sondern dies in absehbarer Zeit auch nicht sein werden. Denn Eigentümer können sich bis zu zehn Jahre Zeit lassen, um ihr Eigentum anzumelden. Da dann Steuern fällig werden, haben viele keine besondere Eile. Außerdem fehlt der politische Wille, schnell voranzuschreiten, denn dann würden zahllose Grundstückgeschäfte »unter Freunden«, vor allem die Umwidmung von landwirtschaftlichen Flächen in Bauland, verunmöglicht. Das Katasteramt hat für die langsamen Fortschritte eine andere Erklärung: »Die Beteiligung der Bürger war nicht zufriedenstellend«, heißt es in einer Stellungnahme. (vgl. *SZ*, 28. Aug. 2011)

Während die Güter der »Reiter« (eben im Unterschied zu den Lehen der Adligen des übrigen Europa) lange Zeit nicht vererbbar waren, galt dies nicht für die Bauern: sie konnten das Land de facto in Erbpacht bekommen. Die osmanische Bodenordnung unterschied je nach Größe bzw. Ertrag drei Einteilungen: *has*, *zeamet* und *timar*. Die sipahis waren zu kriegerischen Einsätzen zugunsten des Sultans verpflichtet; dafür durften sie recht genau bestimmte Einnahmen aus ihrem timar beziehen, die wiederum weitere (militärische) Verpflichtungen nach sich ziehen konnten. Die Beschränkung der Ausbeutungsmöglichkeiten erleichterte das Los der Bauern, denen es unter den Türken lange Zeit besser ging als den Bauern östlich von Elbe und Leitha, die ab dem 16. Jahrhundert vom dortigen (erblichen) Adel aufgrund der Zunahme von Getreidelieferungen nach Westen in die »Zweite Leibeigenschaft« niedergedrückt wurden.[2] In den eroberten europäischen Grenzregionen wurden solche timars später auch an verdiente Janitscharen verliehen. Dabei galt die

---

2 Vgl. dazu das erste Kapitel von Eberhard Weis, *Der Durchbruch des Bürgertums 1776-1847* (= Propyläen Geschichte Europas), Berlin ²1981 (Propyläen).

Grundregel, dass der Staat, also der Sultan, möglichst hohe Steuereinnahmen bekommen sollte, ohne jedoch die Bauern zu überfordern. Trotzdem gelang es Bauern in gebirgigen und abgelegenen Regionen wie dem Epiros, sich der Abgabenpflicht zu entziehen (Sulioten). Diese Tendenz verstärkte sich in dem Maße, wie es seit dem 17. Jahrhundert immer mehr sipahis gelang, sich ihre Ländereien unter den Nagel zu reißen und de facto zu Grundherren aufzusteigen. In Makedonien wurde die Befreiung von Abgaben und das Recht, Waffen zu tragen, auch deswegen gewährt, weil die Bauern Pässe und Brücken zu sichern oder Straßen instand zu halten hatten. Auch Betreibern eines »han« (Karawanserei) gewährte man Sonderrechte. Daher glich das Osmanische Reich in der Phase seines Niedergangs immer mehr einem Flickenteppich von Privilegien, regionalen Sonderrechten und Vorrechten bestimmter Gruppen, die zu einer immer stärker werdenden Ausbeutung der armen Bauernschaft führte.

Schließlich gab es im Osmanischen Reich auch eine »religiöse Institution« mit dem Mufti von Istanbul an der Spitze, was insofern erstaunlich ist, da gerade von unseren »Islamkritikern« immer wieder behauptet wird, es gebe im Islam keine Trennung von Staat und Kirche. Dieser Mufti hatte die Scharia für die Gläubigen auszulegen und war die oberste Autorität in ideologischen und rechtlichen Fragen. Er konnte sogar Entscheidungen der Hohen Pforte rückgängig machen, sofern sie der Scharia widersprachen. Die aus der Geistlichkeit rekrutierten »kadis« (Richter) waren eine wesentliche Stütze der osmanischen Provinzverwaltung.

Trotz der Kopfsteuer erhielten die Religionen des Buches (Christen und Juden) im Osmanischen Reich eine privilegierte Stellung. Die orthodoxe Kirche bildete ein autonomes *millet*, dem der ökumenische Patriarch, der »Ethnarchos« von Istanbul (Konstantinopel) vorstand. Er galt als »Pascha mit drei Roßschweifen«, also als hoher Beamter, und garantierte dem Sultan das als *millet* veranlagte Steueraufkommen der Griechen (bzw. aller Orthodoxen), d. h. er war für die Steuereintreibung und die Abführung verantwortlich. Die orthodoxe Kirche selbst genoss Steuerfreiheit und war für alle zivilrechtlichen Belange zuständig (nur das Strafrecht unterlag dem türkischen Kadi). Ihr unterlag die innere Ordnung der orthodoxen Bevölkerung und sie war für die Zivilverwaltung zuständig.

Der Patriarch nutzte seine hervorgehobene Stellung, um sich die serbische, bulgarische und rumänische Orthodoxie untertan zu machen und die dortigen Geistlichen (vor allem in den Klöstern) durch Griechen zu ersetzen. Diese Balkanvölker litten daher nicht nur unter der türkischen Besatzung, sondern auch den griechischen Steuereintreibern! Gaitanides spricht von den rumänischen Fürstentümern als einer »griechischen Wirtschaftskolonie«. (Gaitanides 1978, 134) Gegen die Ausbeutung der Bauern wehrten sich auf dem ganzen Balkan zahlreiche in die Berge oder unzugängliche Gegenden geflohene »outlaws«, die in den slawische Sprachen sprechenden Gegenden Haiducken und in Griechenland »Kleften« (= Diebe, Räuber) genannt wurden und die zeitweise ganze Landstriche beherrschten.

Zur Verwaltung des Reiches waren die Osmanen zumindest teilweise auf die »Byzantiner« angewiesen. Manche Historiker sprechen sogar von einem »osmanisch-griechischen Kondominium«. Ihnen wurden daher wichtige Ämter übertragen und zahlreiche Verfahrensweisen des byzantinischen Hofes wurden unter osmanischer Ägide weiter praktiziert – auch und gerade die weitreichende Korruption. Nach der Eroberung entstand in Istanbul eine osmanische Oberschicht, doch es blieb eine Stadt mit etwa einem Drittel christlichem Bevölkerungsanteil (neben Griechen vor allem auch Armenier) und war wohl bis 1922 immer die größte »griechische« Stadt. Griechisch war als Verkehrssprache mindestens genauso wichtig wie Türkisch. Allerdings lehnte sich die Sprache der Istanbuler Oberschicht ans Altgriechische an, während die Sprache der einfacheren Bevölkerung das »Volksgriechisch« (*demotiki*) war, das zahlreiche Lehnwörter aus dem Türkischen und aus slawischen Sprachen übernommen hatte.

Auch wenn sich Hakki Keskin in seinen Kategorien häufig irrt, trifft seine Feststellung, »in der oberen Schicht fließt dagegen das Geldvermögen den Inhabern der höchsten Ämter, den Sultans und Wesiren zu, nicht nur wegen ihrer gesellschaftlichen Aufgaben, sondern zugleich als Mittel der persönlichen Bereicherung«, völlig zu. Und er fährt fort: »In einer Zeit, in der sich in Westeuropa das Barvermögen in Kapital zu verwandeln begann, kann sich in der osmanischen Gesellschaft dieselbe Entwicklung nicht vollziehen; das Vermögen fließt vielmehr in den Erwerb von Privilegien, Ämtern und Grundeigentum.« (Keskin 1978, 18) Hierin liegt der wesentliche Grund für die Entwicklung der Unterentwicklung, wobei hinzuzufügen wäre, dass auch aus dem Handelskapital der Griechen in der Regel keine produktiven Investitionen erwuchsen.

Die reichen und vornehmen Griechen, darunter auch die Abkömmlinge des früheren Kaisergeschlechtes der Palaiologen, lebten im Stadtteil »Phanar« und wurden daher »Phanarioten« genannt. Aus ihnen wurden wichtige Amtsträger des osmanischen Hofes rekrutiert. In den Fürstentümern Walachei und Moldau (dem heutigen Rumänien) wurde ab dem 18. Jahrhundert das Amt des »Hospodars« (eine Art Gouverneur) sogar erblich. Auch übernahmen sie an der Hohen Pforte das Amt des »Dragoman« (eigentlich Dolmetscher), so dass sie in erheblichem Maße auf die Außenpolitik des Reiches Einfluss nehmen konnten.

Nachdem die Osmanen den Einfluss von Venedig und Genua im östlichen Mittelmeer immer weiter zurückgedrängt hatten, wurden die Griechen dort zu Herren des Seehandels. Auf bestimmten Inseln (vor allem Chios, Syros, Hydra und Spetsä) hatten diese Schiffseigner de facto das Sagen. Da es häufig zu Übergriffen von Seeräubern auf die Handelswege kam, mussten die Osmanen den Griechen zugestehen, ihre Schiffe mit Kanonen bewaffnen zu dürfen. Somit wurden diese Seefahrer und Händler zu einem wichtigen Machtfaktor. (Michael W. Weithmann 1994, 109f.) Traditionell ist das Handelskapital eng mit dem Bankwesen verbunden, so dass man nicht verwundert sein muss, dass die griechische Bourgeoisie auch in diesem Bereich in der Levante das Sagen hatte. Der Reichtum der Bankerfamilien Zafiri, Zografos oder Benakis trug ihren Ruhm in die Welt hinaus. Sie zählten auch zu den treuesten Unterstützern des Sultans.

Da relativ viele Griechen (sofern sie nicht bereits 1453 geflohen waren) zum Studium nach Italien, (wo sich intellektuelle Zentren des Griechentums bildeten), nach Paris oder Wien gingen, kam es in der zweiten Hälfte des 18. Jahrhunderts zu einer Verbindung von Teilen der Handelsbourgeoisie und Intellektuellen, die als Träger des neugriechischen Nationalgedankens eine wesentliche Rolle im Befreiungskampf spielen sollten. Eine solche Verbindung von Handels- und Bildungsbürgertum gab es in keinem anderen Land des Osmanischen Reiches, wo die Aufstände immer nur bäuerliche Revolten waren. Auch der Kampf der Griechen wurde von den Großmächten zunächst so gesehen.

3. Die Folgen der Französischen Revolution im Osten
Der nationale Befreiungskampf

Ansätze zu einer Kritik der Verhältnisse im Osmanischen Reich entwickelten sich auf dem Hintergrund der Aufklärung. Hinzu kam die Niederlage des Osmanischen Reiches gegen Russland unter Katharina der Großen in den Kriegen 1768-74 und die dadurch bedingte zunehmende Destabilisierung.

Wiewohl es in der zweiten Hälfte des 18. Jahrhunderts eine ganze Reihe von »Freundesbünden« der Auslandsgriechen gegeben hatte, änderte sich die Lage in Griechenland selbst erst mit den napoleonischen Kriegen. Denn Frankreich besetzte 1797 unter Napoleon die Ionischen Inseln und führte dort revolutionäre Maßnahmen durch. Nun entstanden auch in Griechenland und im Süden Russlands (der größte in Odessa) solche Geheimbünde, deren Aufbau zumeist Ähnlichkeiten mit den Logen der Freimaurer hatte. In Athen wurde die»Gesellschaft der Musenfreunde«gegründet.

Bald tauchten Pamphlete auf wie jene »Elleniki Nomarchia« von 1806, in der es heißt: »Die zwei Gründe, meine lieben Griechen, warum wir bis heute in den Fesseln der Tyrannei liegen, sind das ungebildete Priestertum und die Abwesenheit der besten unserer Leute im Ausland.« (zit. nach Clogg 1997, 50)

Die Aufstände (*epanastaseis*) brachen etwa gleichzeitig auf dem Peloponnes (Morea), in der Ägäis und im Fürstentum Moldau aus (unter Führung des in russischen Diensten stehenden Alexander Ypsilantis, obwohl die Griechen dort nur eine kleine, herrschende Minderheit stellten, die die Rumänen verachteten). Bei vielen Führern herrschte die Vorstellung der Wiedererrichtung des Byzantinischen Reiches mit Istanbul als Hauptstadt vor.[3] Auf der Peloponnes spielten die Kleften die Hauptrolle, die immerhin über 5000 bewaffnete Männer verfügten. Ob Erzbischof Germanos aus Patras Mitte März 1821 zum Aufstand aufgerufen hat, wie es die Legende will und in vielen Gemälden dargestellt wird, ist eher aufgrund der reaktionären Rolle der Kirchenhierarchie zweifelhaft. Jedenfalls errangen die Griechen wichtige Siege und konnten die Stadt Tripolitsa (Tripolis) erobern; die dort lebenden Türken wurden kurzerhand umgebracht. Oberbefehlshaber dieser Truppen war Theodoros Kolokotronis (1770-1843), der im britischen Dienst auf Korfu militärische Erfahrungen gesammelt hatte.

Istanbul reagierte auf den Aufstand mit der Hinrichtung des Patriarchen Gregorios, obwohl dieser die Aktionen heftig verurteilt und die Beteiligten exkommuniziert hatte; er galt eben als der Verantwortliche für das griechische *millet*. Es kam zu vielen antigriechischen Ausschreitungen; auf der Insel Chios wurde von den Osmanen eine Bestrafungsaktion durchgeführt, die wohl 25000 Menschen das Leben kostete; fast doppelt soviele wurden in die Sklaverei verkauft. Dieses Massaker rief in Europa allenthalben große Empörung hervor und verschaffte der Sache der Griechen mächtigen Auftrieb.

In den befreiten Gebieten kam es jedoch zu massiven innergriechischen Auseinandersetzungen, denn das Bündnis aus Intellektuellen, Reedern und Handelsleuten, einzelnen Gemeinde-Vorstehern (*kotzabassides*, die häufig die Steuern eintrieben), Klephten und armen Bauern oder Handwerkern erwies sich als äußerst fragil. Denn die einheimische Oberschicht fürchtete natürlich eine soziale Revolution und spielte häufig ein Doppelspiel. Die Kirchenhier-

---

3 Das ist insofern paradox, als der neugriechische Staat der einzige neue Staat in Europa war, der aus einem Imperium hervorging. Insofern gibt es Ähnlichkeiten zu Lateinamerika. Dies gilt auch für die mächtige griechische »Kompradorenbourgeoisie« und ihre höchst widersprüchliche Rolle. (Vgl. Osterhammel 2009, 587f.)

34

archie stellte sich auf die Seite der Osmanen und verpflichtete die Untertanen, dem Sultan als »unserem gemeinsamen Wohltäter und Ernährer« (sic) stets die Treue zu halten. Der niedrige Klerus sympathisierte hingegen öfter mit den Rebellen.

Jedenfalls war unklar, was dieses heterogene Bündnis eigentlich wollte: Unabhängigkeit oder Autonomie? Altes Hellas oder neues Byzanz? Monarchie oder Republik? Und vor allem – welche sozialen Maßnahmen sollten zugunsten der armen Bauern und Handwerker ergriffen werden?

Die erste Nationalversammlung in der Nähe von Epidauros verabschiedete im Beisein vieler Auslandsgriechen ein radikaldemokratisches »Organisches Statut« nach dem Vorbild der französischen Republik von 1793. Doch für eine solche Entwicklung fehlten fast alle materiellen Grundlagen. Es kam zu Kämpfen zwischen den rivalisierenden Gruppen, den alten Notabeln, neuen Handelskapitalisten und den Militärführern. Es wurde ein »Kongress des hellenischen Volkes« in eine Moschee nach Nauplion einberufen, der keine Lösung für die Streitereien brachte. Bis 1826 hatten sich die sog. »Primaten«, eine Mischung aus alter und neuer Oligarchie, endgültig durchgesetzt und die bäuerliche Bevölkerungsmehrheit ausgeschaltet. Viele Klephten kehrten in die Berge zurück und bekämpften auch die neuen griechischen Autoritäten.

Doch die krisenhafte Entwicklung des griechischen Aufstandes konnte in den europäischen Hauptstädten nicht länger ignoriert werden, schon weil viele Europäer auf Seiten der Griechen kämpften. Die auf dem Wiener Kongress 1815 geschmiedete Metternich'sche »Heilige Allianz« begann zu zerfallen, weil der russische Zar die Absicht verkündete, Griechenland als Teil der orthodoxen Welt einem russischen Protektorat zu unterstellen. Dieser Plan fand Gefallen beim Patriarchat und den Phanarioten; er rief jedoch den Zorn der Auslandsgriechen und des Handelsbürgertums besonders der Inselwelt hervor. Da auch England sich unter Außenminister Canning für Griechenland zu interessieren begann, weil es als Stützpunkt auf dem Weg nach Indien Bedeutung erlangte, und es zudem die Rebellen mit einem Kredit unterstützt hatte, kam es im Juli 1827 zu einem Abkommen (»Juli-Traktat«) zwischen Moskau, London und Paris, das Griechenland zu einem autonomen Fürstentum machen wollte, welches aber völkerrechtlich weiterhin der Hohen Pforte unterstand. (Serbien hatte nach 1815 eine solche Autonomie erreicht.) Weil weder das Osmanische Reich noch die Griechen in den Vertrag einwilligen wollten, schickten die Signatarmächte eine Flotte aus, die in der Seeschlacht von Navarino die türkischen und ägyptischen Schiffe völlig vernichtete. Da die Russen das Reich auf dem Balkan angriffen, musste es seine Truppen nach Norden werfen und Griechenland de facto freigeben. Die von den Russen der

Hohen Pforte diktierten Friedensbedingungen führten dann zum 2. Londoner Protokoll, in dem das südliche Griechenland bis zu den Thermopylen als unabhängiger Staat anerkannt wurde, weil England ein russisches Protektorat verhindern wollte. Doch nur eine Minderheit der Griechen lebte in den zum neuen Staat gehörigen Regionen.

In Griechenland selbst entstanden in dieser Zeit drei parteiähnliche Strömungen; die »russische Partei« mit Großgrundbesitzern und Klerus, die »englische Partei« der Handelsbourgeoisie, und die »französische Partei«, der neben demokratischen Intellektuellen auch Teile des Mittelstandes und einige Heerführer (wie Kolettis[4]) angehörten. Bereits damals orientierten sich diese clanartigen Gruppierungen an charismatischen Führergestalten! Sie hatten ihre Leute zu versorgen und waren schon aus diesem Grund ausländischen Interessen nicht abgeneigt, sofern nur genügend dabei heraussprang.

Der damalige russische Außenminister, Graf Ioannes Kapodistrias (1776-1831) aus Korfu, wurde für sieben Jahre zum ersten Präsidenten Griechenlands gewählt. Als Russenfreund konnten ihn die Briten nur akzeptieren, indem sie selbst den Oberbefehl über die Armee übernahmen. Schon 1831 fiel er beim Kirchgang einem Attentat zum Opfer, das auf eine Blutrache zurückzuführen gewesen sein soll.

Nach einigem Hin und Her einigten sich die drei »Schutzmächte« auf den noch minderjährigen Sohn Otto des bayerischen Königs Ludwig I. Die Griechen selbst wurden »natürlich« nicht gefragt; sie mussten erkennen, dass sie um den Sieg ihres Aufstandes betrogen wurden. Dafür wurde die neue Grenze bis Volos weiter nach Norden verschoben. Doch die wirtschaftlich wichtigsten Gebiete in Makedonien und Thrakien, sowie die meisten Inseln der Ägäis, verblieben beim Osmanischen Reich. Dies galt natürlich auch für die damals wichtigsten »griechischen« Städte, nämlich Istanbul, Smyrna und Thessaloniki, sowie Alexandria in Ägypten.

Der Wittelsbacher Otto reiste zusammen mit einigen Fachleuten, vor allem aber mit einer Truppe von 3500 Mann nach Griechenland, um dort »Ruhe und Ordnung« wiederherzustellen. General von Heideck war in Griechenland als Militärberater von Kapodistrias tätig gewesen und war somit der einzige, der die griechische Gesellschaft aus eigener Anschauung kannte.[5] Otto und seine

---

4   Ioannis Kolettis war eigentlich Vlache (Rumäne aus der Walachei), Vertreter einer konstitutionellen Monarchie und griechischer Ministerpräsident 1843-1847. Von ihm soll das Konzept der »megali idea«, also der Rekonstruktion des byzantinischen Reiches stammen. (Clogg 1997, 68)

5   Vgl. dazu das interessante Buch von Berthold Seewald, *Karl Wilhelm v. Heideck: ein bayerischer General im befreiten Griechenland* (1826-1835), München (Oldenbourg) 1994.

Entourage mussten bald erkennen, dass sie nicht im klassischen Griechenland ihrer Träume, sondern auf dem Balkan gelandet waren – und dass die Griechen ihre Herrschaft als neuerliche Fremdherrschaft empfanden. Otto versuchte, aus dem zu einem bäuerlichen Dorf mit ein paar Tausend Einwohnern herabgesunkenen Athen eine repräsentative Residenzstadt zu machen und legte – nach Plänen von Leo von Klenze – ein umfängliches Bauprogramm mit Schloss, Akademie und Universität auf. Auch erfand er die Tradition der Evzonen-Garde mit ihrem Fustanella-Rock, die heute zumeist für urgriechisch gehalten wird, nach albanischem Vorbild. Sie marschiert noch immer stündlich am Grab des unbekannten Soldaten vor dem früheren Schloss und heutigen Parlament auf!

Außerdem brachten die Bayern natürlich das Bier nach Griechenland (nach Johann Fuchs heißt eine bekannte Marke bis heute Fix) und der Winzer Gustav Clauss begründete die erste Weinkellerei. Georg Maurer und Karl von Abel setzen Maßnahmen der Säkularisierung à la Montgelas durch (300 Klöster wurden geschlossen und die Kirche von Istanbul unabhängig gemacht). Die Verwaltung der Ministerien und Behörden, das Gerichtswesen, die Einteilung in Provinzen (*nomoi*) usw. gehen auf die Bayern zurück. Der zur Thronbesteigung gewährte Kredit des bayerischen Hofes, sowie ein englischer Kredit, der nicht voll zur Auszahlung kam, schrumpften durch Zahlungen an die Osmanen, sowie an die Bankhäuser Rothschild (Paris) und Eichthal (München) rasch zusammen.[6] Da das Heer viel Geld verschlang, ging man wieder zur osmanischen Praxis der Steuerverpachtung über, was in der Bevölkerung weiteren Unmut hervorrief. (Weithmann 1994, 185) Seit seiner Konstituierung bewegte sich der Staat am Rande des Bankrotts. Außerdem kam die versprochene Landreform aufgrund der Obstruktion der Notabeln und der Behörden nicht vom Fleck, so dass die große Mehrheit der Bauern und Hirten, also der Bevölkerung, landlos in bitterer Armut verblieb. Michael W. Weithmann fasst seine Analyse der Gründung Neu-Griechenlands wie folgt zusammen: »Das im nationalstaatlichen Rahmen zusammengefaßte Griechentum verliert seine ökonomische und geistige Führungsrolle, die es im osmanischen Vielvölkerstaat innegehabt hatte. Griechenland erringt zwar seine nationale Freiheit, sinkt aber im Gegenzug zu einem peripheren Balkanstaat herab.« (a.a.O., 187)

Nach zehn Jahren wurden die bayerischen Beamten nach Hause geschickt und durch Griechen ersetzt, die je nach Parteizugehörigkeit eingestellt oder entlassen wurden. Aufgrund der immer stärkeren Zerrüttung der Finanzen

---

6   Von Alphonse Daumier gibt es eine bissige Karikatur, die die äußerst unvorteilhaften Bedingungen der Kredite aufs Korn nimmt.

überwachte seit 1857 eine britisch-französische-russische Kommission das Finanzgebaren, ohne dass sie Grundlegendes ändern konnte. (Vielleicht ein Fanal für die EU?)

Nach einem Aufstand auf Kreta, dessen Unterstützung von den Briten unterbunden wurde, entstand in Griechenland eine Bewegung für die »Enossis«, also die Einheit aller von Griechen bewohnten Gebiete. Die Bewohner in Makedonien und Thrakien wurden zum Aufstand aufgerufen. Doch wiederum griffen die Briten ein und blockierten mittels ihrer Kriegsflotte die Häfen von Patras und Piräus, was in Athen zu einer Hungersnot führte. Frankreich und Russland protestieren gegen das britische Vorgehen, unternahmen jedoch nichts. Zar Nikolaus wollte dem Osmanischen Reich den entscheidenden Schlag versetzen und rief alle orthodoxen Glaubensbrüder auf, sich gegen die Osmanen zu erheben. Doch der Krim-Krieg endete mit einer schweren Niederlage, weil Frankreich und England den Osmanen militärisch zu Hilfe gekommen waren. Da sich Griechenland unter Otto für die russische Position stark gemacht hatte, wurde Piräus neuerlich abgesperrt und Otto einige Jahre später für die gescheiterte Außenpolitik geopfert. Ein Putsch der Athener Garnison führte 1862 zu seiner Entmachtung; die »Bavarokratia« war mit seiner Abreise nach Bamberg zu Ende.

Von den Bayern zu den Dänen

Wiederum suchten die Großmächte nach einem neuen Herrscher; diesmal fiel ihre Wahl auf einen Abkömmling des deutsch-dänischen Hauses Schleswig-Holstein-Sonderborg-Glücksburg, der als Georg I. etwa ein halbes Jahrhundert griechischer König sein sollte. Dieses Geschlecht stellt die Könige bis zum Ende der Monarchie 1974. Als Good-Will-Geschenk für den neuen Herrscher übergaben die Briten die Ionischen Inseln an den griechischen Staat.

Ein Jahr nach der Thronbesteigung verabschiedete die Nationalversammlung eine neue Verfassung (von 1864), die mit einigen Änderungen bis zum Militärputsch 1967 Gültigkeit hatte. Griechenland wurde endgültig zu einer konstitutionellen Monarchie. Doch Anspruch und Wirklichkeit der Verfassung klafften wiederum weit auseinander. Bis 1910 fanden 21 Parlamentswahlen statt, bei denen die Regierung fast 80 Mal wechselte. Natürlich durchdrangen die auf die Zeit von Byzanz und die Osmanen zurückgehenden Klientelbeziehungen die ganze Gesellschaft. Das sich wechselseitige Erweisen von Gefälligkeiten war eine Art Überlebensstrategie angesichts einer unfähigen, schwerfälligen und korrupten Bürokratie. Die Stellen beim Staat wurden häufig nicht als Arbeitsplätze, sondern als »Gunstbeweise« verstanden, mit denen keine wirklichen Pflichten verbunden waren. Politiker mussten für ihre

Klientel erreichbar sein. So soll der bekannte Politiker Dimitrios Rallis über tausend Patenkinder gehabt haben, die er am Namenstag beschenken musste und für deren berufliche Unterbringung er sich einzusetzen hatte. (Clogg 1997, 85)

Im Jahr 1866 erschütterte ein Volksaufstand die Insel Kreta, der von der Athener Regierung mit Menschen und Material unterstützt wurde. (Im 19. Jahrhundert fanden dort mindestens sechs solcher Aufstände statt!) Doch türkische und ägyptische Truppen schlugen die Erhebung nieder, was in Europa zu einer neuerlichen Parteinahme für die Griechen führte. Die Osmanen mussten ein Statut über innere Selbstverwaltung gewähren. Durch die italienischen und deutschen Einigungskriege sowie die Kämpfe auf dem Balkan aufgeschreckt, erkannte Großbritannien, dass seine Politik der Unterstützung des Osmanischen Reiches seine regionalen Interessen zu gefährden begann. In dieser Zeit entwickelte sich in Griechenland langsam auch der Gegensatz zwischen einer »konservativen« und einer »liberalen« oder eher städtischen Modernisierungspartei; bei diesen Benennungen darf man allerdings nicht an Westeuropa, sondern muss eher an Lateinamerika denken.

Der Führer der Modernisierer, Charilaos Trikoupis (1832-1896), war zunächst Außenminister und dann, ab 1875 bis 1895 (mit mehreren Unterbrechungen durch konservativ geführte Regierungen) Ministerpräsident. Er versuchte, ein großes Modernisierungswerk (beginnende Industrialisierung, Bau von Straßen und Eisenbahnen, Kanal von Korinth, Trockenlegung von Sümpfen, Reform der Bürokratie) umzusetzen. Außerdem wurden Armee und Marine erneuert und mit modernen Waffen ausgerüstet. Zur Finanzierung wurden ab 1879 bis 1890 insgesamt sechs umfangreiche Auslandsanleihen zu beträchtlichen Zinsraten getätigt. Da es Trikoupis nicht gelang, gegen die reiche Oligarchie Steuererhöhungen durchzusetzen, kam es (auch auf dem Hintergrund der kapitalistischen Krise in Europa und dem Einbruch bei den Rosinen- und Tabak-Exporten) 1893 zum Staatsbankrott. Die darauf folgende Wirtschaftskrise trieb Hunderttausende von Griechen ins Ausland, vorzugsweise in die USA. Dennoch fanden 1896 – vor dem Hintergrund der nach wie vor großen Griechenlandbegeisterung in Europa – in Athen die ersten Olympischen Spiele der Neuzeit statt. Diese Modernisierungspolitik von Trikoupis (und später Venizelos) hat einige Ähnlichkeiten mit der der PASOK von Papandreou in den 1980er Jahren nach dem Wahlsieg über Karamanlis und dem Beitritt des Landes zur EG 1981. Auch ein grundlegendes Problem dieser kapitalistischen »Modernisierungspolitik« zieht sich wie ein roter Faden durch die Geschichte: Die Kreditgeber (aus dem Ausland oder der Diaspora) verlangten nach einer »offenen Marktwirtschaft«, so dass jeder Modernisierungsschub mit einer massenhaften Vernichtung von Kleinproduzenten in Stadt und Land erkauft wurde.

Unter Trikoupis kam es zu einem Aufschwung der Landwirtschaft (die Anbauflächen wurden um fast zwei Drittel erweitert) und dem Beginn einer Bodenreform, bei der bis zum Ersten Weltkrieg ungefähr 265000 ha an arme Bauern verteilt wurden. (Gaitanides 1978, 157) Trotzdem blieb die große Mehrheit der fruchtbaren Böden im Norden in den Händen von Großgrundbesitzern, während die Wut der Kleinbauern und Landlosen zunahm. Französische Unternehmer investierten in die Bergwerke von Laurion, wo die Schürfung wieder aufgenommen wurde; 1896 kam es zum ersten Streik gegen die verheerenden Arbeitsbedingungen. Vorher hatten sich bereits die Werftarbeiter der Insel Syros als erste dieses Kampfmittels bedient. Erste Gewerkschaften entstanden nicht vor der Jahrhundertwende.

Nach dem Sieg des Zarenreiches über die Osmanen erreichte Griechenland weitere Gebietsgewinne, nämlich Thessalien und den südlichen Epiros. In Makedonien jedoch lebten die verschiedenen Volksgruppen usw. kaum entwirrbar zusammen: Bulgaren, Serben, Albaner, Türken, Juden, Vlachen, Roma. Die Abtrennung der bulgarischen orthodoxen Kirche von der griechischen auf Druck Russlands wurde als schwerer Schlag empfunden und vom Istanbuler Patriarchat nicht anerkannt. Das Umschwenken der russischen Politik in Richtung Panslawismus schwächte die Sympathien der Griechen für die Russen massiv. Da jedoch die Briten das Osmanische Reich gegen ein mögliches Vordringen Russlands ans Mittelmeer unterstützten, war das Verhältnis der Griechen zu Großbritannien (wie zu den Deutschen, die ebenfalls eher auf Seiten der Osmanen standen) immer ziemlich gespannt. Im Frieden von San Stefano, der den Krieg Russlands gegen die Osmanen beendete, wurden die Unabhängigkeit Rumäniens und die Autonomie Bulgariens einschließlich Salonikis (sephardische Juden bildeten die Bevölkerungsmehrheit dieser Stadt, Griechen waren in der Minderheit) erklärt. Nach längerem diplomatischen Ringen wurde im Mai 1881 von den Großmächten festgelegt, das Thessalien und der südliche Epiros Griechenland angeschlossen werden sollten, was dort den Sehnsüchten nach »Großgriechenland« erheblich Auftrieb verlieh. Zypern jedoch wurde gegen den Willen der dortigen griechischen Bevölkerungsmehrheit dem »englischen Schutz« unterstellt. Das wichtigste Ziel des griechischen Nationalismus war damals jedoch die Insel Kreta, wo es fortwährend Revolten gab. Als 1897 neuerlich eine solche ausbrach, rief Premierminister Delijannis trotz des Staatsbankrotts die allgemeine Mobilmachung aus und versuchte, die Insel mit Gewalt einzunehmen. Im Norden marschierte ein griechisches Heer in Richtung Istanbul. Die osmanische Armee war jedoch unter Führung des deutschen Freiherrn von der Goltz reorganisiert worden, so dass die griechischen Truppen chancenlos waren. Ein Eingreifen der Westmächte brachte einen Waffenstillstand zustande; Kreta erhielt eine Art innerer Autonomie. Doch Griechenland musste an die Hohe Pforte vier Millionen Pfund Kriegsreparationen bezahlen; der Staatshaushalt wurde einer internationalen Kontrollkommission unterstellt.

Eleutherios Venizelos und die Balkankriege

Das Ausgreifen des Nationalitätenprinzips auf den Balkan musste in dieser Region, in der traditionell viele Völker nebeneinander lebten und häufig (wie etwa in Salonika/Thessaloniki) sämtlich »Minderheiten« waren, zu heftigen Konflikten führen. Am blutigsten entbrannte dieser Kampf um Makedonien, auf das Serbien, Bulgarien und Griechenland zugleich Ansprüche erhoben. Die Griechen stellten nur in den Küstenregionen die Mehrheit. In Bulgarien bildete sich in den 1890er Jahren ein »Befreiungskomitee«, um Makedonien »heimzuholen«. In Athen entstand 1895 die »Ethnikä Hetaira« (nationaler Bund), die zur Mobilisierung von Freiwilligen zum Kampf um Makedonien aufrief. Und auch serbische Tschetniks beteiligten sich an den Attentaten und Kampfhandlungen. Nach der Jahrhundertwende verübte die stark von Bulgaren geprägte »Innere Makedonische Revolutionäre Organisation« (IMRO) Bombenattentate; allerdings kam es bald zu Richtungskämpfen über die Frage der Unabhängigkeit Makedoniens oder des Anschlusses an Bulgarien. Zur Beruhigung der Lage wurden ab 1904 ausländische Truppen (Franzosen, Italiener, Österreicher und Russen) in Skopje, Drama, Monastir und Thessaloniki stationiert. Dieses Eingreifen von Europäern brachte im Osmanischen Reich schließlich das Fass zum Überlaufen. Ausgehend von jungen Offizieren der Garnison von Salonika (auch Mustafa Kemal, der spätere »Atatürk«, stammte aus dieser Stadt!) kam es 1908 zur »Revolution der Jungtürken«, die einen türkischen Nationalismus propagierten. Die Armee setzte den Sultan Abdul Hamid II. ab, erließ eine Verfassung und setzte allgemeine Wahlen an. Im ersten türkischen Parlament fanden sich 107 Türken, 45 Araber, 27 Griechen und 22 Arnauten (Albaner). Da ein Nationalismus in aller Regel den anderen aufheizt, verschlechterte sich (zumindest in einigen Teilen der Türkei, besonders an der Schwarzmeerküste) die Lage der griechischen, häufig materiell und gesellschaftlich privilegierten Minderheit mit ihrer Handelsbourgeoisie deutlich.

Auf dem Hintergrund des Aufstandes der »Jungtürken« propagierte der Führer der Autonomiebehörde Kretas, Eleutherios Venizelos – gegen den Willen der Athener Regierung – den Anschluss der Insel an den griechischen

Staat. Venizelos (1864-1936) sollte zum wichtigsten griechischen Politiker der ersten Hälfte des 20. Jahrhunderts aufsteigen, obwohl er von der Rechten häufig als »Gott-sei-bei-uns« hingestellt und mit Schmähkampagnen überzogen wurde; heute steht sein Denkmal auf vielen zentralen Plätzen, so auch neben dem Parlament. Fast die gesamte griechische (nichtkommunistische) Linke beruft sich bis heute auf diesen »Vater des Vaterlandes«.

In Athen putschte (nach türkischem Vorbild) die Kaserne von Goudi; es bildete sich ein »militärischer Bund«, der Neuwahlen ausrief. Da die alten Eliten (und Hofschranzen) in einem Sumpf von Korruption und Vetterleswirtschaft versunken waren, gelang es der neuen »Liberalen Partei« (*Komma Filelefthe-ron*) von Venizelos 1910 fast problemlos, sowohl die Wahlen zur Verfassunggebenden Versammlung wie auch die Parlamentswahlen mit großer Mehrheit zu gewinnen. Venizelos führte ein (für diese Region) konsequentes bürgerliches Reformprogramm durch: Die Enteignung des Großgrundbesitzes im »nationalen Interesse« wurde kodifiziert, Einstellungen im Öffentlichen Dienst wurden von Prüfungen und der Befähigung abhängig gemacht, Gewerkschaften wurden zugelassen und es wurden Mindestlöhne und Höchstarbeitszeiten für Frauen und Kinder festgelegt. Nach seinen eigenen Worten wollte er »ein Griechenland schaffen, das den Anforderungen der heutigen Zivilisation würdig« ist (Rede von 1910).

In der Außenpolitik verfolgte Venizelos – wie er schon auf Kreta gezeigt hatte – das nationalistische Programm der »großen Idee« (*megali idea*), der Erweiterung Griechenlands im Norden und nach Kleinasien. 1911 waren italienische Truppen in Libyen gelandet und hatten der Türkei außerdem die Dodekanes mit Rhodos als Hauptinsel abgenommen. (Diese Inseln kamen erst 1947 zu Griechenland!) Die Westmächte und Berlin protestierten zwar gegen »die Verletzung bestehender Grenzen«, unternahmen jedoch keine Gegenmaßnahmen. Ein Jahr später schlossen sich Griechenland, Serbien und Bulgarien (trotz der zwischen ihnen herrschenden Spannungen) zur Balkanliga gegen das Osmanische Reich zusammen. Diese drei Länder (plus Montenegro) erklärten am 18. Oktober 1912 dem Osmanischen Reich den Krieg. Da Venizelos das griechische Heer durch französische und britische Instruktoren hatte modernisieren lassen, erreichten sie vor den Bulgaren Thessaloniki und standen dann rasch vor den Toren Istanbuls. Im März 1913 eroberten sie die Hauptstadt des Epiros, Ioannina. Mit Hilfe Italiens erklärte sich auch Albanien für unabhängig, dem der Nordepiros zugeschlagen wurde, auf den auch Griechenland (wegen der dort lebenden griechischen Minderheit) Anspruch erhob.

Kaum war der Sieg über die Osmanen erreicht, zerfiel die Balkanliga an der makedonischen Frage. Bulgarien versuchte, durch Eroberung ganz Makedoniens ein Großbulgarien zu schaffen, wurde aber von den reorganisierten Türken, sowie den Serben und Griechen, die einen Geheimvertrag abgeschlossen hatten, in die Zange genommen. Als auch noch die Rumänen gen Sofia zu marschieren begannen, drängten die Großmächte auf einen Friedensschluss.[7]

Dieser »Frieden von Bukarest« führte zu Grenzziehungen auf dem Balkan, die im Wesentlichen bis heute Gültigkeit besitzen. Das Kosovo (Kosova) und die Region Skopje wurden Serbien zugeschlagen, obwohl in Teilen dieser Gebiete die Albaner die klare Bevölkerungsmehrheit stellten. Bulgarien erhielt einen Zugang zur Ägäis mit der »Tabakregion« von Xanthi und dem Hafen Alexandroupolis (Dedeagac). Ostthrakien mit der Hauptstadt Edirne sowie einige Inseln der Ägäis verblieben bei der Türkei. Griechenland erreichte im 2. Balkankrieg endgültig den Anschluss von Kreta und einen Gebietsgewinn von etwa 75 Prozent (besonders wichtig waren die entwickelten Wirtschaftsregionen von Kastoria, Serres und Kavala); seine Bevölkerung stieg um etwa zwei Millionen auf 4,6 Mio. an. Man muss den historischen Kampf um Makedonien (wo die Griechen vor den »ethnischen Säuberungen« nur eine Minderheit waren) im Hinterkopf haben[8], wenn man die griechischen Einwände verstehen will, die nach der Unabhängigkeitserklärung der früheren jugoslawischen Republik Makedonien 1991 zu erheblichen Konflikten führten; in Athen spricht man bezeichnenderweise nur von der »Republik Skopje«. Besonders empörend finden die Griechen die Verwendung des sechzehnzackigen Sterns in der makedonischen Flagge, weil dieser Stern Philipp, dem Vater Alexander des Großen, zugeschrieben wird.

---

7   Leo Trotzki weilte damals als Kriegskorrespondent auf dem Balkan. Seine Analysen der Spannungen auf dem Balkan und der Folgen der Nationalisierungsprozesse in der Region sind bis heute lesenswert. [Leo Trotzki, *Die Balkankriege* 1912-13, Essen (Arbeiterpresse) 1996.]

8   Die 1918 als Sozialistische Arbeiterpartei (SEKE) gegründete Kommunistische Partei Griechenlands, in der die Vertriebenen aus Kleinasien eine wichtige Rolle spielten, trat – gleich der Komintern – bis Mitte der 1930er Jahre und teilweise noch danach für einen unabhängigen Staat »Makedonien« unter Einschluss der griechisch gewordenen Gebiete um Thessaloniki ein. Dies dürfte – neben den fraktionellen Auseinandersetzungen und der geringen Bedeutung der Arbeiterbewegung in einem armen Bauernland – der Grund für ihre relative Erfolgslosigkeit vor dem Einmarsch der Wehrmacht gewesen sein.

4. Die Zeit der Weltkriege

Der Erste Weltkrieg und die Katastrophe in Kleinasien

Die griechischen Gebietsgewinne waren auch auf dem Hintergrund des Werbens sowohl der »Entente«(Großbritannien, Frankreich und Russland) wie der »Mittelmächte« (Deutschland, Österreich, Osmanisches Reich, ab 1915 außerdem Bulgarien) um das Land großzügig ausgefallen. Nach der bis heute nicht restlos geklärten Ermordung von König Georg I. 1913 in Thessaloniki wurde sein Sohn als Konstantin I. (für die Royalisten Konstantin XII.) neuer König. Er war mit der Schwester Sophie von Kaiser Wilhelm II. verheiratet und neigte, unterstützt vom Chef des Generalstabes, Ioannis Metaxas, dem späteren Diktator, eher zur deutschen Seite. Damit stand der Hof in klarem Gegensatz zu Eleutherios Venizelos und den demokratischen Kräften, die offen den Kriegseintritt zugunsten der Entente propagierten. Zunächst blockierten sich die beiden Seiten – auch auf dem Hintergrund der schwierigen Wirtschaftslage – gegenseitig, doch Venizelos gewann 1915 neuerlich die Parlamentswahlen. Zur Ausschaltung der deutschfreundlichen Seite landeten britische und französische Truppen in Thessaloniki, obwohl das Land offiziell neutral war. Sie verhängten aus eigener Machtvollkommenheit das Kriegsrecht über Nordgriechenland. Als der König das Parlament auflöste, spitzte sich die innenpolitische Lage zu, denn Venizelos stellte die Monarchie in Frage und bildete in Thessaloniki eine Gegenregierung (*ethnikos dichasmos* = Spaltung der Nation). Er konnte sich der Unterstützung der neugewonnenen Gebiete sicher sein, während die eher von Kleinbauern geprägten Regionen Attika und die Peloponnes eher monarchistisch waren. Nachdem in Athen bereits ein Bürgerkrieg begonnen hatte, wurde dieser von Truppen der Entente unterdrückt. König Konstantin musste abdanken und das Land verlassen. Sein Nachfolger Alexander erklärte sodann den Mittelmächten den Krieg.

Bei der Aufteilung des Osmanischen Reiches ging Griechenland als »Sieger« aus dem »Großen Krieg« hervor. Griechische Truppen beteiligten sich auf Einladung der Westmächte sogar an der Besetzung Istanbuls. Im Vertrag von Neuilly erhielt es Westthrakien; mit Bulgarien wurde ein »Bevölkerungsaustausch« (im heutigen Sprachgebrauch: »ethnische Säuberung«) vereinbart. Nun gab es kein Halten mehr beim Versuch der Umsetzung der »großen Idee«! Endlich sollte die Vision des »Reiches der zwei Kontinente und der fünf Meere« verwirklicht werden! Ein griechisches Expeditionsheer landete mit Unterstützung britischer Kanonenboote in Smyrna (Izmir); diese Stadt[9]

---

9   Vor der Katastrophe von 1922 setzte sich laut einer interessanten Ausstellung über die Vertreibung der Griechen aus Kleinasien vom Sept./Okt. 2012 im alten Parlament von

mit ihrem Umland wurde seit der Antike mehrheitlich von Griechen bewohnt. Doch auch Italien, das die Dodekanes besetzt hielt, und Frankreich meldeten Ansprüche auf Teile Kleinasiens an. Die imperialistischen Beutejäger wollten das Osmanische Reich zerstückeln. Die Niederlage des Osmanischen Reiches hatte in der Türkei jedoch zum Erwachen des Nationalbewusstseins geführt. Der »Jungtürke« Mustafa Kemal setzte sich an die Spitze der Bewegung, berief eine Nationalversammlung nach Ankara ein und proklamierte dort eine »Türkische Republik«. Außerdem bekämpfte er heftigst das Abkommen von Sèvres bei Paris.

Gegen diese türkische Bewegung zog – kräftig unterstützt von der »Diaspora«, etwa vom Auslandsgriechen und Waffenhändler Basil Zaharoff – ein griechisches Heer zu Felde, um in Kleinasien ein möglichst großes Gebiet zu erobern. Bei den Wahlen 1920 erlitt Venizelos eine Niederlage, so dass er für die Katastrophe in Kleinasien, dessen Eroberung er führend betrieben hatte, nicht mehr verantwortlich gemacht werden konnte.

Sowohl die revolutionäre Sowjetunion der Bolschewiki wie Italien und Frankreich unterstützten das neue Regime in Ankara, weil sie in ihm nach den militärischen Erfolgen einen Garanten der Stabilität in der unruhigen Region sahen. Griechenland geriet ins Hintertreffen; als König Alexander an einem Affenbiss starb und Konstantin I. zurückkehrte, wandten sich die Westmächte vom Abkommen von Sèvres ab und stellten jegliche Hilfe an Athen ein.

Ab August 1922 warf das reorganisierte türkische Heer die Griechen zurück und trieb sie im Wortsinne ins Meer. Tausende fielen Pogromen zum Opfer, mindestens 30 000 Griechen wurden aus Smyrna/Izmir vertrieben und die griechischen Stadtteile abgefackelt. Obwohl alliierte Kriegsschiffe sich unweit des Hafens aufhielten, griffen sie nicht ein, denn vorgeblich hatten sie Order, »strikte Neutralität« zu bewahren! Die Idee eines Großgriechenlands, also der Zusammenführung aller Gebiete mit griechischen Einwohnern in einem Staat,[10] ging in einem Blutrausch und einer Flüchtlingskatastrophe unter. Im November 1922 fand in Athen vor einem Militärgericht ein »Prozess gegen die sechs« statt, Politiker und Militärführer, die man für die kleinasiatische Kata-

---

Athen die Bevölkerung von Smyrna, die mit insgesamt 270 000 angegeben wird, wie folgt zusammen: Griechen 140 000, Türken 80 000, Juden 20 000, Armenier 12 000, Europäer (Franzosen, Italiener, Briten, Österreicher usw.) 15 000. Sofern die Zahlen stimmen, war die Stadt damals mehr als doppelt so groß wie Athen!

10 Dabei ist zu berücksichtigen, dass häufig weniger die Sprache (die Griechen Kleinasiens sprachen häufig Türkisch!) als die Religionszugehörigkeit das Unterscheidungsmerkmal abgab. (Vgl. Clogg 1997, 129f.)

strophe zur Verantwortung ziehen wollte. Sie wurden wegen »Hochverrats« zum Tode verurteilt und in der Kaserne von Gudi erschossen.

Dem Massaker folgte die Vertreibung (»Transfers«) von bis zu 1,5 Mio. Griechen aus ganz Kleinasien; sie wurden vor allem in den Städten (Athen) und in den nördlichen Teilen des Landes angesiedelt. Im Norden wurde der Großgrundbesitz (*tsiflikia*), aber auch staatliche und kirchliche Ländereien, an die armen Bauern verteilt. Obwohl ihr Landhunger nun teilweise gestillt war, konnten sie meistens mangels Maschinen und Saatgut nur mehr recht als schlecht von ihrem Land leben. Außerdem stießen diese »Joghurt-Getauften« – auch wegen ihrer Dialekte, die sich deutlich von denen Kerngriechenlands unterschieden –, auf heftige Ressentiments der Einheimischen.[11]

In den Verhandlungen von Lausanne, deren griechischer Unterhändler wiederum Venizelos war, wurden die Grenzen Griechenlands von vor dem Ersten Weltkrieg mit Ausnahme Ostthrakiens bestätigt, aber eben auch das Ende einer dreitausend Jahre währenden Ansiedlung von Griechen in Kleinasien (die Griechen und das Patriarchat in Istanbul wurden ausgenommen) besiegelt. Dafür wurden ca. 400 000 Türken aus Nordgriechenland in die neue Türkei umgesiedelt.[12] (Heute leben im griechischen Norden noch etwa 50 000 Menschen mit türkischen Wurzeln.) Hinzu kamen noch die Griechen aus Bulgarien und jene, die aus Russland/Ukraine (in Odessa lebte eine bedeutende griechische Minderheit, die einen Teil des Handels kontrollierte) nach der Oktoberrevolution geflohen waren. Zypern, auf das die Briten seit 1878 Anspruch angemeldet hatten, wurde endgültig britisches Protektorat; die Dodekanes mit Rhodos verblieb bis 1947 beim (inzwischen faschistischen) Italien.

Die kleinasiatische Katastrophe von 1922 bildete sicherlich den stärksten Einschnitt der griechischen Geschichte seit der Eroberung von Konstantinopel 1453. Die Behauptung von Tzermias, Griechen und Türken hätten »jahrhundertelang *in Feindschaft*, aber doch auch in enger Beziehung zueinander« gelebt (Tzermias 1999, 133), hat angesichts der Bedeutung der griechischen Oberschicht im Osmanischen Reich nicht allzuviel mit der Realität zu tun, sondern zeugt eher von seinem (neugriechischen) Nationalismus.

11 In einem seiner letzten Filme »Eleni – die Erde weint« kommt Theodoros Angelopoulos eindringlich auf das Schicksal dieser Vertriebenen zu sprechen.

12 Die bislang umfassendste Darstellung der in den 1990er Jahren in Jugoslawien und dem Kaukasus neuerlich Geschichte machenden »ethnischen Säuberungen« findet sich bei Benjamin Lieberman, *Terrible Fate. Ethnic Cleansing in the Making of Modern Europe*, Chicago 2006. Besonders interessant – weil wenig bekannt – ist das Kapitel »Farewell to Salonica« mit der Schilderung der Zerstörung des multiethnischen Charakters der Stadt.

Die lange Kriegszeit (1912-1922) hatte zu einer Beschleunigung der Industrialisierung einiger Regionen geführt. In Makedonien wurde nun Braunkohle für den steigenden Energiebedarf gefördert und die Textilindustrie erweitert. In einigen Großstädten entstanden Nahrungsmittelindustrien. Auch erste Ansätze einer Chemieindustrie tauchten auf. Aufgrund der Schwäche der einheimischen Bourgeoisie wurde jedoch nach den Kriegswirren überdeutlich, dass nur der Staat ein breites Modernisierungsprogramm in die Wege leiten konnte. Allerdings verfügten viele Griechen aus Kleinasien über bessere Qualifikationen als jene im »Mutterland« und hatten eine lange Tradition in Handwerk und Kleingewerbe.

Die Verwerfungen der Kriege und der Zustrom der Flüchtlinge (umgerechnet auf die Bevölkerung mehr als doppelt so viele wie nach dem 2. Weltkrieg aus den Ostgebieten nach Deutschland kamen) verstärkten die Polarisierung zwischen den konservativen und den liberalen und linken Kräften. König und Militärs versuchten sich 1923 in einem Militärputsch, der jedoch scheiterte; der König Georg II. musste Griechenland verlassen. Die Wahlen zur Verfassunggebenden Versammlung wurden von den Parteien der Republikaner mit deutlicher Mehrheit gewonnen, die die Republik (»erste Republik«) ausriefen und sie per Plebiszit bestätigen ließen. Doch die Kämpfe der Parteiencliquen führten bereits ein Jahr später zu einem Staatsstreich des Militärs unter Theodoros Pangalos. Ende 1926 fanden wieder Parlamentswahlen statt, die das Bild der Cliquenkämpfe und Zersplitterung bestätigten; dennoch kam es zur Bildung eines Kabinettes der meisten Parteien. Aus diesem scherte die konservative »Volkspartei« bald wieder aus. Venizelos übernahm neuerlich die Führung der Liberalen und wurde im Juli 1928 nochmals Ministerpräsident für vier Jahre; die Wahlen im August 1928 gewann er wieder mit großer Mehrheit. Wiederum versuchte er sich in der Umsetzung eines relativ anspruchsvollen Programms von Reformen, die teilweise mit ausländischen Krediten finanziert wurden; es wurde Großgrundbesitz aufgeteilt, Land entwässert und eine Agrarbank für die Bauern gegründet, zahlreiche Infrastrukturprojekte wie Straßen und Schienen in Angriff genommen und das Bildungswesen verbessert. Bildungsminister war übrigens Giorgos Papandreou, der ab 1944 mit britischer Hilfe erstmals Ministerpräsident wurde und damit eine Art »Politikerdynastie« begründete.

Die Weltwirtschaftskrise, die Anfang der 1930er Jahre auch auf Griechenland übergriff, setzte den Reformbemühungen ein Ende; 1932 konnte es die Zinsen für die britischen, französischen usw. Kredite nicht mehr bezahlen und musste (wie 1893) den Staatsbankrott erklären. Die Exporte von Tabak, Baumwolle und landwirtschaftlichen Produkten (Korinthen, Südfrüchte) waren aufgrund der Krise massiv eingebrochen; der Handel kam großenteils zum Erliegen. Hier zeigt sich ein Grundzug der modernen griechischen Geschichte, denn die extreme Abhängigkeit des Landes von Krediten des Auslandes und der Diaspora führte nach Weltwirtschaftskrisen (1880er, 1930er, 2007ff.) regelmäßig zum de facto Bankrott des Landes.

Der (letzte) Rücktritt von Venizelos stürzte das Land auch in eine politische Krise; alle paar Monate wechselte die Regierung. Es wurde immer deutlicher, dass führende Militärs auf eine Diktatur hinarbeiteten, wobei sie nicht nur die allgemeinen »Wirren«, sondern auch die »kommunistische Gefahr« als Gründe bemühten. Konservative Kreise und Militärs organisierten eine (gefälschte) »Volksbefragung« und riefen den König Georg II. aus seinem Exil zurück (während Venizelos nach einem Attentatsversuch nach Paris ins Exil ging).

Die Neuwahlen nach Rückkehr des Königs 1936 führten jedoch zu einem Patt zwischen der Volkspartei und den Liberalen, so dass die Kommunisten, die unter Parteichef Nikos Zachariades[13] auf etwa sechs Prozent der Stimmen gekommen waren, zum (parlamentarischen) Zünglein an der Waage wurden. Daraufhin setzte der König am 4. August 1936 einfach den in Preußen ausgebildeten General Ioannis Metaxas als Ministerpräsidenten ein, der umgehend das Parlament auflöste. Da es wegen der Krisenfolgen in den Großstädten, vor allem Saloniki und Piräus, zu Unruhen und Streiks gekommen war, verhängte Metaxas das Kriegsrecht und ließ die Bewegungen blutig niederschlagen. Die Politiker der Altparteien unterstützten dieses Vorgehen oder unternahmen zumindest nichts; nur Papandreou verurteilte sie und wurde nach Chios in die Verbannung geschickt.

Metaxas Regime stützte sich auf den Königshof und das von den »Venizelisten« gesäuberte Militär; Unterstützung erhielt er von Teilen des Bürgertums und dem von der Krise betroffenen Kleinbürgertum (Händler, Bauern, liberale Berufe), sowie natürlich der Kirche. Versuche, eine Art »Ständestaat« zu schaffen, blieben in Ansätzen stecken. Der Widerstand, vor allem der der verschiedenen Strömungen der Arbeiterbewegung, wurde mittels Zensur und Streikverbot, Folter und systematischem Rechtsbruch, Verbannung von Gegnern auf abgelegene Inseln (berüchtigt wurde die kleine Kykladeninsel Makronisos) und Gründung einer Geheimpolizei atomisiert und gebrochen. Nach portugiesischem und italienischem Vorbild wurde eine spezifische

---

13 Nikos Zachariades (1903-1973) hatte die Parteiführung 1931 übernommen und beendete die ultralinke Periode, die nach dem VI. Kongress der Komintern vorgeherrscht hatte; ab 1934 wurde der Schulterschluss der »antifaschistischen Kräfte« propagiert. Statt der »proletarischen Revolution« strebte man nun eine »bürgerlich-demokratische Umwälzung« an. Außerdem vollzog man einen Kurswechsel in der Mazedonienfrage.

Ideologie des »Neuen Staates« (*neon kratos*) entwickelt, die eine eigentümliche Mischung aus Antike (vor allem Sparta!) und Byzanz darstellte (»drittes Griechentum«). Von den Nazis übernahm man den Arbeitsdienst, mit dessen Hilfe die Grenzanlagen zu Bulgarien (»Metaxas-Linie«) ausgebaut wurden. Durch die Zwangsverpflichtung von Arbeitslosen sank natürlich die (zuvor sehr hohe) Arbeitslosenrate. Trotz dieser Politik blieben die alten Netzwerke im Wesentlichen bestehen; Richter spricht daher von einem »Klientelfaschismus«. (Heinz A. Richter 2012, 74)

Außenpolitisch schwankte die Metaxas-Diktatur zwischen der traditionellen Orientierung auf die Westmächte und einer stärkeren Ausrichtung auf das nationalsozialistische Deutschland, wohin ein immer größerer Teil der Exporte floss. Da jedoch das Deutsche Reich mit Italien verbündet war und der Duce kein Hehl daraus machte, den westlichen Balkan und Griechenland seinem Imperium einverleiben zu wollen, blieb die griechische Haltung recht zweideutig.

Der rasche Sieg der Wehrmacht über Frankreich im Juni 1940 führte auch im faschistischen Italien dazu, neue Eroberungen zu wagen. Am 28.Oktober 1940 stellte Mussolini Griechenland ein Ultimatum, in dem er die Überlassung von militärischen Stützpunkten forderte. Metaxas führte eine seiner wenigen positiven Handlungen aus und sagte »Oxi« (gesprochen ochi = nein). Über Albanien griff Italien die Griechen im Epiros an, um den »Spaziergang nach Athen« zu beginnen. Doch die italienischen Invasionstruppen stießen vor Ort auf massiven griechischen Widerstand, und die von General Papagos geführte Gegenoffensive warf die Italiener unter erheblichen Verlusten hinter die albanische Grenze zurück.

Die deutsche Heeresleitung war mit den Vorbereitungen ihres »Ostlandrittes« gegen die Sowjetunion beschäftigt und wurde vom (nicht vorher in Berlin angekündigten) italienischen Vorstoß, vor allem aber der Niederlage des Verbündeten völlig überrascht.

Zweiter Weltkrieg und Bürgerkrieg

Unter solchen Bedingungen sahen sich Hitler und die Oberste Heeresleitung veranlasst, ihre Pläne zu ändern und zuerst nach Südosten zu marschieren. Dabei spielten auch die rumänischen Ölfelder eine Rolle, die von in der Ägäis stationierten britischen Flugzeugen hätten bombardiert werden können. (Walter Fischer/Eberhard Rondholz 1970, 118) Nach einem Putsch von Offizieren griff man ohne jede Vorwarnung Jugoslawien an, das binnen zwei Wochen kapitulierte. Auch das griechische Heer, dessen Führung nach 1935 »gesäubert« worden war, ergab sich trotz Gegenwehr einem weit überlegenen

Gegner. Am 27. April 1941 fiel Athen kampflos, der König Georg II. flüchtete nach Kairo, wo dann eine britenfreundliche Exilregierung eingerichtet wurde. Der Kampf um Kreta dauerte allerdings noch einen weiteren Monat. Griechenland wurde – nach längeren Verhandlungen mit den Italienern – unter Italien, Bulgarien und Deutschland in drei Zonen aufgeteilt, obwohl es weiterhin eine (machtlose) griechische Regierung gab. Es ist umstritten, inwieweit man diese Regierungen unter General Tzolakoglou, Konstantinos Logothopoulos oder Ioannes Rallis als Quislings-Regierungen bezeichnen kann.

Jedenfalls gab es in Griechenland kaum Kollaboration mit den Nazis. Das dürfte vor allem an den enormen Besatzungskosten und dem riesigen (bis heute nicht zurückgezahlten!) Zwangskredit gelegen haben, die – neben dem massiven Rückgang der Getreideproduktion – zum »Schwarzen Winter« von 1941/42 geführt haben, während dessen Tausende von Menschen (allein in Athen sollen 50 000 Menschen gestorben sein) verhungerten. Ohne die auf Initiative der Kirche oder von Stadtteilorganisationen entstehenden »Suppenküchen« wären es sicherlich noch viel mehr gewesen. Außerdem stieß die Aufteilung des Landes in Besatzungszonen, die teilweise von den Italienern und den besonders verhassten Bulgaren kontrolliert wurden, natürlich auf heftige Ablehnung.

Der Widerstand begann bereits im Mai 1941, als Manolis Glezos die Hakenkreuz-Fahne von der Akropolis herunterriss. Bald danach bildeten sich in den von Bulgaren und Italienern besetzten Gebieten nach traditionellem Vorbild (Kleften) Gruppen von »Andarten« (Widerständler), die in gewohnter Manier ihren Kampf gegen die Bulgaren wieder aufnahmen. Dieser Kampf griff alsbald auf das italienische Besatzungsgebiet über und zwang die Italiener, sich aus dem Land, vor allem den Gebirgsregionen, in Stützpunkte zurückzuziehen. Anfang März 1943 demonstrierten sogar in Athen über 200 000 Menschen gegen die Verschickung von Zwangsarbeitern nach Deutschland, was tatsächlich zum Ende dieser Zwangsmaßnahme führte – ein in den Besatzungsgebieten einmaliger Fall!

Zur schlagkräftigsten Widerstandsorganisation wurde schließlich die von der Kommunistischen Partei (KKE) geführte EAM (Nationale Befreiungsfront). Unter Metaxas waren die meisten KKE-Mitglieder eingesperrt oder deportiert worden, doch beim deutschen Einmarsch gelang es den meisten, zu fliehen und sich zu reorganisieren.[14] Ein Manifest vom Mai 1941 sprach sich sowohl gegen die Athener Regierung wie die Kairoer Exilregierung aus und forderte die Errichtung einer »Volksdemokratie«. Außenpolitisch wandte man sich vor allem gegen die »englisch-amerikanischen Plutokraten« bei auffallender Schonung der faschistischen Mächte. Erst nach dem Einmarsch der Wehrmacht in die Sowjetunion konnte die KKE, in den Worten des aus Alexandria stammenden KP-Führers Giorgios Rousos »den nationalen Kampf für die Befreiung« mit dem »Kampf für die Verteidigung der Sowjetunion« verbinden. (Erik Eberhard 2005, 61) Gemäß dem Etappenkonzept stellte man die sozialen Fragen, die der Rechte der Arbeitenden und der kleinen Bauern, hintan: »Solange die fremden Besatzer in unserem Land sind, ist jeder Klassenkampf nicht nur unhaltbar, sondern auch antinational.« (ebd., 62) Dies richtete sich gegen die zahlreichen Streikbewegungen der Kriegsversehrten, der Öffentlichen Bediensteten, der Beschäftigten der Gummifabrik Ethel und der Düngerfabrik Lipasmata in Piräus, der Bediensteten der Wasserwerke, Straßenbahnen, der Häfen usw.

Im September 1941 wurde die Nationale Befreiungsfront (EAM) gegründet, in die ein Jahr später auch Gewerkschaften und Hilfsorganisationen eingegliedert wurden. Auf ihrem Höhepunkt hatte die EAM etwa 1,6 Mio. Mitglieder (bei ungefähr sieben Mio. Einwohnern), von denen etwa ein Viertel der KKE angehört haben dürfte, die damit zur bestimmenden politischen Kraft in dieser Organisation wurde. Außerdem wurde nach einigem Zögern die Griechische Befreiungsarmee (ELAS, Ethnikos Laikos Apelertherotikos Stratos) gegründet, die von dem berühmten und eigensinnigen Aris Velouchiotis geführt wurde, der die weitaus größte Gruppe in Evrytanien leitete; daneben gab es Gruppen im Gebiet des Olymp und des Parnass. Die KämpferInnen stammten zu erheblichen Teilen aus der Jugend der größeren Städte. Die traditionellen Rollenmuster einer patriarchalen Gesellschaft wurden durch die Teilnahme zahlreicher junger Frauen (*Andartisse*) durchbrochen. Als die Italiener im September 1943 in Griechenland kapitulierten, fiel der ELAS ein erheblicher Teil der zurückgelassenen Waffen in die Hände.

14   Der Parteivorsitzende Nikos Zachariadis, der aus Kleinasien stammte, wurde von den Deutschen gefangen genommen und nach Dachau verbracht, wo er bis Kriegsende eingesperrt blieb. Er machte alle Wendungen der stalinistischen Politik mit. Die Führung der KKE in Griechenland wurde von dem Tabakarbeiter aus Thessalien Georgios Siantos übernommen, der 1947 unter ungeklärten Umständen zu Tode kam und posthum von Zachariadis als »Verräter« verunglimpft wurde, weil er auch moskaukritische Positionen vertrat.

Die Erfolge der ELAS bewogen die EAM im März 1944, eine »Provisorische Nationale Regierung« zu bilden (»Regierung der Berge«); am 14. Mai 1944 trat in Koryschades auch eine von dieser Regierung einberufene »Nationalversammlung« zusammen, deren Delegierte (erstmals hatten auch die Frauen das Wahlrecht) die befreiten Gebiete, mehr als drei Viertel des Landes, vertraten.

Auf der »Libanon-Konferenz« vom Mai 1944 gelang es Georgios Papandreou, Vertreter der Kairoer Exilregierung, der »Regierung der Berge« und nach längerem Hin und Her auch der Kommunisten dazu zu bringen, eine »Regierung der nationalen Einheit« zu gründen. Die Frage der Abschaffung der Monarchie (die für Churchill nicht in Frage kam) sollte laut Kompromiss durch ein Referendum entschieden werden. Im Oktober 1944 kam es in Moskau zum berühmten Agreement zwischen Churchill und Stalin, wonach Griechenland dem britischen Interessensgebiet zugeschlagen werden sollte.[15] Im Abkommen von Caserta verpflichtete sich die EAM trotz massiven Widerstands in ihren Reihen, ihre bewaffneten Verbände dem britischen Oberkommando zu unterstellen und ohne Zustimmung von General Scobie in Athen keine Aktionen durchzuführen. In einem Brief an Außenminister Eden formulierte Churchill seine konterrevolutionären Pläne ganz eindeutig: »Nachdem wir in Russland den Preis gezahlt haben, um Handlungsfreiheit in Griechenland zu erhalten, dürfen wir nach meiner Meinung nicht zögern, britische Streitkräfte einzusetzen, um die königlich-griechische Regierung unter Papandreou zu unterstützen.« (zit. nach Eberhard 2005, 174) Mit der Aufgabe ihrer Eigenständigkeit verzichtete die EAM (im Unterschied zu Titos Partisanen in Jugoslawien!) auf eine Machtübernahme in Athen, die damals ohne weiteres möglich gewesen wäre, und überließ die Früchte ihrer Arbeit im Grunde der alten abgehalfterten Politikergarde. Mittelfristig führte das auch zum Zusammenbruch der zahlreichen Formen der Selbstorganisation, die sich in weiten Teilen Griechenlands entwickelt hatten.

Aufgrund des heftigen Widerstandes der Partisanen gegen die Besatzer kam es in Griechenland zu zahlreichen Vergeltungsaktionen der Wehrmacht, bei denen Tausende von Zivilisten oft auf barbarische Weise umgebracht, Frauen vergewaltigt, Gebäude und Häuser niedergebrannt und das Hab und Gut der Einwohner vernichtet wurde. Die bekanntesten Massaker fanden in Distomo[16] (bei Delphi), Kalavrita (auf der Peloponnes), Vianos (auf Kreta) und Komme-

---

15 Vgl. Wilfried Loth, *Die Teilung der Welt 1941-1955* (= dtv-Weltgeschichte des 20. Jahrhunderts), München 1980, S. 51f., sowie Richter 2012, S. 134f.

16 Das Massaker von Distomo fand am gleichen Tag, dem 10. Juni 1944, wie das von Oradour-sur-Glane in Südwestfrankreich statt. Vgl. den Beitrag über den langen Kampf um Entschädigung in diesem Buch.

no (Epiros) statt. Voglis schätzt, dass etwa 300 000 Menschen an den direkten oder indirekten Folgen der Besatzung gestorben sind, das wären über sieben Prozent der Bevölkerung. Etwa 25 000 sollen durch Sühnemaßnahmen umgebracht worden sein.[17] Hinzu kommen die etwa 67 000 sephardischen Juden und Jüdinnen mehrheitlich aus Saloniki, aber auch aus den alten romaniotischen Gemeinden, die in die KZs deportiert wurden; von ihnen überlebten höchstens 2000. (Clogg 1997, 161)

Der Bürgerkrieg

Neben den Zerstörungen und Gräueln des Krieges bestimmen auch die Geschehnisse des Bürgerkrieges von 1946 bis 1949 bis heute in starkem Maße den Erfahrungshorizont zumindest der älteren Generation.

Nach dem endgültigen Abzug der deutschen Truppen vom griechischen Festland im Herbst 1944 kam es rasch zu Auseinandersetzungen über die Auflösung von sog. »Sicherheitsbataillonen«(Helfer des profaschistischen Regimes) und der aus Italien nach Griechenland verlegten Riminibrigade. Außerdem wurden EAM-Mitglieder häufig von rechtsradikalen Terrorgruppen angegriffen, deren bedeutendste die *Organosi X* von Oberst Georgios Grivas mit etwa 1000 Mitgliedern war. Angesicht dieser Übergriffe und Bedrohungen versuchte die EAM, die Entwaffnung der ELAS hinauszuzögern. Die Frage der Entwaffnung wurde nun zum entscheidenden Streitpunkt zwischen der Regierung und den Briten auf der einen und der EAM auf der anderen Seite. Der britische General Scobie forderte alle Partisanen ultimativ auf, bis zum 10. Dezember die Waffen niederzulegen; die Minister der EAM protestierten gegen diese Einmischung und traten von ihren Ämtern zurück. Die »Regierung der nationalen Einheit« war somit kaum drei Monate nach ihrer Gründung am Ende.

Die EAM beschloss für den 3. Dezember 1944 eine Demonstration gegen die britische Einmischung, die zunächst genehmigt, sodann aber verboten wurde. Die KKE rief die Bevölkerung daraufhin auf, »die Regierung des Bürgerkriegs wegzufegen und eine Regierung der wahren nationalen Einheit an ihre Stelle zu setzen.« (Esche 1982, 178) An dieser Demonstration gegen die Briten und die Regierung Papandreou soll sich eine halbe Million Menschen beteiligt haben. Als Demonstranten in Richtung Syntagma-Platz drängten, eröffnete die Stadtpolizei das Feuer, dem nach dem Bericht der Regierung zehn Tote und 60 Verletzte zum Opfer fielen. Das US-State Department sprach von 28 Toten und 150 Verletzten. (Esche 1982, 179)

---

17 Polymeris Voglis, *Becoming a Subject*. Political Prisoners during the Greek Civil War, New York 2002, S. 44.

Daraufhin verhängte General Scobie (in eigener Machtvollkommenheit) das Kriegsrecht und forderte die ELAS-Einheiten ultimativ zum Rückzug aus Athen auf. Churchill kabelte an Scopie und Botschafter Leeper, sie sollten Papandreou unbedingt im Amt halten und auf jeden bewaffneten Mann feuern, um »Athen zu halten und zu beherrschen«. (Fischer/Rondholz 1970, 127) Nach heftigen und blutigen Kämpfen eroberten britische Truppen die Athener Hauptquartiere der EAM und der KKE. Obwohl die ELAS weiterhin den Kompromiss suchte und ihre gut bewaffneten Truppen aus Athen fernhielt, kam es in Athen zu lang anhaltenden und heftigen Kämpfen, die die Briten durch Bombardierungen ganzer Stadtviertel zu ersticken suchten. Es gelang der ELAS, den größten Teil der Stadt zu kontrollieren und die britischen Truppen einzuschließen. Sowohl in Großbritannien wie vor allem in den USA gab es heftige Kritik an der Politik der »englischen Kolonialherren«. Während die KKE auf sowjetische Unterstützung hoffte, konnte Churchill später in seine Memoiren feststellen: »Stalin hingegen hielt sich streng und getreu an unsere Oktobervereinbarung, und in all den Wochen, die die Straßenkämpfe in Athen andauerten, kam kein Wort des Vorwurfs von der *Prawda* oder der *Iswestija*.« (Esche 1982, 186) Zum Jahresende hatte Scobie in Athen bereits etwa 80 000 Soldaten unter seinem Kommando, davon waren etwa ein Drittel Briten. Zu Weihnachten 1944 reiste Churchill zusammen mit Eden selbst nach Athen, um sich mit Vertretern der EAM, Papandreou, dem US-Botschafter und einem sowjetischen Vertreter zu einer »Friedenskonferenz« zu treffen. Dabei wurde neuerlich die Entwaffnung der ELAS, nicht jedoch der rechten Verbände, verlangt. Den waffentechnisch überlegenen britischen Verbänden gelang es schließlich, die ELAS aus dem Athener Stadtgebiet zu vertreiben.

Die EAM-Führung handelte nun einen Friedensplan aus, dem zufolge alle Truppen nach Nordgriechenland zurückgezogen werden und sogar die Gegend von Saloniki freigegeben werden musste. Anfang Februar 1945 begann die Friedenskonferenz von Varkiza in der Nähe von Athen. Die Briten verlangten die Entwaffnung der ELAS. Die KKE wollte darauf eingehen, forderte jedoch die freie politische Betätigung, ein Referendum über die Staatsform, eine Regierungsteilnahme der EAM und eine Generalamnestie für alle ELAS-KämpferInnen. Außerdem sollten Regierung und Verwaltung von Anhängern Metaxas gesäubert werden. Diese Forderungen wurden nur teilweise erfüllt.

Kaum war die Entwaffnung der ELAS erfolgt, kam es vor allem in Athen, Attika und auf der Peloponnes zu massiven Übergriffen von rechtsradikalen Gruppierungen auf Linke, denen ungezählte Menschen zum Opfer fielen (über Tausend sollen bis 1946 vom »weißen Terror« ermordet worden sein, Hunderte von Frauen wurden vergewaltigt). Sogar Frauen, die aus dem Nazi-

KZ Ravensbrück nach Griechenland zurückkehrten, wurden beschimpft und misshandelt. Die Organosi X wurde zur größten rechtsradikalen Gruppierung mit wohl über 200 000 Mitgliedern.[18] (Fischer/Rondholz 1970, 129) Mehr und mehr wurden die alten Strukturen des Staatsapparates wieder aufgebaut und die Organe der Volksmacht und der Selbstorganisation zum Verschwinden gebracht. »Die Rechte wollte um jeden Preis das alte Regime mit ihrer Vorherrschaft restaurieren«, schreibt Heinz A. Richter. (Richter 2012, 192)

Aris Velouchiotis stand der Linie der KKE skeptisch gegenüber und hatte sich im März 1945 geweigert, sein Andartenbataillon aufzulösen. Dieses lieferte sich im Pindos-Gebirge eine Reihe von Gefechten mit Regierungstruppen. Die Parteiführung war gespalten, denn man beschuldigte sie der Vertragsverletzung; andererseits hätte eine Distanzierung angesichts der Popularität von Velouchiotis zur Spaltung der Partei führen können. Außerdem verließ der rechte (liberale) Flügel die EAM und gründete eine neue Partei, die ELD/SKE, die jedoch bedeutungslos blieb. Velouchiotis wurde wegen seiner Kritik am Varkiza-Vertrag aus der Partei ausgeschlossen, der Beschluss zunächst aber nicht veröffentlicht. Nachdem die KKE-Führung nach der Rückkehr ihres historischen Führers Zachariadis im April 1946 den Beschluss in der Parteizeitung veröffentlichte, geriet er am 18. Juni in einen Hinterhalt von ehemaligen EDES-Kämpfern (rechte Guerilla) und wurde umgebracht. (Es gibt auch das Gerücht, dass er wegen seiner Kritik an der Parteiführung von den eigenen Leuten ermordet wurde.)

Da die bestehende Regierung (mit wechselnden Ministerpräsidenten) der wirtschaftlichen und sozialen Krise mit Desorganisation der Produktion und Massenarbeitslosigkeit nicht Herr wurde, machten die Briten Ende November 1945 den Chef der Liberalen Partei, Sofoulis, zum neuen Ministerpräsidenten, der zunächst das Wohlwollen der KKE besaß. Er sollte allgemeine Wahlen abhalten lassen, die Ende März 1946 auch stattfanden. Sie wurden von der EAM und der KKE boykottiert, weil kein fairer Verlauf garantiert werden konnte. So stammten die Wählerverzeichnisse noch aus den 1930er Jahren, enthielten viele Tote und junge Leute konnten sich nicht einschreiben. Die Wahlen führten zu einem Sieg der rechten Parteien und auch das Referendum über die Regierungsform bestätigte die Monarchie.

Die KKE versuchte eine Doppelstrategie: Während in den Bergen des Nordens der Guerillakampf neuerlich begann, versuchte sie in den Städten die Massen mit der nationalistischen Losung von der »Verteidigung der

---

18 Die historischen Verbindungslinien zwischen dieser Organisation und den heutigen Neofaschisten von *Chrysi Avgi* (Goldene Morgenröte) sind offensichtlich.

55

nationalen Unabhängigkeit« zu erreichen. Die neue rechte Regierung unter Tsaldaris antwortete darauf mit der Schließung der Büros der EAM und KKE in Athen. Zudem kam es zu einer neuerlichen Welle rechtsradikaler und terroristischer Gewalt. Die Regierung verabschiedete ein Notstandsgesetz, das die Todesstrafe für Delikte, die »die Sicherheit des Staates bedrohen« vorsah. Es erlaubte Hausdurchsuchungen ohne richterlichen Befehl und Internierungen ohne Gerichtsverfahren. Selbst US-Botschafter Mac Veagh sprach von einer »extremistischen Politik« der Regierung. (Eberhard 2005, 242)

Die Rückkehr des Königs Ende September 1946 nach Athen fand unter dem Jubel der rechten bis rechtsextremen Kreise statt, verstärkte aber auch die Guerillatätigkeit im Norden. Der KP-Führer Vafeiadis gründete zusammen mit ehemaligen Kapetanioi der ELAS die Dimokratikos Stratos Elladas (DSE, Demokratische Armee Griechenlands) zur Weiterführung des »nationalen Befreiungskampfes – obwohl die KKE jede direkte Verbindung mit den Kämpfern bestritt, da sie ein Verbot der Partei fürchtete. Nach wie vor verfügten die neuen »Andarten« in den Bergen über die Unterstützung der Bevölkerungsmehrheit. In den Städten hingegen begann eine Verhaftungswelle aller bekannten (oder verdächtigten) KKE-Mitglieder, die eingesperrt oder auf Inseln interniert wurden.

Nicht nur hatte die KKE-Führung eine falsche Einschätzung der Rolle und Politik der Sowjetunion, sondern sie unterschätzte auch die zunehmenden Interessen der USA in dieser Region im sich herausbildenden Ost-West-Konflikt. Am 12. März 1947 hielt US-Präsident Truman seine berühmte Rede vor dem Kongress, in dem er es zur Aufgabe der USA erklärte, die »freien Völker zu unterstützen, die sich dem Versuch einer Unterjochung durch bewaffnete Minderheiten (…) widersetzen«. Der Kongress gab auch Wirtschafts- und Militärhilfen für Griechenland im Umfang von 300 Mio. Dollar frei. Es wurde die American Mission for Aid to Greece (AMAG) geschaffen, die die Programme koordinieren sollte. Für die KKE bedeutete diese Rede und die Gründung der Mission, dass die USA die Rolle Großbritanniens übernommen und die rechte Regierung de facto unterstützt hatten. Damit waren alle Hoffnungen auf eine »volksdemokratische« Entwicklung zerstoben. Im September 1947 sollen sich bereits 20 000 Mitglieder in Gefängnissen und 37 000 auf Inseln in der Verbannung befunden haben; 36 920 Personen wurden von besonderen »Kriegsgerichten« verurteilt, davon 4849 zum Tode. Die Zahlen über die Hinrichtungen schwanken zwischen 3000 und 5000. (Voglis 2002, 62, 151) Außerdem begann die Regierung mit dem Aufbau von »Flüchtlingslagern«, in die zahlreiche junge Leute aus ländlichen Gebieten verschleppt wurden, um dadurch der Guerilla das Wasser abzugraben. (Diese Methode wurde später von den USA auch in Vietnam angewandt.) Zeitweilig waren bis zu zehn Prozent der Einwohner in solchen Lagern interniert.

Durch die massive Unterstützung der USA gelang es den Regierungstruppen, immer mehr Einheiten der Guerilla im Norden zu besiegen. Das Schisma zwischen Stalin und Tito verschärfte die Lage der Aufständischen weiter, da ein nicht unerheblicher Teil der Unterstützung aus und über Jugoslawien gekommen war. Die Parteiführung um Zachariadis wollte aus der Geschichte nichts lernen und stand weiter zu Stalin und der Sowjetunion. Nach den Niederlagen der Guerilla gegen die von General Alexandros Papagos unter kräftiger Mithilfe der Amerikaner reorganisierte Armee 1948 war die KKE als Machtfaktor aus dem politischen Leben des Landes ausgeschaltet. Zahlreiche Mitglieder, insgesamt mindestens 60 000, flohen in die verschiedenen Ostblockländer. Griechenland wurde zu einer Art Militär- und Polizeistaat unter US-amerikanischer Aufsicht. Rechte Militärs und ehemalige Milizionäre bildeten eine Art Staat im Staat; bereits 1951 wäre es fast zu einem Staatsstreich gekommen. Griechenland dürfte das einzige europäische Land sein, in dem die Kollaborateure der Nazis nach dem Krieg die Funktion von staatstragenden Nationalisten einnehmen durften – abgesehen natürlich vom Adenauer-Regime![19] Die Linken waren einem brutalen System rechter und staatlicher Verfolgung, u. a. Einweisungen in Internierungslager, und wirtschaftlicher Diskriminierung ausgesetzt. Der Kampf gegen die repressiven Gesetze aus der Bürgerkriegszeit dauerte bis zum Sturz der Militärdiktatur 1974, teilweise noch länger.

Die Nachkriegszeit

Krieg, Besatzung, Bürgerkrieg, rechter Terror, Hungersnot und der Tod von über sieben Prozent der Bevölkerung hinterließen ein infrastrukturell, aber auch moralisch zerstörtes Land. Zwischen 1945 und 1952 wechselten sich nacheinander 25 kurzlebige Regierungen ab. Erst 1952 erreichte die Wirtschaft wieder das Vorkriegsniveau; der Mittelzufluss aus den USA in einer Größenordnung von vier Milliarden Dollar sowie eine radikale Währungsreform zeigten deutliche Wirkung. Allerdings wanderte ein erheblicher Teil dieser Gelder in den Militärhaushalt, der lange bei gut 20% der Staatsausgaben lag.

Die Wahlen von 1952, die in einem Klima des hysterischen Antikommunismus stattfanden, waren von zahllosen Übergriffen, Einschüchterungen und massiven Fälschungen begleitet. Sie wurden von den Konservativen unter

---

19 Dies hatte auch zur Folge, dass der Anteil der berufstätigen Frauen zu den niedrigsten in Europa gehörte und sich die Frauen laut Ideologie der »Familienwerte« um die berüchtigten drei K's (Küche, Kinder, Kirche) zu kümmern hatten.

General Papagos mit 49% gewonnen; dafür erhielten sie 82% der Sitze im Parlament. Der Rest ging an die Liberalen; die Vereinigte Demokratische Linke (EDA) erhielt mit 10% Stimmenanteil keinen Sitz. Papagos starb 1955 und wurde durch den »gestrengen Makedonier« Konstantinos Karamanlis abgelöst, der eine neue Politikerdynastie der Rechten begründete.

Einerseits blieb das Land ein armes Bauernland, andererseits flossen aber Teile der Gewinne der international ausgerichteten Reeder-Bourgeoisie und der Diaspora ins Land zurück, so dass der Reichtum zu erheblichen Teilen nicht auf der einheimischen Wirtschaftskraft beruhte. »Die griechische Großbourgeoisie benutze Griechenland wie eine eigene Kolonie«, schreibt Charalambis. (Charalambis 1981, 77) Und der Ökonom James Petras sprach in den 1980er Jahren sogar von einer »Schicht von Kleptokraten«.[20] Ab Mitte der 1955 Jahre kamen noch die Überweisungen der »Gastarbeiter« zunächst aus Belgien, bald aber vor allem aus Westdeutschland hinzu. Nur aus diesem Grunde konnte sich das Land angesichts einer permanent defizitären Handelsbilanz einen breiten Dienstleistungssektor und einen aufgeblähten Staatsapparat (der viele Menschen vom Land aufnahm, die in Ländern des kapitalistischen Zentrums in die Industrie gegangen wären) leisten.

Traditionell orientierten sich die Reeder und die Handelsbourgeoisie insgesamt am »schnellen Profit« und an den »günstigen Gelegenheiten«. Der Wert ihrer Schiffe wurde vor dem Krieg auf gut acht Millionen Pfund geschätzt, doch die Ausgleichszahlungen der Versicherungen für die Verluste im Krieg erreichten 42 Millionen Pfund. Außerdem wurden nach dem Krieg 100 »Liberties« (Frachtschiffe des US-Militärs) für etwa 60 Mio. Dollar auf Kreditbasis an führende Reeder verkauft. Man könnte von einer »Kompradorenbourgeoisie besonderen Typs« sprechen. Sie ließ keine Gelegenheit aus, ihren Reichtum zu mehren. Dies gilt für ihre Rolle im spanischen Bürgerkrieg und dem Zweiten Weltkrieg, nach dem ihre Verluste durch die Amerikaner mehr als ausgeglichen wurden, vor allem aber seit dem Marshall-Plan und dem Korea-Krieg, an dem sie mit ihren Transportkapazitäten reichlich verdienten.[21] Später erreichten sie im Öltransport eine bedeutende internationale Stellung.

Nehmen wir den weithin bekanntesten Reeder, Aristoteles Onassis, der aus einer Tabak handelnden Familie aus Smyrna stammte, die bei der Vertreibung 1922 ihr Vermögen verloren hatte. Der junge Onassis ging nach Argentinien,

---

20 James Petras, »The Contradictions of Greek Socialism«, in: *New Left Review* Nr. 11, 1986.

21 Ein Teil der Waffen wurde wegen der bereit stehenden Kapazitäten und der (im Vergleich zu den USA) geringen Löhne in Westdeutschland gefertigt. Überhaupt begann der Nachkriegsboom in der BRD nicht zufällig mit dem Koreakrieg.

wo er zum führenden Tabakhändler des Landes (und zum griechischen Generalkonsul) aufstieg. Aus seinen Gewinnen kaufte er die ersten Frachtschiffe, 1938 den ersten Öltanker. Seine Transportkapazitäten wurden im Zweiten Weltkrieg für die Lieferungen nach Europa immer gefragter, so dass er bald über eine große Flotte verfügte.[22] Er ließ sich nicht nur einen großen Villenpark bauen, sondern erwarb zahlreiche Hotels, beteiligte sich 1953 auch am Casino von Monte Carlo und kaufte schließlich die Fluggesellschaft Olympic Airways. Und natürlich vermählte er sich 1946 in erster Ehe mit der Tochter Athina des Reeders Livanos, dessen Familie schon lange zu den führenden Reedermagnaten gehörte.

In der Zeit von Karamanlis begann der Versuch einer Industrialisierung Griechenlands, die aber auf zahlreiche Hindernisse, z. B. die schlechte Infrastruktur des Landes, stieß. In griechischer Hand befanden sich damals nur die Textilindustrie und die Lebensmittelindustrie, die bis auf wenige Ausnahmen den Binnenmarkt belieferten; die Betriebe waren fast sämtlich sehr klein. Daneben nahm nur die Bautätigkeit[23] bedeutende Ausmaße an, so dass Griechenland bei der Zementherstellung unter die führenden europäischen Länder aufrückte. Die relativ hohen Sparzinsen und die Kreditvergabe der (mit der Reederbourgeoisie versippt und verschwägerten) Banken beschleunigten diesen Prozess. Zum Zwecke der »importsubstituierenden Industrialisierung« verabschiedete man daher ein Programm der »Investitionsförderung«, wobei Zölle und Steuern herabgesetzt oder ganz ausgesetzt wurden. Diese Politik führte zur Errichtung von großen Industriekomplexen, deren Ausstoß zum Teil wieder exportiert werden konnte. Sie konnte jedoch das fast vollständige Fehlen einer Maschinenbauindustrie nicht ausgleichen; fast alle Maschinen mussten (und müssen) eingeführt werden. Somit fehlte es (bis heute) an einer »strategischen Achse« für einen eigenständigen Industrialisierungsprozess. Die Kleinunternehmen beschäftigen sich daher überwiegend mit Verkauf und Reparatur.

Die Ölraffinerie von Aspropyrgos bei Athen wurde 1958 mit einem deutschen Kredit finanziert, von der Hydrocarbon Mineralöl GmbH in Düsseldorf konzipiert und schließlich von Krupp und der Stahlunion gebaut. Sodann wurde die Raffinerie von einer gemeinsamen Gesellschaft des US-Konzerns

---

22 1954 versuchte Onassis, das Monopol der US-Firma Aramco beim saudi-arabischen Öl zu brechen. Er schloss mit der Königsfamilie einen Vertrag über den Transport von 60% des dort geförderten Öls. Dieser Vertrag musste auf Druck der britischen und der US-Regierung schließlich annulliert werden. (Charalambis 1981, 68)

23 Es wurde zu einem Zeichen des wirtschaftlichen und beruflichen Aufstiegs, wenn die Eltern ihren Kindern ein Appartement in der Stadt als »Mitgift« schenken konnten!

Mobil Oil, des Industriellen Athanassidis und des Reeders Stavros Niarchos vom Staat zurückgemietet, bei dem ein Gutteil der Schulden hängen blieb.

Etwas später wurde bei Thessaloniki ein Großkomplex mit Raffinerie, Ammoniakfabrik, einem Stahlwerk und einer petrochemischen Fabrik als joint venture von Standard Oil, dem Esso-Konzessionär Pappas und dem Staat errichtet.

Mithilfe des französischen Konzerns Pechiney wurde über ein joint venture eine Aluminiumfabrik gebaut (in Nordgriechenland gibt es Bauxitvorkommen), die fast ein Drittel der damaligen Stromproduktion verschlang. Da der Staat den Strom massiv subventionierte, trug ihm das Werk große Verluste ein. Außerdem musste die Stromproduktion durch neue Kraftwerke deutlich ausgeweitet werden.

Ausländische Kapitalbeteiligungen gab es auch bei der Ausbeutung von anderen Rohstoffen (Braunkohle in Mazedonien, Nickel bei Larymna); außerdem siedelten sich alle wichtigen Elektrokonzerne (General Electric, Siemens, AEG, Osram, Philips usw.) in Griechenland an.

In den 1970er Jahren war die Ellinika Nafpigeia AG (Griechische Werften) in Piräus (mit Zweigwerken in Syros und Elefsina) mit über 5000 Beschäftigten das größte Unternehmen in Griechenland. In ihnen hatten die bereits erwähnten Familien Onassis und Niarchos das Sagen. Da die griechischen Reeder häufig unter den Flaggen von Liberia, Panama oder Honduras fuhren, senkte der griechische Staat in mehreren Schritten die Besteuerung und erließ bei der Vererbung von Schiffen sogar die Erbschaftssteuer.

Seit Ende der 1950er Jahre wurde immer deutlicher, dass die Wirksamkeit des hysterischen Antikommunismus im Abnehmen begriffen war. In Griechenland kam noch eine gewisse wirtschaftliche Stagnation mit Unzufriedenheit bei Teilen des Mittelstandes und der Intellektuellen hinzu. Es gab Massendemonstrationen für eine Amnestie der politischen Häftlinge und zahlreiche Streiks für Lohnerhöhungen. In den Straßen von Athen und Thessaloniki kam es zu Straßenschlachten zwischen Jugendlichen und der »Spezialpolizei«. In diesem Klima wurde der Arzt und Spitzensportler Grigoris Lambrakis, der Abgeordneter der »demokratischen Linken« (EDA) war, im Mai 1963 in Thessaloniki von einem Motorrad überfahren. Der Fall, der einen rechtsradikalen Hintergrund hatte, wurde trotz der Bemühungen des Richters nicht wirklich aufgeklärt.[24] Der EDA gelang es nach dieser Tat, die

---

24 Die Hintergründe dieser Tat wurden von Vassilis Vassilikos in seinem Roman »Z« beschrieben; dieser Roman wurde von Costas Gavras verfilmt. Mikis Theodorakis schrieb die Filmmusik dazu.

Lambrakis-Jugend zu gründen, die eine wichtige Rolle bei der Politisierung der Jugend gegen Polizeiterror, Militär und rechte Aggression spielte. Mikis Theodorakis wurde Vorsitzender und zog 1964 auf den Listen der EDA auch ins Parlament ein.

Unter Führung von Georgios Papandreou vereinigten sich im September 1961 verschiedene liberale und linke Kräfte zur Zentrumsunion (*Enosi Kentrou*, EK), die das früher von Venizelos und seinen Nachfolgern abgedeckte Spektrum (liberales Bürgertum, Intellektuelle, Handwerker, Bauern) umfasste. Die Partei entstand – im Unterschied zu allen früheren Ansätzen – aus einer Bewegung, die vor allem bei jungen Leuten massiv Anklang fand (die EDEN – griechische demokratische Jugend). Allerdings war sie stark auf Papandreou ausgerichtet.

Bei den Wahlen erreichte die EK trotz üblicher Fälschungen aus dem Stand mit 34% ein sehr gutes Ergebnis. Auf dem Hintergrund von Streiks und Demonstrationen gegen die konservative Regierungspolitik und für Verbesserungen des Lebensstandards reiste Papandreou durchs Land, um für wirtschaftliches Wachstum, eine gerechtere Verteilung der Einkommen, eine Bildungsreform, die Demokratisierung des Landes (Bildung unabhängiger Gewerkschaften) und dessen »nationale Unabhängigkeit« einzutreten.

Bei den Neuwahlen im November 1963 erzielte die Zentrumsunion mit 42% die relative Mehrheit; bei den zweiten Wahlen im Februar 1964 sogar 53%. Die Regierung Papandreou begann mit der Umsetzung eines Reformprogramms, amnestierte die politischen Gefangenen, ging gegen Polizeibrutalität vor, setzte Lohn- und Einkommenserhöhungen in Stadt und Land durch und begann mit einer Bildungsreform. Die Industrialisierungspolitik wurde intensiviert, diesmal hauptsächlich mit Kapital aus Westeuropa, denn Griechenland war 1962 assoziiertes Mitglied der EWG geworden.

Papandreous Reformprogramm stieß auf den Widerstand von Polizei, Militär und insbesondere der Monarchie, vor allem auch, weil sein Sohn Andreas, der Führer des linken Flügels der Zentrumsunion[25], nach einer stärkeren Kontrolle der Wirtschaft mit Investitionslenkungen, höheren (direkten) Steuern für die Reichen und den Abbau von Privilegien verlangte. Papandreou ernannte den Bierbrauer, Parteirechten und Freund der Monarchie Petros Garoufalias zum Verteidigungsminister. Außerdem wurde wegen des Todes von König Paul ein (demokratischen Grundsätzen Hohn lachendes) Gesetz

---

25 Andreas Papandreou war 1940 in die USA geflüchtet, hatte dort nach dem Militärdienst eine akademische Karriere als Wirtschaftsprofessor gemacht und war erst 1979 endgültig nach Griechenland zurückgekehrt.

erlassen, das jede öffentliche Kritik an der Königinmutter Friederike (aus dem Hause Hannover) unter Strafe stellte.[26]

Entscheidend für den Sturz der Regierung war jedoch die Zypern-Frage. Zypern wurde (und wird) von etwa 80 Prozent Griechen und 20 Prozent Türken genannten Muslimen bewohnt und war 1960 unabhängig geworden. Der Führer der Griechen, Erzbischof und Ministerpräsident Makarios, kämpfte für die Unabhängigkeit der seit dem Ersten Weltkrieg von den Briten okkupierten Insel, die 1960 auch realisiert wurde. Für die Mehrheit der Griechen war dies nur ein Schritt auf dem Weg zur »Enosis«, der Vereinigung mit Griechenland. Der Plan von US-Außenminister Dean Acheson sah die Teilung der Insel mit einem Anschluss des Südens an Griechenland und des Nordens an die Türkei vor, ein Plan, der auch von Karamanlis unterstützt wurde. Der Sprecher der zypriotischen Nationalgarde (und frühere Chef der rechtsradikalen Organisation X), deren Führung mit griechischen Offizieren besetzt war und dessen Kommando dem Athener Verteidigungsministerium unterstand, Grivas, wollte den sofortigen Anschluss. Da die Zentrumsregierung die Haltung von Makarios unterstützte, überwarf sie sich gleichzeitig mit den USA und mit den Konservativen der ERE. Es wurde das Gerücht von der »Aspida-Verschwörung« in die Welt gesetzt, wonach eine Gruppe junger linker Offiziere in Zusammenarbeit mit Andreas Papandreou einen Staatsstreich zur Abschaffung der Monarchie plane. Da Garoufalias die Zypernpolitik der Regierung hintertrieb, wollte Georgios Papandreou ihn entlassen, was der König jedoch (in Abstimmung mit den US-Beratern) ablehnte. Schließlich trat Papandreou zurück.

Der rechte Flügel der Zentrumsunion (um Garoufalias und den Reeder Mitsotakis) spaltete sich ab und Novas wurde vom König mit der Regierungsbildung beauftragt, konnte aber keine stabile Regierung zustande bringen.

Im Frühjahr und Sommer 1965 kam es zu Massenprotesten gegen die Regierung und den neuen König Konstantin II.[27] Hunderttausende gingen gegen die Monarchie, die Repressionskräfte, die Armee und den US-Imperialismus auf die Straße. Man erwartete einen Erdrutschsieg des Zentrums bei den nächsten Wahlen, so dass es zu zahlreichen Geheimverhandlungen (unter Beteiligung der US-Botschaft) kam, mit welchen Mitteln ein solcher Sieg verhindert werden könnte. Es kam ein Geheimabkommen über eine gemeinsame Regierung mit der Rechten (der ERE) zustande, das jedoch dem linken Flügel der Partei

---

26 Vgl. die Darstellung bei Fischer/Rondholz 1970, 144f.

27 Das Motto der Demonstranten hieß: »Das Volk will Dich nicht – nimm Deine Mutter und verschwinde!«

um Andreas Papandreou zugespielt wurde, der es veröffentlichen ließ. Da es nicht gelungen war, den linken Flügel der Zentrumsunion über politische Manöver auszuschalten, und die Zypernkrise im Sinne der US-amerikanischen Interessen zu lösen, entschlossen sich Monarchie und Armee, mit deutlicher Unterstützung der USA zum Staatsstreich.

Die Herrschaft der Obristen

Putschgerüchte und Vorbereitungen gab es seit längerem. Es gab eine »Große Junta« des Palastes und diesem treu ergebenen Generälen, sowie ein »kleine Junta«, die ausschließlich aus Militärs bestand und bereits seit 1961 bestand. Sie wurde vom Obersten Georgios Papadopoulos, dem Panzerkommandanten Stylianos Pattakos und dem mit dem Geheimdienst verbundenen Nikolaos Makarezos geführt. Interessanterweise war Papadopoulos der zentrale Verbindungsmann zwischen CIA und griechischem Geheimdienst KYP, der direkt mit CIA-Geldern finanziert wurde.

Militärisch war der Staatsstreich gut geplant. Die Soldaten besetzten binnen weniger Stunden die Ministerien, die Zeitungen und den Rundfunk, Post- und Telegrafenämter, sowie die Partei- und Gewerkschaftsbüros. In kurzer Zeit wurden wieder 9000 Menschen verhaftet. Mit Marschmusik wurde im Rundfunk kundgetan, dass »Griechenland wieder auferstanden« sei. Die Armee habe die Macht übernommen, um »einer Machtübernahme der Kommunisten zuvor zu kommen«. Die Polizei bekam (wie in der Nazizeit) das Recht, alle Gebäude zu jeder Tages- und Nachtzeit zu durchsuchen und alle, die sich nach 18 Uhr 30 auf der Straße befänden, ohne Anruf zu erschießen. Demonstrationen und Streiks wurden natürlich verboten. Die Bürger wurden aufgefordert, ihrer »patriotischen Pflicht nachzukommen« und ihnen bekannte »Rechtsbrecher« zu melden, was der Denunziation Tür und Tor öffnete. Das Abspielen vieler Musikstücke, darunter der russischen Komponisten, wurde ebenfalls verboten. Die Mitglieder der Junta hielten lange Reden über die »griechisch-christliche nationale Kultur«, in deren Namen sie alles »Dekadente« ausmerzen wollten, sogar Miniröcke und lange Haare.

Da der Putsch ohne Einbeziehung der Krone erfolgt war, besorgte US-Botschafter Talbot die Vermittlung: Der König sollte die Putschisten tolerieren, dafür aber den Staatsanwalt Konstantinos Kollias, der alles versucht hatte, um die Hintergründe der Ermordung von Lambrakis im Dunkeln zu lassen, zum Ministerpräsidenten ernennen. General Spandidakis – wichtiges Mitglied der sog. »Königsjunta« – wurde zum Verteidigungsminister ernannt.

Die Junta verband die Rehabilitierung von rechten und faschistischen Organisationen, die mit der Wehrmacht kollaboriert hatten (und nun Pensionsanspruch bekamen) mit einer neuen Repressionswelle: In den sieben Jahren der Diktatur wurden mindestens 80000 Menschen aus politischen Gründen verhaftet. (Voglis 2002, 224; Wallraff/Spoo 1982, 21 sprechen von 150000 politischen Gefangenen) Tausende wurden auf Inseln, vor allem der baumlosen Gefangeneninsel Giaros interniert. Viele mussten im Gefängnis verbleiben, weil sie sich weigerten, die schon in den 1940er Jahren berüchtigten »Reueerklärungen« zu unterschreiben.

Die Junta sorgte für die Steuerbefreiung der Reeder, was Onassis und Niarchos dazu veranlasste, ihre Firmensitze nach Griechenland zu verlegen. Einige Reeder konnten sich mit Millionenbeträgen aus der Staatskasse bedienen. In der Wirtschaftspolitik setzte die Junta – wenn man von den Möglichkeiten einiger Reeder absieht, sich zu bereichern – die von Karamanlis begonnene Politik des Werbens um Investitionen fort. Die EWG setzte das Assoziierungsabkommen aus, doch das hinderte weder europäische (Pechniney) noch vor allem US-amerikanische Konzerne (Dow Chemical, ITT, United Fruit usw.) daran, mit dem Land Geschäfte zu machen. Im Gegensatz zur britischen oder den skandinavischen Regierungen kritisierte die Große Koalition unter Kiesinger das Athener Regime nicht. Der dortige Botschafter sagte laut *Spiegel* sogar: »Die deutsche Industrie ist in der Lage und bereit, allen Wünschen Athens zu entsprechen.« (zit. nach Wallraff/Spoo 1982, 105) Franz Josef Strauß lobte sogar die »Stabilität, die mit dem Putsch nach Griechenland zurückgekehrt« sei. 1971 flog er selbst hin und traf mit Papadopoulos und Makarezos zusammen. Damals wurden etwa 20 Prozent des deutschen Außenhandels mit Griechenland abgewickelt. Der BDI empfahl seinen Mitgliedern das Land als günstigen Investitionsstandort. Und die *Wirtschaftswoche* jubelte: »Wenn Diktatoren herrschen, bekommen Anleger gern feuchte Augen. In Griechenland hat sich der Aktienindex seit dem Obristen-Putsch vom April 1967 verfünffacht.«

Sowohl die Zentrumsunion wie auch die EDA waren auf eine Auseinandersetzung mit der Polizei, nicht aber auf einen Putsch des Militärs eingerichtet. Andreas Papandreou hatte einen solchen sogar expressis verbis ausgeschlossen. Somit waren linke Parteien und Gewerkschaften überhaupt nicht auf einen solchen Fall vorbereitet und die finstere Brutalität der Junta tat ein Übriges, jede Form von spontanem Widerstand im Keim zu ersticken. Daher beschränkte sich der Widerstand bis Ende 1969 im Wesentlichen auf illegale Flugblattaktionen und das Sprühen von Wandparolen. Einzig bei der Beerdigung von Georgios Papandreou im November 1968 kam es zu einer großen Kundgebung. Bis 1972 verlagerte sich der Widerstand vor allem ins Ausland, wo zahlreiche Vereinigungen der GegnerInnen gegen die Diktatur gegründet wurden. Wiederum kam es zu einer großen Demonstration, als der Schriftsteller Georgios Seferis zu Grabe getragen wurde. Erst mit den Studentendemonstrationen im November 1972 und der Besetzung des Polytechnikums ein Jahr später wurde eine neue Breite des Widerstandes sichtbar. Es kam zu Straßenschlachten mit der Polizei, die in äußerster Brutalität mit Maschinengewehren, Panzern und Tränengas zuschlug. Bei den Kämpfen wurden wahrscheinlich 200 Menschen getötet und mindestens 800 verletzt. Obwohl die Bewegung niedergeschlagen wurde, beschleunigte sie den inneren Zersetzungsprozess der Diktatur.

Am 25. November wurde Papadopoulos abgesetzt und durch den Chef des rechten Flügels der Junta, Ioannidis, ersetzt. Dieser war in der Zypern-Frage ein Hardliner, der unbedingt Makarios stürzen (schon im März 1970 hatten griechische Offiziere einen Mordanschlag auf ihn unternommen) und die Insel ans »Mutterland« anschließen wollte.[28] Denn Makarios hatte zum Missmut seiner Gegner eine Politik der »konsequenten Unabhängigkeit« sowohl von Griechenland und der Türkei, wie auch den USA und der NATO verfolgt. Die Junta fand auf Zypern drei Bischöfe, die erklärten, die Personalunion von Erzbischof und Ministerpräsident (die ja schon seit elf Jahren bestand) sei nach Kirchenrecht unzulässig. Doch die Zyprioten demonstrierten für ihren Erzbischof und vertrieben die »Verräter«. Die Junta forderte nun Makarios auf, die von Grivas geführte EOKA-B an der Regierung zu beteiligen, was aber von loyalen Polizeieinheiten der Insel verhindert wurde.

Nun tickte die Uhr für den von der Junta, der EOKA-B und dem CIA-Agenten Richard Welsh unter dem Decknamen »Operation Aphrodite« geplanten Mord an Makarios und dem Sturz seiner Regierung. Makarios ließ daraufhin etwa 200 Verschwörer verhaften und verkleinerte die Armee, um die griechischen Ausbilder überflüssig zu machen.

Doch am Morgen des 15. Juli 1974 griffen Panzer der Nationalgarde den Präsidentenpalast an; das griechische Kontingent besetzte Flughafen und Rundfunkstationen. Außerdem wurden die Polizeistationen angegriffen. Doch Makarios konnte entkommen und die Bevölkerung zum Widerstand aufrufen; anschließend flüchtete er ins Ausland. Die Repression richtete sich vor allem gegen die linken Organisationen AKEL (die KP) und EDEK, die mindestens 500 Tote zu beklagen hatten. Die türkische Minderheit wurde im Wesentlichen verschont.

---

28 Die beste deutschsprachige Darstellung der Zypern-Frage ist Niels Kadritzke/Wolf Wagner, *Im Fadenkreuz der NATO*. Ermittlungen am Beispiel Cypern, Berlin 1976.

Fünf Tage nach dem Putsch begann die türkische Invasion, mit der die Regierung Ecevit gut von ihren innenpolitischen Problemen (Arbeitslosigkeit, Inflation, Kurdenfrage) ablenken konnte. Gegen diese Invasion hatten letztlich weder Großbritannien, noch die USA oder die Sowjetunion Einwände, denn sie brachte eine Art Neutralisierung der Insel. Die Obristen in Athen und griechischen Kommandeure auf der Insel sollen von der Invasion völlig überrascht worden sein. Ioannidis wollte offenbar der Türkei noch den Krieg erklären, wurde aber von seinen (realistischeren) Kollegen zurückgepfiffen: General Davos, der Kommandierende des dritten Armeekorps, forderte den Präsidenten Gizikis ultimativ auf, die Armee in die Kasernen zu schicken. Dieser appellierte an den in Paris im Exil sitzenden Karamanlis, nach Athen zu kommen und die Regierung zu übernehmen. Konstantinos Karamanlis leitete sodann den »kontrollierten Übergang« zur bürgerlichen Demokratie ein.

Karamanlis, der bereits zwischen 1955 und 1963 das Amt des Ministerpräsidenten bekleidet hatte, war, wie Matthias Strobel (Strobel 1991, 13) zu Recht schreibt, »ursprünglich ein politisches Geschöpf des griechischen Hofes« gewesen und nach einem Streit mit dem Königspaar nach Paris ins Exil gegangen. Er war einer der wenigen bürgerlichen Politiker, der sich nicht mit der Diktatur gemein gemacht und immer für die parlamentarische Demokratie eingetreten war. Außerdem hatte er sich in Paris zu einem klaren Kritiker der »außenpolitischen Bevormundung Griechenlands« (Strobel) durch die USA entwickelt. Durch einen Beitritt zur EWG wollte er den amerikanischen Einfluss zurückdrängen. Sein am 24. Juli 1974 vereidigtes »Kabinett der nationalen Einheit« bestand aus früheren Mitgliedern der konservativen Partei – aber auch der Zentrumsunion. Zur Absicherung seiner Regierung gründete er im September 1974 eine neue Partei als Hausmacht, die »Nea Dimokratia«. Bei den Wahlen im November 1974 erhielt die ND gut 54% der Stimmen. Die Regierung führte die »Dimotiki« [Sprache des Volkes im Unterschied zum (mehr oder weniger) klassischen Griechisch, das nur Gebildeten zugänglich war] ein, ließ die seit dem Bürgerkrieg verbotene Kommunistische Partei wieder zu und organisierte eine Volksabstimmung, in der sich die große Mehrheit der Bevölkerung für die Abschaffung der Monarchie aussprach.

5. Neuorientierung nach Europa
Die Politik der PASOK

Andreas Papandreou kehrte Mitte August 1974 nach Griechenland zurück und begann mit Konsultationen über eine neu zu gründende Linkspartei. Er traf sich mit VertreterInnen folgender Strömungen, aus denen sich die PASOK im Wesentlichen zusammensetzen sollte:

- Ausgesuchte Funktionäre der früheren Zentrumsunion;
- VertreterInnen der nicht in der KKE organisierten sozialdemokratischen oder sozialistischen Linken;
- VertreterInnen der linken Studentenschaft;
- VertreterInnen verschiedener trotzkistischer Gruppen.

Schon damals gab es heftige Meinungsverschiedenheiten über das auszuarbeitende neue Programm; im Zentrum des Streits stand die Frage der Vergesellschaftungen. Vier Schwerpunkte bildeten den Mittelpunkt der programmatischen »Erklärung vom 3. September«, die in München unter Leitung des späteren Verteidigungsministers Tsochatzopoulos (der inzwischen wegen Korruption im Gefängnis sitzt) erarbeitet worden waren: Nationale Unabhängigkeit (und Schließung der US-Militärbasen) incl. Überprüfung der Mitgliedschaft in der EWG, Volksherrschaft, soziale Befreiung und Demokratie. Der Schwerpunkt lag eindeutig auf der wirtschaftlichen und politischen Unabhängigkeit des Landes: »Die Wurzel des Übels liegt in der Abhängigkeit unseres Landes. Die sieben mittelalterlichen Jahre mit der finsteren Militärdiktatur und der Zyperntragödie sind nichts anderes als ein besonders harter Ausdruck für die Abhängigkeit Griechenlands vom imperialistischen Establishment der USA und von der NATO. Man hat Griechenland zu einem vorgeschobenen nuklearen Vorposten des Pentagon gemacht, um die militärischen und wirtschaftlichen Interessen der großen Monopole wirksamer zu sichern.« Der Begriff der »nationalen Unabhängigkeit« konnte von der PASOK deshalb so wirkmächtig für sich reklamiert werden, weil die Verwicklung der USA in die Militärdiktatur offensichtlich war und es in der griechischen Bevölkerung breite Sympathien mit den Kämpfen der Dritten Welt gegen die USA, vor allem in Indochina gab. Die PASOK trat für eine Politik der »Blockfreiheit« ein, versuchte, mit dem Jugoslawien unter Tito ins Geschäft zu kommen, unterstützte Bewegungen in der Dritten Welt (z. B. die Palästinenser) und startete eine Reihe von Abrüstungsinitiativen, erkannte jedoch schnell, dass sie für eine konsequent antiwestliche Politik weder über die Geldmittel noch die Machtbasis verfügte. (Ein Großteil der griechischen Diaspora in den USA oder Australien hätte eine solche Politik keinesfalls goutiert!) Die früheren Forderungen nach einem Austritt aus der »von Monopolen beherrschten« EWG/EG wurden bald nicht mehr wiederholt.

Auch im Wahlprogramm[29] zu den Wahlen im Oktober 1981, die der unter
dem zugkräftigen Motto der »Allaghi« (Wende) angetretenen PASOK mit
48 Prozent der Stimmen die absolute Mehrheit der Mandate bescheren sollten, steht die »nationale Unabhängigkeit« über allem: »Die Entwicklung in
unserem Land wurde bestimmt durch die Interessen und Bestrebungen des
fremden und inländischen Großkapitals und fand gegen die Interessen des
Volkes, der Menschenrechte und der Würde des Menschen statt. (...) Die
Merkmale der peripheren Entwicklung kommen in unserem Land vollständig
zum Ausdruck. Wichtige Entscheidungen, die die Volkswirtschaft betreffen,
werden von fremden Zentren diktiert. Es gibt keine wirksame Kontrolle über
die Verwendung der Ressourcen unseres Landes.«

Allerdings übernahm die PASOK die Regierung zu einem Zeitpunkt, als
sich die griechische Wirtschaft in einer tiefen Krise befand, die eine Reihe
von Ähnlichkeiten mit der Krise seit 2009 aufweist. In beiden Fällen wurden
die Krisen durch die Einbrüche der Weltwirtschaft *ausgelöst*; 1979 lag die
Ursache in der extremen energetischen Abhängigkeit (Öl) des Landes, 2009
in der starken Abhängigkeit von den ausländischen Krediten. Diese Krise war
durch eine tiefe Rezession (nach dreißig Jahren Wachstum), eine Inflationsrate
von fast 25%, hohe Arbeitslosigkeit und massive Staatsverschuldung gekennzeichnet. Unter solchen Bedingungen stand der Aufbau des von der PASOK
versprochenen »modernen Wohlfahrtsstaates« mit Mitteln keynesianischer
Nachfragesteuerung von vorherin unter äußerst ungünstigen Vorzeichen.
Dabei gilt es zu bedenken, dass das griechische Bruttoinlandsprodukt laut
EG-Kommission 1985 gerade mal 42,3 Prozent des Durchschnitts der EG
erreichte. (H. Schmidt 1990, 399)

Die grassierende Landflucht führte zu einem Verstädterungsprozess, ohne
dass in den Städten die benötigten Arbeitsplätze entstanden, was in der Krise
zu einer Rekordarbeitslosigkeit führte. Bis Mitte der 1970er Jahre konnte das
Problem durch Massenauswanderung gelöst werden, doch in der Rezession

---

29 Das Programm wurde niemals einem Parteitag zur Abstimmung vorgelegt. Auch sonst
nahm man es mit innerparteilicher Demokratie nicht sehr genau. Die oberste Handlungs-
richtlinie war immer der Wille des weisen, charismatischen »Chefs«, der sich an das (einfache) »Volk« (und nicht an Schichten oder Klassen) wandte. Die Regierung macht einen
»Vertrag mit dem Volk«, den dieses akklamiert. Die materielle Seite dieses »Bündnisses«
findet man in den 300 000 bis 400 000 Neueinstellungen in den öffentlichen Dienst, die
zwischen 1981 und 1989 von der PASOK vorgenommen wurden. (Die Rechte sprach
abschätzig von den »Grüngardisten«; vgl. Strobel 1991, 259). 1985 hatte Papandreou sich
zuerst für die Wiederwahl von Karamanlis als Staatspräsident ausgesprochen, änderte
dann plötzlich seine Meinung und schlug den durch die Lambrakis-Affäre bekannt gewordenen Juristen Christos Sartzetakis vor, der dann auch gewählt wurde.

erließen immer mehr Länder (darunter die BRD) Aufnahmestopps. Indirekter Nutznießer der Landflucht war die Bauindustrie, die in Griechenland einen im Vergleich zu anderen EU-Ländern (Spanien ausgenommen) deutlich überdimensionierten Umfang annahm.

Die Modernisierung der Industrie erfolgte im Wesentlichen durch ausländische Direktinvestitionen, die einseitig in wenige Branchen (Bodenschätze, Energie, Chemie, Generika) flossen und sich auf die Gesamtentwicklung der Industrie kaum auswirkten. Dies führt zu einigen Ähnlichkeiten mit der aus der Dritten Welt bekannten Enklavenwirtschaft, die fast unverbunden neben den traditionellen Branchen steht. Außerdem blieben die traditionellen Holz-, Bekleidungs-, Leder-, und Schuhindustrien, die Jahrzehnte lang vorherrschend waren, von sehr kleinen Betriebseinheiten mit geringen Entwicklungschancen geprägt. Nach dem Ende des Ostblocks und der Öffnung der Grenzen zu den Nachbarländern 1990 (bzw. der Aufnahme in die EU 2004ff.) wanderte daher aufgrund noch geringerer Lohnkosten ein guter Teil dieser Fertigungen auf den Balkan ab (allein über 800 solcher Betriebe nach Bulgarien) – wenn sie nicht ohnehin von der türkischen, ägyptischen usw. Konkurrenz (Bekleidung) in den Ruin getrieben wurden.

Gleich anderen Volkswirtschaften geriet die griechische ab 1979 in eine Stagflationskrise, gegen die durch Kreditschöpfung der öffentlichen Hand und der Privatwirtschaft angekämpft wurde, was wiederum (angesichts des unzureichenden Warenangebotes und der zunehmenden Importe) die Inflation anheizte. Die PASOK-Regierung reagierte darauf mit einem Lohn- und Preisstopp, um schließlich nach den Wahlen von 1985 ganz auf ein hartes Stabilisierungsprogramm monetaristischer Prägung (Abwertung der Drachme, unverzinste Einlagen für bestimmte Importwaren, Ausgabenkürzungen des Staates, Abschaffung der »gleitenden Lohnskala«, Zinserhöhungen) umzuschwenken. Damals wurde die Wortneuschöpfung »Eterochronismos« (Verschiebung auf später) geprägt, die bald in vielen Satiren auf das Regierungshandeln vorkam.[30] Trotz Sparmaßnahmen stieg die Staatsverschuldung zwischen 1981 und 1987 von 32% auf 85% des BIP an (dies stellt jedoch mit-

---

30 Interessanterweise heißt die Verschiebung auf den St. Nimmerleinstag auf Latein »ad calendas graecas«, scheint also für die Griechen nicht ganz neu zu sein.

nichten eine griechische Besonderheit dar, wie etwa Prévélakis behauptet)[31]. Das Land folgte gewissen Entwicklungen, die z.B. in Lateinamerika schon früher sichtbar geworden waren und z.B. in Mexiko 1982 zum de facto Staatsbankrott geführt hatten. Eine Ursache lag in der US-amerikanischen Hochzinspolitik nach der Wahl von Reagan zum Präsidenten.

Nach einigen wirtschaftlichen Erfolgen und politischen Reformen (z.B. im Ehe- und Familienrecht oder bei Abtreibungen, im Gesundheitswesen und Bildungsbereich, in der Arbeitsgesetzgebung – außerdem durften die Flüchtlinge des Bürgerkrieges endlich aus dem Ostblock in ihre Heimat zurückkehren; Theo Angelopoulos hat diesem Thema mit »Die Reise nach Kythera« einen bitteren Film gewidmet) war vor allem die zweite Amtszeit der PASOK-Regierung ab 1985 von einer Reihe von Skandalen überschattet, die sogar das in Griechenland übliche Maß an Klientelismus weit übertrafen. Teilweise ging es natürlich darum, in einem höchst konservativen Staatsapparat (der außerdem enge Bindungen an die Kirche aufwies) mit »eigenen Leuten« ein Gegengewicht zu schaffen, doch die seit dem EG-Beitritt fließenden Gelder der europäischen Struktur- und Entwicklungsfonds wurden öfters zu schneller Bereicherung genützt.[32]

Vor allem drei Skandale zogen das Bild der Regierung Papandreou in Mitleidenschaft: Wiewohl sich die PASOK gegen die »Nachrüstung« der NATO im Besonderen und Hochrüstung im Allgemeinen ausgesprochen hatte, exportierten staatliche Rüstungsfirmen Waffen in die Spannungsregion am Persischen Golf und ins Südafrika der Apartheid. Bei der Beschaffung von Mirage-Düsenjägern und anderen Rüstungsgütern versickerten millionenschwere

---

31 Georges Prévélakis, »Der griechische Knoten«. Ursachen der Krise – Europas Komplizenschaft und Verantwortung, in: *Lettre International*, Nr. 98, Herbst 2012. Bei diesem Artikel handelt es sich um moralisierende Darlegungen, die nur beweisen, dass der konservative Autor von Wirtschaft und Wirtschaftsgeschichte keine Ahnung hat. Er behauptet, dass Griechenland bis zum Ende des Eisernen Vorhangs über eine »relativ starke Wirtschaft« verfügt habe, es jedoch aufgrund »der Rache der Geographie« nach und nach in einer gewissen »Balkanität« versunken sei. Solchen Blödsinn kann man nur von der Pariser warmen Stube aus behaupten.

32 Helmut Schmidt schrieb über Papandreou: »Er ist ein hochbegabter Populist geblieben, einer, dem sein Volk gern zuhört und dem es gern Glauben schenkt. Zugleich ist er ein hochbegabter Taktiker. Er konnte in den Räten der EG finanzielle Vorteile für die griechischen Landwirte herausschlagen, zugleich in einer Wahlversammlung die Bauern glauben machen, die Gelder aus den Brüsseler Töpfen seien sein alleiniges Verdienst, und bei der nächsten Wahlversammlung behaupten, für die erheblichen ökonomischen Probleme seines Landes sei nicht die Regierung, sondern vielmehr die EG verantwortlich.« [Helmut Schmidt, *Die Deutschen und ihre Nachbarn*, Menschen und Mächte II, Berlin (Siedler) ²1990, 410]

Provisionszahlungen in den Taschen wichtiger Parteiführer. Im November 1987 wurde ein Abhör- und Überwachungsskandal aufgedeckt, der zeigte, dass die Geheimdienste Telefongespräche von Privatpersonen, Journalisten, Partei- oder Gewerkschaftsführern hemmungslos abhörten. Sogar Papandreous junge Freundin »Mimi« wurde bespitzelt. All dies geschah offensichtlich mit Wissen, wenn nicht gar auf Anordnung des Regierungschefs.

Das größte Aufsehen erregte jedoch der Skandal des aus den USA stammenden Griechen Koskotas, der ohne richtige Qualifikation in wenigen Jahren mit betrügerischen Aktiengeschäften ein riesiges Finanzimperium um die Bank von Kreta aufbaute. Bald erwarb er auch (wie viele Banker und Reeder vor ihm) eine Reihe von regierungskritischen Zeitungen, die er durch Auswechslung des Personals »auf Kurs« brachte; die neuen Chefredakteure stammten allesamt aus der Umgebung von Papandreou. Die Regierung ließ staatliche Gelder zu niedrigen Zinsen bei der Bank von Kreta deponieren, damit Koskotas die Zinsgewinne einstreichen konnte. Ein Teil der Gewinne wurde in Kartons in die Ministerien gebracht und dort verteilt. (vgl. *Der Spiegel* Nr. 2 und 11/1989)

Die PASOK verlor die Wahlen vom Juni 1989, doch die Nea Dimokratia erreichte mit 44 Prozent der Stimmen keine regierungsfähige Mehrheit. Die konservative ND bildete nun eine Koalition mit den »Vaterlandsverrätern« von der KKE, die in ihrem Diskurs das Wort Revolution gerne mit drei R schreibt. Angeblich wollte man die Skandale der PASOK aufklären und den Staatsapparat von »Grüngardisten« säubern; interessanterweise beschäftigte man sich jedoch nicht mit den außenpolitisch sensiblen (mit durch massive Korruption beförderten) Käufen von französischen Mirage- und amerikanischen F-16-Düsenjägern. Immerhin stellte man fest, dass es lange Jahre eine breit angelegte Bespitzelung der Bevölkerung von Staats wegen gegeben hatte. 16 Millionen Dossiers über »staatsgefährdende Personen« sollten vernichtet werden. (Eberhard 2005, 494)

Die »unheilige Allianz« brach bald wieder auseinander. Die Neuwahlen im November brachten wiederum keiner Partei die Mehrheit, so dass eine Allparteienkoalition gebildet wurde. Erst bei den Wahlen im April 1990 setzte sich die ND unter Konstantinos Mitsotakis (mithilfe einiger Leihstimmen) knapp durch. Außerdem wurde der greise Karamanlis nochmals zum Staatspräsidenten gewählt.

Die Regierung Mitsotakis geriet jedoch bald in eine schwere Krise, als der damalige Außenminister (und heutige Regierungschef) Antonis Samaras in der Frage der Anerkennung der früheren jugoslawischen Teilrepublik Mazedonien einen extrem nationalistischen Kurs steuerte. Er ließ klar erkennen, dass dieser geografische Begriff nur in Griechenland Verwendung finden dürfe. Zur Durchsetzung dieser Forderung wurde 1994 sogar ein Handelsembargo gegen Mazedonien-Skopje erlassen, wogegen die EG ein gerichtliches Verfahren gegen Griechenland anstrengte. Unter dem Druck der EG entließ Mitsotakis Samaras, der dann 1993 seine eigene Partei, »Politischer Frühling« (POLAN) gründete, deren Hauptforderung die »politische Verjüngung« des Landes war. Bei den folgenden Wahlen scheiterte er jedoch an der Drei-Prozent-Klausel und seine Gruppierung war somit nicht mehr im Parlament vertreten. Die Innenpolitik war (dem neoliberalen Zeitgeist entsprechend) von einer deutlichen Spar- und Privatisierungspolitik gekennzeichnet.

Bei den Wahlen vom 10. Oktober 1993 ging daher die PASOK unter Papandreou mit fast 47 Prozent Stimmenanteil neuerlich als klare Siegerin hervor. Doch im Unterschied zu den Wahlen von 1981 ging es ihr diesmal nicht darum, den »Sozialismus einzuführen«, sondern die Wirtschaftskrise zu bekämpfen und soziale Härten des Programms der Konservativen abzumildern. Daher überließ man die für die Wirtschaftspolitik wichtigen Ministerien sog. »Fachleuten«: Prof. Giorgos Gennimatas übernahm das Wirtschafts- und Finanzministerium und Prof. Kostas Simitis (der längere Zeit in Hessen gelehrt hatte), das Technologie- und Energieministerium. Die weithin bekannte Schauspielerin Melina Mercouri wurde zur Kultusministerin ernannt, sie verstarb allerdings bereits am 6. März 1994.

Am 20. November 1995 musste Papandreou wegen einer Lungenerkrankung hospitalisiert werden und gab sein Amt im Januar 1996 auf (er verstarb am 23. Juni 1996).[33] Prof. Simitis wurde zum neuen Ministerpräsidenten gewählt, auch weil Papandreous Sohn Giorgos (der dann 1999 Außenminister wurde) sich für ihn einsetzte. Simitis pflegte sein Image als »Fachmann«, verfügte jedoch bei weitem nicht über das Charisma eines Papandreous.

Nach einigem Hin und Her entschied sich Simitis, vor Ablauf der Legislaturperiode Neuwahlen ansetzen zu lassen. Er wollte damit eine eigene Legitimation erreichen, vor allem auch, um seine neoliberale Politik der Kürzungen und des Sparens längerfristig durchführen zu können. Diese war nötig geworden, weil er Griechenland in den Euro führen wollte und somit das durch die

---

33 Sein langjähriger Gegenspieler Konstantinos Karamanlis verstarb knapp zwei Jahre später, am 23. April 1998, wodurch die Ära der »Dinosaurier« endgültig zu Ende ging. Bereits ein Jahr zuvor hatte sein Neffe Kostas Karamanlis die Führung der Nea Dimokratia übernommen, weil sein Vorgänger Evert die Wahlen gegen Simitis verloren hatte. Die Parteiführungen wurden also mehr oder weniger »erblich« (Tradition der *Tzakia*), denn auch Giorgos Papandreou sollte später Vorsitzender der PASOK (und Ministerpräsident) werden.

Maastrichter Verträge[34] vorgegebene Ziel einer maximalen Neuverschuldung von drei Prozent erreichen musste. (Simitis galt als Pro-Europäer; er hatte bereits in den 1970er Jahren die damalige Ablehnung der EWG durch Papandreou kritisiert!) Er gewann die Wahlen knapper als erwartet, vor allem weil die »Sozialdemokratische Bewegung« (DIKKI), die sich gegen den Abbau des Sozialstaates wandte, auf Anhieb 4,5% der Stimmen erreichte und ebenfalls ins Parlament einzog.

Im Einklang mit der EU-Kommission forcierte Simitis sein Projekt kapitalistischer Modernisierung des Landes. Angesichts der großen Bedeutung des Bausektors in Griechenland, der ja in erheblichen Maße wenig qualifizierte Menschen aufnehmen kann, begann man mit dem Bau großer Verbindungsstraßen, so der Autobahn von Igoumenitsa an die türkische Grenze oder von Korinth nach Kalamata, aber auch der neuen U-Bahn oder des neuen Großflughafens in Athen. Allein aus Fördertöpfen der EU wurden diese Maßnahmen bis 2000 mit mindestens 20 Mrd. Euro unterstützt. Hinzu kamen der Bau neuer Sportstätten und Infrastruktureinrichtungen für die Olympischen Spiele in Athen 2004, die nicht nur ein gigantisches Defizit erbrachten, sondern auch die Korruption weit über das sonst in Griechenland übliche Maß hinaus erblühen ließen.

Im Bericht der Europäischen Kommission vom April 1997 wurde festgehalten, dass Griechenland erhebliche Fortschritte bei der Senkung des Haushaltsdefizits und der Inflationsrate (die 1995 erstmals seit langem unter 15 Prozent lag) gemacht habe, dass es jedoch mit einem Staatsdefizit von 4,9% und einer Verschuldung von 108%, gemessen am BIP keine Chance habe, zur Avantgarde der Beitrittsländer zu gehören. Auf dem Sondergipfel der Staats- und Regierungschefs sowie der Finanzminister der EU-Länder wurde festgelegt, wer der Zone der Euro-Länder beitreten könne; Griechenland musste wegen »Nicht-Erfüllung der Konvergenzkriterien« zunächst draußen bleiben. Durch die Abwertung der Drachme um 15% sollte die Wettbewerbsfähigkeit soweit verbessert werden, dass ein alsbaldiger Beitritt möglich würde.

Innenpolitisch geriet die Regierung 1999 wegen des NATO-Krieges gegen »Rest-Jugoslawien« (Serbien) unter massiven Druck, weil die übergroße Mehrheit der Bevölkerung diesen Krieg ablehnte. Man hielt (gegen »Adolf

---

34 Das griechische Parlament hatte am 1. August 1992 diese Verträge ratifiziert. Ihnen hatten nicht nur ND und PASOK, sondern auch die 14 Abgeordneten von Synaspismos zugestimmt. Die einzigen Gegenstimmen kamen von der KKE und einer Ökologin. Hintergrund war natürlich der Zusammenbruch des Ostblocks, der scheinbar alle alternativen Modelle obsolet machte. Außerdem spielten Sicherheitsüberlegungen eine Rolle, da es mit der Türkei immer wieder Auseinandersetzungen um den Festlandssockel der Ägäis (und Zypern) gab.

Clinton«) zu den »orthodoxen Brüdern in Serbien«, mit denen man gegen die Osmanen gekämpft hatte und die Verbündete in den Balkankriegen und gegen die faschistische Aggression im Zweiten Weltkrieg gewesen waren. Die Regierung Simitis kritisierte einerseits den imperialistischen Kriegskurs der USA und der NATO, sorgte aber dennoch dafür, dass der Hafen von Thessaloniki als Umschlagsplatz für die Waffenlieferungen und den Nachschub benutzt werden konnte. Später beteiligte man sich auch an der KFOR-Truppe, die zur Überwachung des »Friedens« in das Kosovo entsandt wurde.[35] Die (natürlich »kritische«) Unterstützung der NATO-Politik gegenüber Jugoslawien trotz überwiegender Ablehnung durch die griechische Bevölkerung ließ sich die Regierung Simitis gut bezahlen. Die rot-grüne Bundesregierung unter Schröder/Fischer/Eichel, die sich ja ebenfalls an der Kriegspolitik der NATO beteiligt hatte, sorgte dafür, dass Griechenland mit einjähriger Verspätung 2002 in die Eurozone aufgenommen wurde. Bezeichnenderweise wird in den heutigen Debatten auf diesen Zusammenhang fast nie eingegangen.

Die Struktur der griechischen Wirtschaft

Die Aufnahme der Länder Griechenland, Spanien und Portugal, die – was die iberische Halbinsel betrifft, seit den 1930er Jahren – von Diktaturen beherrscht waren, in die EWG bzw. die EG, war vor allem eine *politische* Entscheidung. Denn angesichts einer in allen diesen Ländern starken Arbeiterbewegung und dem Sieg der Revolution in Indochina fürchteten die europäischen Bourgeoisien, diese Länder könnten in die »Fänge des Kommunismus« geraten. Die Wirtschaften im Süden Europas befanden sich alle aus historischen Gründen (einschließlich des »Mezzogiornos«, der lange de facto eine spanische Kolonie war) in einem Zustand kapitalistischer Peripherieländer mit gleichzeitig vorherrschender und unterentwickelter Landwirtschaft (die in Süditalien und auf der iberischen Halbinsel in starkem Maße vom Großgrundbesitz beherrscht wurde) und einer nur unbedeutenden Industrie. Das BIP dieser Länder schwankte beim Beitritt zur EWG/EG zwischen einem Drittel (Portugal) und etwa der Hälfte (Spanien, Süditalien) des europäischen Durchschnitts. Hinzu kamen erhebliche regionale Unterschiede und ein massives Stadt-Land-Gefälle in den verschiedenen Ländern.

Es ist unbestreitbar, dass der Beitritt Griechenlands zur EWG Anfang der 1980er Jahre zu einer nachholenden Entwicklung mit deutlich über dem EWG-Durchschnitt liegenden Wachstumsraten geführt hat; allerdings hat er auch bereits seit

---

35 Vgl. dazu Gerald Oberansmayr, »Die Militarisierung der EU seit den 90er Jahren«, in: Angela Klein/Paul B. Kleiser (Hrsg.), *Die EU in neoliberaler Verfassung*, Köln (ISP) 2006.

langem bestehende Ungleichgewichte und Abhängigkeiten tendenziell verschärft, da alle Versuche einer *eigenständigen* Industrialisierung aufgegeben wurden.

Bis zum Ende der Militärdiktatur war Griechenland im Wesentlichen ein armes Bauernland mit ergänzendem Handel und Seetransporten (sowie einem relativ großen Finanzbereich). Die Defizite der Handelsbilanz wurden (abgesehen von Krediten) durch den wachsenden Tourismus und die Rücküberweisungen der Diaspora und später der »Gastarbeiter« ausgeglichen. Wichtige Attribute eines modernen Kapitalismus wie strenges Zeitregime, Sachrationalität, regionale und kulturelle Nivellierung, Ressourcenkalkül oder vor allem auch Profitdenken blieben lange Zeit (auch zur Freude vieler TouristInnen) unterentwickelt. Die Landwirtschaft ist (von Ausnahmen abgesehen) nicht sonderlich produktiv, doch es leben immer noch (bzw. wieder) fast 40 Prozent der Menschen (aber nur ca. 12 Prozent der Erwerbsbevölkerung) auf dem Land. Die Durchschnittsgröße der Höfe beträgt 0,7 ha (EU gut 15 ha) – ein Ergebnis der Landreformen der 1920er Jahre, um die Flüchtlinge aus Kleinasien aufnehmen zu können. Es hat (von Ausnahmen abgesehen, z.B. gibt es ein paar große Weinproduzenten) nur eine schwache Modernisierung der Anbaumethoden oder der Vermarktung gegeben. Teilweise ist dies auch auf die EU-Subventionen zurückzuführen, von denen viele Bauernfamilien ein immerhin bescheidenes Leben fristen konnten. Ein klassisches Beispiel dafür ist das Olivenöl, das zum großen Teil nicht in Griechenland, sondern in Italien abgefüllt und vermarktet (und womöglich verschnitten) wird. Dabei gibt es bestimmte Regionen (etwa die Insel Lesbos), in denen Olivenbäume gedeihen, aus deren Früchten sich ein Öl bester Qualität pressen ließe. Die Nicht-Modernisierung der Landwirtschaft hat bewirkt, dass Griechenland zu einem Nettoimporteur von Nahrungsmitteln geworden ist.

Anstieg des BIP in GR und D (bis 1990 BRD-West) (in US-$)

	GR	D
1984	3.730	11.100
1989	5.340	18.170
1995	7.390	23.630
2000	12.110	25.260
2005	16.610	30.120
2010	28.440	42.560

Quelle: Encyclopaedia Britannica, Book of the Year. Man beachte die Schwankungen des Dollarkurses!

Handelsbilanz (in Mrd. Dollar)

2004	2005	2006	2007	2008	2009	2010
-37,6	-37,5	-42,8	-52,6	-63,8	-43,9	-31,8

Quelle: Encyclopaedia Britannica, Book of the Year.

Das aufgeschlüsselte Defizit in der Handelsbilanz resultiert laut Eurostat (Zahlen für 2011) aus Einfuhren von Brennstoffen und Mineralien (-9,7 Mrd. Euro), von Maschinen und Fahrzeugen (-9,6 Mrd. Euro), von verarbeiteten Produkten (-5,8 Mrd. Euro), von chemischen Erzeugnissen (-4,9 Mrd. Euro) und von Nahrungsmitteln (-1,9 Mrd. Euro). Wesentliche Schwankungen bei den Einfuhren gab es in den vergangenen zehn Jahren vor allem bei den Maschinen und Fahrzeugen (Höhepunkt 2007 mit 14,3 Mrd. Euro). Offenbar ist besonders die Anschaffung von PKWs in erheblichem Maße konjunkturabhängig und wird häufig über Kredite finanziert. Daneben gibt es deutliche Schwankungen bei den Investitionen, die bis 2008 im jährlichen Mittel bei etwa 40 Mrd. Euro zu verorten waren.

Eine Art Dienstleistungsökonomie

Die Daten von Eurostat lassen erkennen, dass es bis ins Jahr 2008 einen starken Anstieg des Konsums gegeben hat, der danach steil abfiel. Beim Staatsverbrauch lässt sich dieselbe Entwicklung erkennen, allerdings erfolgte der Einbruch erst 2010. Diese Entwicklung wurde von – für Griechenland – historisch niedrigen Zinssätzen angetrieben, die sich angesichts einer bei über drei Prozent liegenden Inflationsrate oft gegen Null bewegten.[36] Die Verschuldung wurde also vor allem durch den massiven Anstieg der Warenimporte bei gleichzeitiger (fast) Stagnation der Exporte in die Höhe getrieben. Hinzu kommt das Problem des »ungleichen Tausches«, denn Griechenland importiert in starkem Maße Güter moderner Technologie, während die Exporte sich auf (arbeitsintensive) Rohstoffe, landwirtschaftliche Produkte und Dienstleistungen konzentrieren. Bei den Dienstleistungen geht es vor allem um den Tourismus, der in der Krise leicht eingebrochen ist, sich nun aber

---

36 Die beste Analyse dieser Zusammenhänge findet man in Michel Husson, »Politische Ökonomie des Euro-Systems«, in: *Inprekorr* Nr. 5/2012, S. 34-46. Husson legt dar, weshalb die Länder des Südens einen Verfall ihrer Wettbewerbsfähigkeit erlebt haben, obwohl die Lohnquote in diesen Ländern gesunken ist. Das widerspricht dem neoliberalen Dogma eklatant. In der Nacht der neoliberalen Voodoo-Ökonomie sind eben alle Katzen grau.

wieder zu erholen scheint, da sich u.a. die ägyptische Billig-Konkurrenz in Schwierigkeiten befindet.

Die Kehrseite des hohen Außenhandelsdefizits ist natürlich die hohe (private und staatliche) Konsumquote, die sich um die 90 Prozent bewegt, und damit zumindest um zehn Prozent höher liegt als in der übrigen EU. Gleichzeitig hat das Land auch die geringste Exportquote aller EU-Länder.[37] Da Griechenland abgesehen von Braunkohle (und etwas Gold im Norden bei der Ortschaft Aristoteles, über dessen Abbau es wegen des Einsatzes von Quecksilber bzw. Zyanid zu heftigen Kämpfen gekommen ist[38]) über keine mineralischen Brennstoffe verfügt, muss es zu Importen von Kohle und Öl greifen, die die Handelsbilanz belasten. Besonders schwach ist seine Situation bei Fahrzeugen und Maschinen, die inzwischen überwiegend eingeführt werden. Früher produzierte man z.B. LKWs, doch die Fertigung wurde eingestellt und die Fabrikanten zu Dienstleistern des Daimler-Konzerns gemacht. Auch die Haushaltsgeräteindustrie, über die das Land bis in die 1980er Jahre hinein verfügte, wurde von Konzernen wie Philips, Bosch und Siemens hinweggefegt. Die industrielle Basis des Landes ist auf unter zehn Prozent des BIP geschrumpft. Die trotz aller Industrialisierungsbemühungen des Staates seit den 1950er Jahren schmale industrielle Basis des Landes, in der – abgesehen vom Bergbau – nur der Schiffsbau eine gewisse Tradition hat, sowie die geringe Produktivität der Landwirtschaft führen seit Jahrzehnten zu einer chronisch defizitären Handelsbilanz.

Für die Jahre 2003-2009 ergab sich ein Leistungsbilanzdefizit von 195,1 Mrd. Dollar, was im Wesentlichen den Kreditverpflichtungen (Zinsen und

---

37 Karl Brenke, »Die griechische Wirtschaft braucht eine Wachstumsstrategie«, in: DIW-Wochenbericht Nr. 5/2012, S. 7. Man sieht, dass ein Austritt aus dem Euro und die Rückkehr zur Drachme, wie er von rechten (Prof. Sinn), aber auch von linken (Prof. Lapavitsas) Ökonomen vorgeschlagen wird, selbst unter der Bedingung eines radikalen Schuldenschnittes wenig Chancen hat, das Land nach vorne zu bringen. Denn durch den dann eintretenden raschen Verfall des Wechselkurses hätte das Land noch weniger Chancen, an moderne Technologie und Maschinen zu gelangen, was jedoch die wesentliche Bedingung für eine durchgreifende Modernisierung des Landes ist.

38 Vgl. den Artikel »Land in Flammen« von Alexandros Stefanidis und Ferry Batzoglou, in: SZ Magazin, Nr,. 15, 12. April 2013. Hinter dem Gold fördernden Unternehmen Hellas Gold, das mehrheitlich dem kanadischen Unternehmen Eldorado Gold Corporation gehört, steht auch die griechische Reeder-Familie Bobolas mit ihrer Baufirma Hellaktor. Diese Firma war entscheidend an allen wichtigen Bauvorhaben der letzten Jahrzehnte, am Bau der großen Autobahnen im Norden und auf der Peloponnes oder natürlich an den olympischen Sportstätten in Athen beteiligt. Außerdem besitzt Bobolas den wichtigen Fernsehsender Mega-Channel.

Tilgung) entsprechen dürfte. Zwischen 1994 und 2007 hatten sich die Warenimporte fast vervierfacht; sie stiegen von 20,9 Mrd. Euro auf 76,1 Mrd. Euro.
Dem standen Exporte gegenüber, die nur um das 2,5fache angestiegen waren
(von 9,2 Mrd. auf 23,5 Mrd. Euro). Auch die Lohnstückkosten hatten seit Mitte der 1990er Jahre dreimal stärker zugenommen als im Durchschnitt der EU,
spielen jedoch nicht die von den Neoliberalen behauptete Rolle.

Etwa ein Drittel der Wertschöpfung entfällt auf die Herstellung von Nahrungsmitteln. Das verarbeitende Gewerbe (Milch und Milchprodukte, Obst
und Gemüse, Backwaren, aber auch Druckerzeugnisse, Verpackungs- oder
Baumaterialien) richtet sich vor allem am Binnenmarkt aus. Der Schiffsbau ist
(aufgrund der asiatischen Konkurrenz) wie fast überall in Europa, gerade auch
am Mittelmeer, massiv eingebrochen und führt vor allem Reparaturen durch.

Besonders auffallend sind in Griechenland die kleinteiligen Betriebsstruk-
turen, die es so in keinem EU-Land gibt. Die Hälfte der im verarbeitenden
Gewerbe Beschäftigten arbeitet in Betrieben mit weniger als zehn Personen
vor allem für den Binnenmarkt. Lediglich 20 Prozent der Beschäftigten arbeiten in Betrieben mit mehr als 250 Arbeitenden (in Deutschland sind es 53%).

Beim für die griechische Wirtschaft so wichtigen Tourismus fällt auf, dass
nur in den Sommermonaten Juli bis September die Kapazitäten ausgelastet
sind. Solche starken saisonalen Schwankungen gibt es in Italien oder Spanien
nicht. Die Lohnkosten fallen hier kaum ins Gewicht, da dieser Wirtschaftsbe-
reich mit einem hohen Anteil von Selbstständigen (über 50%) arbeitet, während es in der EU nur 15 Prozent sind.

Bemerkenswert ist, dass es in Griechenland (ganz im Gegensatz etwa zu
Israel) kaum unternehmensnahe Dienstleistungen (Ingenieurbüros, Software,
Beratungen) gibt, schon gar keine, die über die Landesgrenzen hinaus verkauft
werden. Die Unternehmen in Forschung und Entwicklung trugen gerade mal
0,3 Prozent zum BIP bei, der weitaus geringste Wert in der EU.

Griechenland in der Euro-Zone

Nach einigen Verzögerungen und mit Hilfe von Aktionen der US-Großbank
Goldman Sachs ist Griechenland 2001 der Euro-Zone beigetreten. Das führte
wegen des aus dem Ausland ins Land strömenden Kapitals zu einem deutlich höheren Wirtschaftswachstum als in der EU bzw. Eurozone. Von 2000
bis 2008 stieg das reale Brutto-Inlandsprodukt laut Eurostat bei jährlichen
Wachstumsraten um die vier Prozent um insgesamt etwa ein Drittel – in der
Eurozone war es (u.a. wegen der Rezession in Deutschland) nur etwa ein
Siebtel. Der Anfang 2009 einsetzende Niedergang war eindeutig auf die welt-
weite Finanzkrise zurückzuführen. Denn bis dahin vergaben die Gläubiger

ihre Kredite in Euro und waren somit gegen Abwertungsrisiken geschützt. Außerdem schien das Risiko eines Staatsbankrotts in der Eurozone vernachlässigbar zu sein. Letztlich war es der Zusammenbruch des Bankhauses Lehman Brothers, der unter »Anlegern« Panikstimmung aufkommen und den Wert griechischer Staatsanleihen massiv sinken ließ. Gleichzeitig erklommen die Zinsen Rekordmarken.

Während des Jahres 2008 stagnierte die Wirtschaft und fiel 2009 zurück; die eigentliche Talfahrt begann jedoch 2010 mit einem »Minuswachstum« von fast neun Prozent in den letzten beiden Quartalen (und einem Anstieg der Staatsverschuldung auf 150%).

Die auf Geheiß der Troika durchgeführten Sparprogramme führten laut DIW zwischen 2009 und 2012 zu einem Rückgang der Staatsausgaben um 22 Prozent. Die Folge sind nicht nur Verzögerungen bei der Begleichung von Rechnungen (oder Überweisungen der Sozialkassen), die zu Außenständen von über acht Milliarden geführt haben, sondern auch ein massiver Rückgang der Investitionen der Privatwirtschaft. (vgl. *SZ* vom 24. Mai 2013) Jene sind auch 2012 um weitere gut 20 Prozent eingebrochen und diese Entwicklung soll auch 2013 weitergehen, wenn auch weniger rasant. Auch der Staat hat viel weniger investiert und so sein Defizit von 1,7 Mrd. 2012 auf 330 Mio. von Januar bis April 2013 zurückgefahren. Das Ergebnis ist die höchste Arbeitslosenrate in Europa und eine Jugendarbeitslosigkeit, die in einigen Regionen »afrikanische Ausmaße« annimmt. Außerdem führt diese Politik zu einer Spirale aus Kürzungen, Sozialabbau und Massenverarmung, die mittelfristig nur mit undemokratischen, ja diktatorischen Mitteln durchgesetzt werden kann. Denn eine demokratisch legitimierte Regierung kann eine solche Wirtschaftsdepression längerfristig nicht überleben, wie die Erfahrungen der 1930er Jahre zeigen. So sieht das Europa der Troika aus!

II. Griechenland: Wo die Troika regiert

Von Charles-André Udry und Paul B. Kleiser

Griechenland steht im Zentrum der Krise der Europäischen Union. Wird das Land ein Beispiel für den Widerstand gegen die Politik des Internationalen Währungsfonds (IWF), der Europäischen Union und der Europäischen Zentralbank (EZB), den Institutionen des Finanzkapitals oder aber ein Beispiel für die gewaltsame Durchsetzung einer destruktiven Sparpolitik und das neuerliche Entstehen rechtsradikaler oder neofaschistischer Parteien, die helfen, den Weg zum starken Staat freizumachen? Das Land ist zu einem komplexen Knotenpunkt geworden, der vom harten Kern der EU, den Hochburgen des Kapitals, besetzt ist: von Deutschland, Österreich, Luxemburg, den Niederlanden, Frankreich und Norditalien, wobei Norwegen, die Schweiz, Schweden und Finnland assoziiert sind. Man muss diese Lage im Rahmen der europaweiten Reorganisation der Kapitalverhältnisse insgesamt sehen, wobei der Schwerpunkt auf der Peripherie im Süden und Osten liegt.

Diese Reorganisation findet im Rahmen der Globalisierung des Kapitals statt, das sich in einer historischen Krise befindet. Dabei entwickeln sich sowohl auf politischer wie auf wirtschaftlicher und militärischer Ebene Konkurrenzpole. Diese Auseinandersetzung wird auch durch die Transnationalisierung der Produktionsketten und deren Rückwirkungen (Entstehen von transnationalen Konzernen im Bereich der Industrie, des Agrobusiness, der Finanzen und Versicherungen oder der Logistik) nicht aufgehoben, die in den vergangenen zwanzig Jahren ungeheure Fortschritte gemacht hat.

Die Leiden der Bevölkerung

Fast täglich erscheinen in Griechenland Presseartikel, die von Selbstmorden berichten. Es sind persönliche Tragödien, die sich in einer verarmten und traumatisierten Gesellschaft ereignen. Früher hatte Griechenland die niedrigste Selbstmordrate in Europa, heute die höchste.

Am 12. Juni 2012 nahm ein Rentner und früherer Armeeangehöriger sein Gewehr und verließ sein Haus im Stadtteil Kifissia im Norden Athens, der vom gehobenen Mittelstand bewohnt wird. Er lief einige hundert Meter und erschoss sich mitten auf der Straße. Der 75 Jahre alte Chemieingenieur hinterließ seiner Frau und seinen beiden Kindern die Nachricht, er könne seine der Wirtschaftskrise geschuldete Schuldenlast nicht mehr tragen. Er gab ihnen Ratschläge, wie sie die Ersparnisse der Familie verwenden sollten. In Griechenland gab es in den vergangenen zwei Jahren über 2000 Selbstmorde, vor allem von Männern. Die Gründe dafür sind eindeutig: Arbeitslosigkeit, private Verschuldung, Verlust der Einkünfte. Laut Eurostat lag die Selbstmordrate vor 2010 erst bei einem Drittel des europäischen Durchschnitts.

Am gleichen Tag, dem 12. Juni 2012, warf sich ein 36-jähriger Mann von seinem Balkon. Er war sofort tot. Es handelte sich um einen Taxifahrer, der seit zwei Jahren arbeitslos war. Dieser Zwischenfall ereignete sich in Sepolia, einem Vorort im Westen Athens. Im Großraum Athen wohnen fast 40 Prozent der griechischen Bevölkerung. Er lebte wieder bei seinen Eltern. Sein Vater war ebenfalls Taxifahrer, auch er ohne Job. Die »wirtschaftlichen Schwierigkeiten« Ausdrucksweise einer Presse, die die wirkliche Lage zu beschönigen sucht, setzten der Familie zu. Nur die Mutter verfügte noch über ein kleines Einkommen. Der Sohn brachte sich um, als die Eltern gerade nicht da waren. Es handelte sich um den dritten Selbstmord binnen 24 Stunden. Der dritte Tote war ein kleiner, verschuldeter, 61 Jahre alter Handwerker, der sich in einem öffentlichen Park im Stadtteil Nikaia – am Rande der Hauptstadt – erhängte. Am 10. Juni brachte sich in Pyrgos ein Bauer aus Kreta um, indem er Pestizide schluckte.

Ein Teil der Selbstmörder hat Nachrichten zurückgelassen. Die Motive dieser Verzweiflungsakte klingen alle ähnlich. Doch die politischen Orientierungen dieser Menschen – soweit man von ihnen weiß – waren ganz unterschiedlich. Wir müssen dies verstehen, um die Lage in Griechenland wirklich begreifen zu können. Denn die griechische Wirtschaft wurde und wird mit einer »Kette« von Maßnahmen auf »Vordermann« gebracht, die mehr und mehr die griechische Bevölkerung erwürgt.

Am Mittwoch, dem 4. April um 8 Uhr 45 schoss sich auf dem Syntagma-Platz, dem Platz vor dem Parlamentsgebäude mitten im Zentrum Athens, ein Mann eine Kugel in den Kopf. Dimitris Christoulas, 77 Jahre alt, war Apotheker im Ruhestand, als er sein Leben beendete. Dieses Gebäude ist ein Symbol der beiden herrschenden politischen Clans – der Nea Dimokratia von Ministerpräsident Antonis Samaras und der PASOK der Familie Papandreou, die gegenwärtig von Evangelos Venizelos geführt wird; zusammen mit ihren verbündeten Kapitaleignern haben sie Griechenland ins gegenwärtige Desaster geführt. Dimitris Christoulas hinterließ einen Abschiedsbrief, in dem er sich laut Aussagen seiner Tochter auf »das politische Engagement seines Vaters« bezog. Christoulas war bei vielen Demonstrationen auf dem Syntagma-Platz dabei gewesen. Auf ein Blatt, das man in seiner Tasche fand, hatte er geschrieben: »Die Regierungen der Besatzer (gemeint waren die Regierungen von Karamanlis, Papandreou und Samaras) haben nach Art der *Tsolakoglou* (die Kollaborationsregierung, die von den Deutschen während des Zweiten Weltkriegs eingesetzt worden war) meine Überlebensmöglichkeiten auf Null reduziert, denn meine Rente, für die ich 35 Jahre lang gearbeitet habe, reicht nicht zum Leben. Da ich in meinem Alter keine dynamische individuelle Aktion mehr unternehmen kann – würde ein Grieche zur Kalaschnikow greifen, ich würde es ihm nachtun –, weiß ich keinen anderen Rat, meine Würde zu bewahren, denn ich möchte nicht in Abfalleimern nach Essensresten suchen. Ich glaube, dass die jungen Leute ohne Zukunft eines Tages zu den Waffen greifen und die Verräter der Nation auf dem Syntagma-Platz an den Füßen aufhängen werden – wie sie es mit Mussolini 1945 auf dem Piazzale Loreto in Mailand gemacht haben.« Wie in allen Krisen solchen Ausmaßes herrschen nebeneinander Wut und Verzweiflung, Mutlosigkeit und Widerstand. An diesem 4. April sind über tausend Menschen auf den Syntagma-Platz geströmt und haben Blumen und Grußadressen niedergelegt. Der Aufruf zur Demonstration wurde über »soziale Netzwerke« verbreitet und das Motto ausgegeben: »Das war kein Selbstmord. Es war Mord. Wir gewöhnen uns nicht an den Tod.«

Ab 22 Uhr zerstreute die Polizei – unter denen es viele Anhänger der Neofaschisten der »Goldenen Morgenröte« (*Chrysi Avgi*) gibt – die Demonstration mit Tränengas, das bei Kundgebungen ziemlich regelmäßig eingesetzt wird. In der Nähe des Platzes konnte man ein rotes Graffiti mit den Worten lesen: »Tränengas ist der Schmuck eurer Demokratie!« Das Gas kommt übrigens aus Israel, das solches regelmäßig gegen die Palästinenser anwendet. Die neuen BMW-Motorräder der Polizei wurden von Deutschland geliefert, das damit seine Unterstützung bei der Durchsetzung der »Ordnung« demonstriert. Der Beraterstab um Horst Reichenbach ist im Auftrag der Bundesregierung permanent in Athen anwesend.

1. Reeder, Kirche & Steuerflucht

Fünf Elemente gehören zu den wesentlichen Grundlagen des griechischen Kapitalismus; sie werden im Allgemeinen wenig oder unzutreffend analysiert. Die griechischen Reeder halten die größte Handelsflotte der Welt, sie ist der einzige Bereich der griechischen Wirtschaft auf »Weltniveau«. Schätzungsweise beschäftigt sie etwa 200 000 Menschen. Die Tageszeitung *Kathimerini* veröffentlichte am 24. Mai 2012 folgende Daten: Die griechischen Reeder besitzen 3225 Schiffe, von denen 2014 unter griechischer Flagge fahren. (Die *Süddeutsche Zeitung* berichtete am 6. Dez. 2012 von 3760 Schiffen und nur 862 unter griechischer Flagge; offensichtlich wurden in den letzten Jahren viele »umgeflaggt« und fahren nun für Panama oder Liberia!) Griechenland hält damit 39,5% der Schiffstonnage der EU und etwa 16 % der weltweit verfügbaren Tonnage. (Selbst der Inselstaat Japan fällt dahinter zurück!) Im Jahre 2010 lagen die deklarierten (!) Profite der Reeder bei 15,4 Milliarden Euro, also bei etwa sieben Prozent des griechischen Bruttosozialproduktes (BIP), im Jahr darauf waren es – trotz Krise – immer noch 14,1 Mrd. Dabei ist die notorische Steuerhinterziehung in Rechnung zu stellen. 2011 wurden 137 neue Schiffe in Dienst gestellt. Weil die Reeder seit der Militärdiktatur 1967 von der Steuer befreit sind, hat der Staat von ihnen kaum Geld gesehen. Ein im November verabschiedetes Gesetz zwingt sie erstmals, Tonnage-Steuer zu entrichten, von der ca. 140 Mio. Euro an Einnahmen erwartet werden; das ist höchstens ein Promille der Profite, die die etwa 700 Familien in den letzten zehn Jahren erwirtschaftet haben! (*SZ*, 6. Dez. 2012) Und da die Reeder außerdem vorsichtig sind, liegt der Sitz ihrer Gesellschaft häufig auf Zypern, in Genf oder London, ihre Vermögen befinden sich in der Schweiz, Großbritannien oder in den Steuerparadiesen. Wie heißt es doch zutreffend in einem berühmten Schlager: »Deine Heimat ist das Meer, Deine Freunde sind die Sterne!«

Der reichste von ihnen, Spiros Latsis, (Sohn von Jannis Latsis), verfügt über eine eigene Bank in Genf. Er betätigt sich auch im Bereich der Werften, und ihm gehört mittlerweile die (vom Staat übernommene) Firma Hellenic Petroleum. Auf der von der US-Zeitschrift *Fortune* veröffentlichten Liste der Milliardäre liegt er auf Platz 65. Der »goldene Grieche« Stavros Niarchos verfügt über eine Kunstsammlung, deren Wert auf etwa zwei Milliarden Euro geschätzt wird. Sein Enkel tourte zeitweilig mit Paris Hilton um die Welt.

Bei seinem Studium am Genfer Institut für Europäische Studien und an der renommierten London School of Economics hat Spiros Latsis auch den früheren Maoisten José Manuel Barroso kennen gelernt, den gegenwärtigen Vorsitzenden der Europäischen Kommission. Sogar als Barroso auf Maos Spuren wandelte, vergaß er nicht, sich von begüterten und »kultivierten« Personen einladen zu lassen. Barroso spielte jedoch auch gerne den Gastgeber. Als er (von 2002-2004) portugiesischer Ministerpräsident war, empfing er George W. Bush, Blair und Aznar auf den Azoren, die anschließend eine Kriegserklärung gegen Saddam Hussein abgaben und wenig später mit dem Angriff auf den Irak begannen. Vor diesem Hintergrund wurde er 2004 zum Präsidenten der EU-Kommission berufen. Von Spiros Latsis wurde er auf dessen Yacht eingeladen, denn dieser verfügt auch über einen äußerst exklusiven Yachtclub namens PrivatSea – der Name spricht für sich! Und natürlich war es purer Zufall, dass die EU-Kommission zugunsten der Werften von Latsis eine Beihilfe von 10,3 Mio. Euro auszahlte (für diese Familie nichts weiter als ein Taschengeld). Die Entwicklung Griechenlands mache solche Investitionen in den strukturellen Umbau im Rahmen der EU erforderlich.

Es war also nicht gerade eine »totalitäre Maßnahme«, wie die griechische Rechte geiferte, als Syriza, die Koalition der radikalen Linken, darauf bestand, dass ein Teil der Einnahmen des Staates von der Besteuerung der Reeder kommen müsse. Und da die Schweizer Banken auf Druck der US-amerikanischen Steuerbehörde Internal Revenue Service (IRS) die Namen von etwa 4000 US-Bürgern und Bürgerinnen herausrücken mussten, die einen Teil ihres Vermögens auf Schweizer Konten versteckt hatten, wäre es mehr als schäbig, den griechischen Steuerbehörden *nicht* die etwa hundert Namen von Familien auszuhändigen, die in erheblichem Umfang Geld in der Schweiz bunkern.

Das griechische Defizit entstand nicht, weil die Ausgaben zu groß, sondern weil die Einnahmen zu klein waren, weil das Kapital und die großen Vermögen Steuergeschenke bekamen oder steuerlich gar nicht erst veranlagt wurden. 2007 lag die Quote der Staatsausgaben bei 46,7% des BIP; etwas höher als in Deutschland (43,5%), aber niedriger als in Österreich (48,6%) oder Frankreich (52,6%). Die Einnahmequote lag in Griechenland jedoch gerade mal bei 40%, also deutlich unter dem EU-Durchschnitt von 45%. (Quelle: Eurostat)

Die stinkreiche orthodoxe Staatskirche ist fast vollständig von Steuerzahlungen ausgenommen, wiewohl ihre etwa 12000 Popen vom Staat bezahlt werden. Bis Anfang dieses Jahrtausends wurde die Religionszugehörigkeit sogar in den griechischen Pass eingetragen, – erst ein Urteil des Europäischen Gerichtshofes in Luxemburg setzte dieser Praxis ein Ende. Die Kirche verfügt über große finanzielle Mittel – nicht nur über unverkäufliche kulturelle Werte wie Kirchen und Klöster. Sie ist (nach dem Staat) der größte Grundbesitzer des Landes und verfügt über mindestens 130000 ha Ackerland, Wälder, Strände und Berge. Sie besitzt Hotels, Parkplätze (in Athen eine gute Einnahmequelle), Unternehmen und über 300 Tourismuszentren. Dieses Vermögen, aber auch die daraus resultierenden Einkünfte, wurde bislang nicht besteuert. Als 2010 die Regierung Papandreou entschied, diese Einkünfte zu besteuern, wehrte sich die Kirchenhierarchie mit Händen und Füßen. Vor der größten Kirche Athens fand eine gut vorbereitete Demonstration von »schockierten Gläubigen« statt, die unter dem Motto aufmarschierten: »Jesus hat gesagt, man muss teilen!« Inzwischen zahlt die Kirche einen kleinen Obolus. Man wird sich nicht wundern, dass auch viele kirchliche »Würdenträger« in krumme Geschäfte verwickelt sind. Der Abt Efraim des reichsten der Athos-Klöster, Vatopedi, versuchte einen See zu verkaufen, der dem Kloster wahrscheinlich gar nicht gehört; er wurde in Untersuchungshaft genommen.

In den Pangeli-Bergen auf der stark zersiedelten Halbinsel Attika versuchte die Kirche, einen Wald für etwa eine Milliarde Euro an einen »Investor« zu verhökern; es sollte dort ein Solarpark entstehen. Die beiden Parteien ND und PASOK bemühten sich im Parlament ganz uneigennützig, die Naturschutzgesetze so zu ändern, dass der Verkauf vonstatten gehen konnte. Während der Verhandlungen wurden Teile des Waldes drei Mal durch Brandstiftung vernichtet; trotzdem war – wie meistens bei Grundstücksspekulationen – von »ungeklärten Umständen« die Rede. Eine Bürgerinitiative versucht, das Waldgebiet zu retten, weil es für die Athener Luft weit wichtiger ist als eine Solaranlage.

Die Hälfte der noch nicht bebauten Flächen auf der Insel Lemnos gehört einem von der orthodoxen Kirche geführten Waisenhaus. Der Athener Erzbischof Hieronymus II. reiste extra ins (muslimische) Scheichtum Katar, um dort nach Investoren zu suchen, die das Gebiet mit Hotels und Vergnügungsparks vollpflastern können. Selbst die orthodoxe Kirche wurde also von der allgemeinen Ausverkaufsstimmung angesteckt. (vgl. *Publik-Forum* Nr. 11/2012)

Sicher zahlen auch sehr viele Freiberufler – Mediziner, Händler, Anwälte, Notare usw. – keine oder wenig Steuern. Sie glauben, dass die Besteuerung »nicht zu unserer Kultur passt«, ein Verhalten mit langen geschichtlichen Wurzeln. Steuerverweigerung war ein Kampfmittel »gegen die Herrschaft der Osmanen«. Die Geschichte des Landes quillt über von Geschichten der Auseinandersetzung mit dem Staat zur Rettung des eigenen Vorteils. Während die Reeder oder die Kirche also geschont werden, werden die Lohnabhängigen häufig dreifach besteuert: Sie zahlen ihre Lohnsteuer, sie zahlen die (inzwischen sehr hohe) Mehrwertsteuer auf die Güter des täglichen Bedarfs, und sie zahlen ggf. noch Immobiliensteuer, wenn sie in den eigenen vier Wänden wohnen.

Außerdem genießen die Vermögen der meisten alten großen Familien, aber auch derer, die unter der Militärdiktatur (1967-1974) reich geworden sind, gewissermaßen einen »extraterritorialen Status«. In Athen fahren viele PKW mit dem Kennzeichen von Monaco herum, obwohl höchst zweifelhaft ist, dass diese Reichen wirklich dort wohnen. Ähnlich wie die lateinamerikanische Bourgeoisie »vorsorglich« Häuser oder Konten in Miami besitzt, findet sich das Geld reicher Griechen in der Schweiz oder Österreich, in Großbritannien oder den USA (Delaware), in Kanada oder Australien – von den Steuerparadiesen (Zypern, die Kanalinseln, die Cayman-Inseln, Singapur) ganz zu schweigen. Die Wochenzeitung *Die Zeit* veröffentlichte am 5. Juli 2011 einen Artikel mit dem Titel »Wo ist das Geld der griechischen Reichen?« Der Autor

Khue Pham schätzte, dass etwa 560 Mrd. Euro an der Steuer vorbei ins Ausland gebracht wurden, fast doppelt soviel wie die gesamte Außenverschuldung des Landes. Dies geschah in zahlreichen Fällen mit der stillschweigenden Duldung der Behörden, wie die Geschichte der Liste möglicher Steuerhinterzieher zeigt, die die IWF-Vorsitzende Christine Lagarde den Griechen übergeben ließ. Noch als französische Finanzministerin ließ Lagarde im Jahr 2010 dem damaligen Finanzminister Georgos Papakonstantinou eine Liste mit 2062 Griechen zukommen, die ein Konto bei der Genfer Filiale der HSBC-Bank unterhielten. In Frankreich, Deutschland und weiteren Ländern führten diese vom Bankangestellten Herve Falciani kopierten Daten zu Nachforderungen der Steuerbehörden in Milliardenhöhe. (*SZ*, 7. Nov. 2012) Diese brisante Liste, auf der immerhin 24 »Schiffsbesitzer«, aber auch 187 »Hausfrauen« stehen, durfte zwei Jahre lang in einer Athener Schublade »reifen«, ohne dass die »Finanzpolizei« tätig wurde. Schließlich wurde sie dem Journalisten Kostas Vaxevanis zugespielt, der sie in seiner Zeitschrift *Hot Doc* veröffentlichte, ohne jedoch die Höhe der Bankeinlagen zu nennen. Er wurde umgehend vor Gericht gestellt, weil er laut Staatsanwaltschaft »Schuldige und Unschuldige ins Kolosseum des Volkszorns« gezerrt habe. Unter dem öffentlichen Druck in In- und Ausland musste er freigesprochen werden. Außerdem hatte der frühere Finanzminister Papakonstantinou drei enge Verwandte von der Liste gestrichen. [Die *FAZ* hatte ihn vor einiger Zeit noch als »Konstrukteur der griechischen Modernisierung« bezeichnet, der schon unter Kostas Simitis gedient hat, aber »nach anfänglichen Erfolgen im populistischen Morast« stecken geblieben sei! (25. Mai 2011)] Papakonstantinou schwärzte wiederum seinen Nachfolger Evangelos Venizelos an, der genauso untätig geblieben war. Die Zeitung *Kathimerini* schrieb, an der künftigen Behandlung des Falles erweise sich, ob »Griechenland eine Clan-Gesellschaft oder eine moderne Zivilisation ist«. (zit. nach *SZ*, 31. Dez. 2012) Laut griechischen Behörden geben nur 150000 Menschen an, sie hätten ein zu versteuerndes Einkommen von über 50000 Euro. (*SOZ*, Nr. 2/2013) Die Troika drängte sogar darauf, dass die mit der Steuerverwaltung beauftragten Angestellten von 16500 auf 9500 reduziert werden, was im 4. Memorandum nun auch vereinbart wurde – die meisten Reichen werden also ruhig schlafen können!

Der frühere Chef der Finanzpolizei, Giannis Diotis, meinte sarkastisch: »Kleine Fische landen im Netz, große reißen ein Loch und schwimmen davon.« (*SZ*, 7. Nov. 2012) Zur Besänftigung des Volkszorns und unter dem Druck der EU wurden im Athener Gefängnis Korydallos (im VIP-Trakt) auch ein früherer Vorstand einer Versicherung, der frühere Verteidigungsminister Akis Tsochatzopoulos von der PASOK[39] und ein paar weitere Reiche inhaftiert. Der bekannteste ist der Parvenü Lavrentis Lavrentiadis, früherer Besitzer der Proton-Bank, die vom Staat zum Schutz der Anleger mit 900 Mio. Euro gerettet wurde. (Natürlich steht auch er auf der Lagarde-Liste.) Ihm werden Betrug, Unterschlagung und Geldwäsche vorgeworfen. Er soll 701 Mio. Euro auf ausländische Konten verschoben und dadurch seine Bank an den Rand der Pleite geführt haben. Der Chemiefabrikant und Banker wurde genau am Tag der Freigabe einer weiteren Tranche aus dem »Hilfspaket« für Athen verhaftet, offenbar wollten die griechischen Behörden ein Exempel statuieren und die »Europäer« besänftigen. Zudem wurden in der Schweiz und Liechtenstein die Konten von Lavrentiadis mit einem Guthaben von 158 Mio. Euro eingefroren bzw. beschlagnahmt. Klammheimlich hat die Regierung ein Gesetz erlassen, dass eine Strafverfolgung unterbleiben kann, wenn das illegal ins Ausland verbrachte Geld zurückgebracht wird. Lavrentiadis hatte offenbar (nach Art eines Ulli Hoeness) versucht, sich mit 65 Mio. Euro freizukaufen, doch das Geld scheint zu spät überwiesen worden zu sein. (*SZ*, 15./16. Dez. 2012 und 23. Jan. 2013)

Auf der anderen Seite haben immer mehr Arbeitende und Arbeitslose keine Gesundheitsversorgung mehr (nach einem Jahr Arbeitslosigkeit verliert man die Krankenversicherung), ihnen wird der Strom abgestellt (mit der Stromrechnung wird auch die Immobiliensteuer eingezogen; gegenwärtig sollen monatlich 30000 Griechen von der Stromversorgung abgeklemmt werden), immer mehr können sich das Öl für die Heizung nicht mehr leisten und holen sich (wie vormals im Krieg) Holz aus den Wäldern, was die Luft in der Stadt deutlich belastet. Mindestens 50000 Menschen sind allein in Athen auf die Hilfe von Suppenküchen angewiesen, die von der Stadt, von der Kirche, aber auch von informellen Nachbarschaftsvereinigungen betrieben werden. Laut Schätzungen der OECD lebt ein Drittel der Griechen an oder unter der Armutsgrenze. Die Lage hat einige Ähnlichkeit mit der in Argentinien im Jahr 2001. Doch diesmal handelt es sich um »die Wiege der europäischen Kultur« wenn man Medien und Professoren glauben darf.

Selbst mitten in der Schuldenkrise 2008 usw. (die eigentlich eine Krise der privaten und der Bankenverschuldung ist, die vom Staat übernommen wurde), wurden die Ausgaben für das Militär (ein Hort der Korruption) nicht herun-

---

39 Akis Tsochatzopoulos feierte seine Märchenhochzeit im Pariser Luxushotel George V., das zu den teuersten Herbergen der Welt zählt. (Eberhard Rondholz 2011, 73) Inzwischen wurde er wegen Korruption zu acht Jahren Gefängnis verurteilt, weitere Prozesse sollen folgen.

tergefahren. Sie lagen zeitweise auf dem Niveau der USA (zwischen 4-5% des BIP) und 2009 immer noch bei 3,1 Prozent. (In den großen EU-Ländern liegen sie derzeit bei 2-2,5%.)

Im Sommer 2009 gab Griechenland 2,5 Mrd. Euro für sechs französische Fregatten und 400 Mio. Euro für den Kampfhubschrauber Puma aus, der von EADS geliefert wird, dem Konzern, der auch den Airbus baut. Der ThyssenKrupp-Konzern hat für fünf Milliarden Euro sechs Unterseeboote an Griechenland verkauft. *Der Spiegel* berichtete am 10. Mai 2011, die deutsche Bundesregierung unter Angela Merkel habe keine Einwände gegen den Verkauf ultramoderner U-Boote der Klasse 214 oder von Kampfpanzern des Typs »Leopard«. Gegenwärtig stehen mehr Panzer deutscher Fabrikation in Griechenland, als die Bundeswehr selbst zur Verfügung hat. Noch im Februar 2010 reiste Bundesaußenminister Guido Westerwelle nach Athen, um Rückstände bei der Bezahlung der U-Boote anzumahnen und der griechischen Regierung das Kampfflugzeug »Eurofighter« anzudrehen; gleichzeitig insistierte er auf die Notwendigkeit, die Ausgaben des öffentlichen Sektors und vor allem die »Sozialausgaben« drastisch zu reduzieren. Deutsche und französische Banken boten neue Kreditlinien für den Verkauf von Rüstungsgütern aus beiden Länder an, einschließlich der entsprechenden Exportgarantien (also ging es tatsächlich um Subventionen für die deutsche und französische Waffenindustrie). Deutsche und französische Gläubiger machten Druck, die Griechen sollten endlich ihre alten Schulden bezahlen. Dafür musste das Land die Mehrwertsteuer drastisch anheben und die Löhne im Öffentlichen Dienst senken. Außerdem soll Staatseigentum im Wert von rund 50 Mrd. Euro »privatisiert« werden; die Deutsche Telekom sollte das Netz der griechischen OTE, an der sie bereits zu 30 Prozent beteiligt war, zu einem Spottpreis übernehmen.

Griechenland spielt in der NATO eine wichtige Rolle, nicht nur wegen seiner geographischen Lage, sondern auch im Hinblick auf das Gleichgewicht mit der Türkei und auf dem Balkan. Dabei geht es nicht nur um den Sockel der Ägäis, unter dem Vorkommen von Öl und Erdgas vermutet werden, sondern auch um Zypern und die Gewässer um die Insel, auf die auch andere Staaten ein Auge haben.

Hinsichtlich der Frage der illegitimen Schulden (»odious debt«) und deren Zahlungsverweigerung spielen die Rüstungsausgaben eine wichtige Rolle. Das Programm von Syriza fordert ein einseitiges Moratorium für die Rückzahlung der Schulden, solange sich die griechische Wirtschaft in der Rezession befindet, plus ein Schuldenaudit, um zu erfahren, wer Schulden zu welchem Zweck aufgenommen hat und wohin die Gelder geflossen sind.

Prof. Charles Wyplosz vom Institut des Hautes Etudes Internationales et du Dévelopement in Genf, der weithin bekannt ist und normalerweise nicht gerade zu den Progressiven zählt, hat in einer Diskussion mit einem Banker erklärt: »Wenn Sie die öffentlichen Schulden streichen, dann reduzieren Sie das Haushaltsdefizit, denn heute dient ein großer Teil der öffentlichen Ausgaben der Bezahlung der Schuldzinsen. Dann braucht es keine Austeritätspolitik mehr. Wäre Griechenland so vorgegangen, hätte es vor zwei Jahren seine Probleme lösen können, und seine Wirtschaft würde heute wieder wachsen. Griechenlands gordischer Knoten ist nicht seine Wettbewerbsfähigkeit, sondern die öffentliche Verschuldung. Wenn dieses Problem beseitigt wird, werden die Griechen auch in der Eurozone glücklich werden können.« (*Le Temps*, 1. Juni 2012)

Ein weiterer wichtiger Gesichtspunkt ist die Desinformationskampagne in den Kernländern der EU, der die Linke entgegentreten muss. Wir müssen hier die Klischees mit rassistischem oder fremdenfeindlichem Grundton erwähnen, die in vielen Medien über die »faulen Griechen« verbreitet wurden (vgl. Bildzeitung oder *Focus*). Laut Statistiken der OECD und von Eurostat betrug die durchschnittliche jährliche Arbeitszeit in Griechenland im Jahr 2008 in der Industrie, im Dienstleistungsbereich und in der Landwirtschaft 2120 Stunden, also etwa 50 Prozent mehr als in Deutschland. Die Renten liegen im Durchschnitt bei 600-700 Euro; der Mindestlohn wurde gerade auf 586 Euro und für Menschen unter 25 Jahren auf 511 Euro abgesenkt, 2009 lag er noch bei 752 Euro. (*Emanzipation*, Jahrg. 2, Nr. 1, Sommer 2012) Dabei sind die Lebenshaltungskosten in Griechenland (außer für Wohnraum) eher höher als in Deutschland. Die Arbeitslosenrate liegt bei 27%, die der Jugendlichen ist mehr als doppelt so hoch. Wie schon in Krisenperioden der Vergangenheit kehren junge GriechInnen zu Tausenden ihrem Land den Rücken.

Die Behauptung, die Menschen hätten »über ihre Verhältnisse gelebt«, die zur Erklärung der Schuldenkrise häufig verwendet wird, ist pure Propaganda ohne jeden Erklärungswert. Sie soll die äußerst brutale Sparpolitik und autoritäre Verhaltensweisen der Regierungen verdecken und auch die Tatsache verschleiern, dass neue gesellschaftliche und moralische Normen des Einsatzes der Arbeitskraft (Dauer und Intensität des Arbeitstages, Flexibilisierung der wöchentlichen, monatlichen und jährlichen Arbeitszeiten) durchgesetzt werden sollen. In anderen Worten, der Ausbeutungsgrad der Lohnarbeit wird massiv erhöht mit der Tendenz zur absoluten Verelendung eines wachsenden Teils der Lohnabhängigen und der Arbeitslosen.

Ein Teil von ihnen kann sich nur noch unter Schwierigkeiten ernähren, bekommt die medizinischen Leistungen der Vergangenheit nicht mehr und kann sich Bildung für die Kinder, in der Hoffnung, dass diese es einmal besser haben werden, nicht mehr leisten. Von den EinwanderInnen aus Asien oder Afrika gar nicht zu reden, sie erleiden die Hölle des tagtäglichen Kampfes ums Überleben. All das kann man in Athen oder Thessaloniki jetzt schon beobachten. Binnen weniger Jahren hat sich die Welt dramatisch verändert – zum schlechteren.

Seit 2009/2010 ist dieses Griechenland zu einem Laboratorium für das Kapital geworden. Dieses stellt sich eine wenig »technische« Frage und testet sie für ganz Europa aus: Wieviel »gesellschaftliche Akzeptanz« für brutale Kürzungen lässt sich in einer Bevölkerung erreichen, die einen solchen Schock erlebt, und wie wird sich die durchgesetzte Regression politisch auswirken?

2. Memoranden für die verallgemeinerte Ausbeutung

Als im ersten Halbjahr 2010 die Krise der griechischen Zahlungsfähigkeit offensichtlich wurde, schien eine einfache und schnelle Lösung in Reichweite. Man hätte einfach die Charta der Europäischen Zentralbank (EZB) ändern und ihr (gleich der FED in den USA) erlauben können, die griechischen Schulden aufzukaufen und zum *lender oft the last resort* zu werden. (Tatsächlich hat die Erklärung Mario Draghis vom Herbst 2012, wenn nötig genau dies zu tun, zu einer deutlichen Beruhigung der Märkte geführt.) Dies hätte eine klare Begrenzung der sozialen Härten sowohl ihrem Umfang wie ihrer Dauer nach erlaubt – und dem griechischen Kapitalismus Anpassungsmaßnahmen ermöglicht. Doch die entscheidenden Fraktionen des europäischen Kapitals (eben nicht nur des deutschen) und ihre politischen VertreterInnen hatten das Ausmaß und die Entwicklung der Krise der Euro-Zone mit ihren jeweiligen länderspezifischen Besonderheiten (Irland, Portugal, Spanien und Italien) noch gar nicht begriffen.

Exkurs: Die Politik von Kanzler Gerhard Schröder

Außerdem hätte ein Aufkauf griechischer Staatsanleihen durch die EZB für den wichtigsten Bereich der deutschen Industrie, die Exportindustrie, eine nicht akzeptable Lage geschaffen. Warum? Dieser Sektor war von Kanzler Gerhard Schröder in den Jahren von Rot-Grün zwischen 1998 und 2005 besonders gehegt und gepflegt worden. Dieser »Genosse der Bosse« und Autokanzler suchte die Nähe der Manager der Großindustrie und schämte sich nicht einmal, Wladimir Putin einen »lupenreinen Demokraten« zu nennen. Seine guten Beziehungen brachten ihm immerhin den wohldotierten Chefposten beim Konsortium ein, das die Gas-Pipeline durch die Ostsee bauen ließ.

Mithilfe des früheren Arbeitsdirektors des Volkswagen-Konzerns, Peter Hartz, setzte Schröder ab 2003 eine massive Deregulierung des Arbeitsmarktes durch (die Hartz-Reformen, deren bekannteste Hartz IV ist), deren Ziel in einer deutlichen Senkung der Lohnstückkosten lag. Dabei ging es darum, auch mit der chinesischen Konkurrenz wetteifern zu können, wenn auch gut zwei Drittel der deutschen Exporte in die EU gehen. Das wirksamste Instrument zur Erreichung dieses Zieles liegt im Einsatz der »industriellen Reservearmee«, also der Arbeitslosen, was die neoliberalen Ökonomen »Aktivierung der Arbeit« nennen.[40] Zum Beispiel soll die Dauer der Arbeitslosenunterstützung auf ein Mindestmaß zusammengestrichen werden. Nach zwölf Monaten fällt der/die Arbeitslose in Hartz IV, wobei fast sämtliche Ersparnisse, auch die für die Altersversorgung, aufgebraucht sein müssen, um das ALG II überhaupt zu bekommen. Außerdem werden die Einkünfte nicht nur des Ehepartners, sondern auch von »Bedarfsgemeinschaften« angerechnet.

Das Ziel war nicht, das Problem der Arbeitslosigkeit, vor allem der Langzeitarbeitslosigkeit zu lösen; die Langzeitarbeitslosigkeit ist nur unwesentlich zurückgegangen. Vielmehr wurde die Lohnpyramide auseinandergezogen und ein Niedriglohnsektor geschaffen, der inzwischen (sogar nach einigen Boomjahren) fast ein Viertel der Beschäftigten umfasst. Die Zumutbarkeitsregelungen für Arbeitslose wurden so deutlich verschärft, dass eine angebotene Arbeit kaum noch abgelehnt werden kann. Über die Hälfte der Neueinstellungen erfolgt inzwischen (trotz relativ guter Konjunktur) befristet. In Verbindung mit massiven Umstrukturierungen des Produktionsapparates, gesteigerter Flexibilität und Intensität der Arbeit und äußerst kooperativen Gewerkschaften ergab sich ein eindeutiges Resultat: Die Profitrate der deutschen Unternehmen ging erheblich nach oben, während die Reallöhne abnahmen!

Allerdings muss man die deutsche Exportwirtschaft im größeren Rahmen sehen, um zu einer richtigen Einschätzung der Lohnstückkosten zu kommen: Es müssen auch die Zulieferer berücksichtigt werden, z. B. die für die Automobilindustrie. Dazu haben die deutschen Konzerne Investitionen in ihrem (neuen) Hinterland getätigt, das von Polen über Tschechien und die Slowakei, Ungarn, Slowenien und Kroatien reicht. Diese Länder verfügen über vergleichsweise geringe Lohnkosten und eine gut ausgebildete Arbeitskraft. Außerdem können die Großkonzerne auf ein Umfeld von kleinen und mittleren Zulieferern (»outsourcing«) zurückgreifen, die einem massiven Preisdruck

---

40 Der Ökonom und Chef des Münchner IFO-Instituts, Prof. Hans-Werner Sinn, hat das ideologische Begleitbuch zur Standortkonkurrenz und zur Kampagne um die Senkung der Lohn- bzw. Lohnnebenkosten verfasst: *Ist Deutschland noch zu retten?*, München (Econ) 2003, zahlreiche Auflagen (mit stillschweigend geänderten Daten).

ausgesetzt sind, den sie teilweise in Form von geringeren Löhnen, größerer Arbeitshetze, befristeten Verträgen oder Leiharbeit auf die Beschäftigten abwälzen. So verfügen deutsche Exporteure über einen dreifachen Vorteil: Der Euro verhindert eine Aufwertung der Währung, die bei der DM unvermeidlich eingetreten wäre, die Firmen hatten weit geringere Steigerungen der Lohnstückkosten zu tragen als in anderen EU-Ländern, und schließlich produzieren die weltmarktorientierten mittelständischen Unternehmen häufig Qualitätsprodukte, bei denen sie Weltmarktführer sind. Hinzu kommt, dass der Euro längere Zeit einen günstigen Kurs gegenüber Dollar und Yen hatte, vom Schweizer Franken gar nicht zu reden. Ein schneller Aufkauf der griechischen Schulden hätte zu einem Anstieg des Eurokurses und damit zu einer Verschlechterung der deutschen Exportposition geführt, vor allem auch gegenüber Asien. Deshalb beharrte die deutsche Politik auf der Position, die EZB solle ausschließlich für Preisstabilität sorgen und dürfe keine europäische FED werden. (Bekanntlich gab es darüber in der EZB heftige Auseinandersetzungen und sogar den Rücktritt des deutschen Vertreters Jürgen Stark!)

Das deutsche Lohndumping hat zu einer Reduzierung der Einfuhren und einem Anstieg der Exporte geführt, also zu einem großen Handelsbilanzüberschuss. Wegen der wirtschaftlichen Schwierigkeiten Südeuropas kam es nicht zu einem Anstieg des Eurokurses. Diese paradoxe Lage wird (nicht nur in Griechenland) häufig nicht verstanden; daher greift man zur Küchenpsychologie und schiebt die Verantwortung auf Angela Merkel oder die deutschen Vertreter in der EZB. Sicherlich spielen in Deutschland auch die Inflationserfahrungen aus der Zeit nach dem Ersten oder Zweiten Weltkrieg eine Rolle, sowie ein gewisser ökonomischer Dogmatismus. (An den Universitäten gibt es kaum noch Professoren, die nicht eine Spielart des neoliberalen Einheitsdenkens vertreten.)

Die deutsche Politik scheint längere Zeit auch einen Staatsbankrott Griechenlands billigend in Kauf genommen oder für unvermeidlich gehalten zu haben. Vor allem die CSU (Markus Söder, Alexander Dobrindt) dröhnte lauthals, man wolle an den Griechen ein Exempel statuieren und sie aus der Eurozone kicken.[41] Erst im Sommer 2012, nach dem Staatsbesuch von Kanz-

---

41 *Der Spiegel* titelte noch am 14. Mai 2012, eine Woche nach den Parlamentswahlen: »Akropolis adieu! Warum Griechenland jetzt den Euro verlassen muss«, und gab damit die Meinung der Mehrheit der »politischen Klasse« wider. Das Blatt meinte: »Die bisherige Strategie zur Griechenland-Rettung ist gescheitert, gleichzeitig schwinden die Risiken eines Austritts« [aus dem Euro, d. A.]. Es zitierte Horst Seehofer, der in aller Klarheit deutlich machte, worum es eigentlich geht: »Wir müssen Deutschlands ökonomische Stärke erhalten, das ist wichtiger als ein Verbleib Griechenlands in der Euro-Zone.«

lerin Angela Merkel in Peking, scheint ein Umdenken eingesetzt zu haben. Denn die Chinesen sollen glasklar erklärt haben, sie hätten bereits 30 Mrd. Euro in Griechenland verloren, und wenn weitere 40 Mrd. durch einen Austritt Athens aus dem Euro verloren gingen, würden sie nichts mehr zur Stabilisierung dieser Währung unternehmen. Dabei spielen die deutschen Exporte ins Reich der Mitte eine immer größere Rolle. China hat nun eine Art »strategische Partnerschaft« mit Griechenland geschlossen und ist dabei, den Hafen von Piräus zu seinem »Tor nach Europa« zu machen. Im Herbst 2009 pachteten die Chinesen den Containerhafen für eine Dauer von 35 Jahren; er soll mittelfristig zum größten Hafen am Mittelmeer ausgebaut werden. Die Pläne, auch den Hafen von Thessaloniki zu pachten, scheinen aufgegeben worden zu sein; stattdessen wird wohl eine moderne Eisenbahnlinie zwischen Athen-Piräus und der Hauptstadt von (griechisch) Makedonien gebaut, die später über den westlichen Balkan weitergeführt werden könnte. Der chinesische Staatskonzern soll sich auch für den Anteil von 40 Prozent am neuen Athener Flughafen interessieren, der noch von Hochtief gehalten wird. Desweiteren soll eine »langfristige strategische Kooperation« zur Herstellung von Solaranlagen und Windrädern vereinbart worden sein.[42]

Gepanzert mit den deutschen Erfahrungen verlangte die Regierung Merkel von Griechenland und Portugal noch schärfere Hartz-Gesetze, um den deutschen und französischen Banken, die zusammen mit denen der Schweiz und Luxemburgs fast 70 Prozent der griechischen Staatsanleihen hielten, Zeit zu verschaffen, damit sie ohne große Verluste und mit staatlichen Garantien diese Papiere refinanzieren bzw. loswerden konnten.

Die Politik der Memoranden

Am 23. April 2010 hatte Athen sich erstmals an die EU gewandt, um finanzielle Unterstützung zu erhalten. Zuvor hatten sich die Risikoaufschläge für griechische Staatsanleihen in schwindelerregende Höhen entwickelt. Am 5. Mai 2010 setzte die Troika – die damals noch vom Franzosen Trichet geführte EZB in Frankfurt, die Europäische Kommission und der Internationale Währungsfonds (IWF) – das erste Memorandum mit einem Umfang von 110 Mrd. Euro durch. Ihm sollte im Juni 2011 das zweite mit einem Umfang von 130 Mrd. folgen, weil schon wenige Monate nach dem ersten Memorandum klar war, dass die Mittel nicht ausreichen würden. Im Frühjahr 2013 sind wir bei Nummer fünf angelangt.

---

42 Vgl. den sehr interessanten Artikel »Die chinesische Karte« von Hans-Ulrich Jörges in: *Stern* Nr. 42 vom 11. Okt. 2012: »Athen soll Chinas Tor zu Europa sein, um eine neue Seidenstraße zu eröffnen.«

a) Die im ersten Memorandum enthaltenen antisozialen Maßnahmen beinhalteten: die Abschaffung fast aller Prämien für die Beamten im Öffentlichen Dienst und in der Privatwirtschaft; eine Senkung der Beamtengehälter um 20 Prozent; ein Einfrieren der Löhne im ÖD und in der Privatwirtschaft für drei Jahre; die Abschaffung des Solidarzuschlages für die Ärmsten; die Erhöhung der Mehrwertsteuer und anderer Abgaben (bei bleifreiem Benzin ergab sich so eine Erhöhung um 63%); die Anhebung des Rentenalters und der Dauer der Beitragszahlungen zum Erreichen der vollen Rente von 37 auf 40 Jahre; die Kürzung der Renten im Durchschnitt um 35 Prozent (sie werden nun auf der Grundlage der Einkommen der letzten zehn Jahre, nicht mehr der fünf Jahre mit den höchsten Einkommen berechnet; die Rentenversicherung war einer der wichtigsten Käufer griechischer Staatsanleihen); die Abschaffung der Rente unter 60 Jahren (sie galt bislang für Mütter und Väter mit drei und mehr Kindern); die Senkung des Mindestlohnes auf unter 600 Euro (für Jüngere noch weniger); die Vereinfachung von Entlassungen und Reduzierung der Abfindungen.

b) Das zweite Memorandum (vom 12. Februar 2012) zielte auf eine grundlegende Veränderung der »Arbeitsbeziehungen« ab. In puncto Kompromisslosigkeit und Radikalität stellte es seinen Vorgänger weit in den Schatten. Die in Deutschland viel gepriesene »Tarifautonomie« wurde im Grunde beseitigt und staatliche bzw. unternehmerische Willkür in den Gesetzesrang erhoben. Per Gesetz haben nun Haustarifverträge Vorrang vor Branchentarifverträgen; Tarifverträge müssen nicht mehr umgesetzt werden, auch wenn sie der Unternehmerverband unterzeichnet hat (bisher waren sie rechtsgültig, wenn sie vom Arbeitsministerium bestätigt wurden); in die Tarifverhandlungen wird ein Schlichter eingeführt, der »die Wettbewerbsfähigkeit auf der Basis der Arbeitskosten und der Beschäftigung« befördern soll; die Dauer der Teilzeit und die Befristung von Verträgen ist nicht mehr begrenzt; bei Neuverträgen beträgt die Probezeit ein Jahr (bislang zwei Monate), in dieser Zeit können die Unternehmer grundlos ohne Ankündigung und ohne Abfindung entlassen; selbst der (reduzierte) Mindestlohn wird via Bolkenstein-Direktive angegriffen (die in anderen Ländern Beschäftigten können zu den dortigen Bedingungen eingestellt werden); die Zuschläge für Überstunden werden deutlich zurückgefahren; die Arbeitslosenunterstützung wird um 500 Millionen gekürzt; das Gesetz Nr. 3836/2010 ändert das ganze System der Zusatzrenten: Aus dem Staatshaushalt wird kein Geld mehr dafür bereitgestellt und die Ausgaben sollen stabil bleiben, selbst wenn die Zahl der RentnerInnen ansteigt (etwa 2,8 Mio. Beschäftigte zahlen in den Fonds für Zusatzrenten ein); die Renten werden eingefroren; die Liste der schweren und gesundheitsschädigenden Tätigkeiten wird auf zehn Prozent der Beschäftigten begrenzt; Beschäftigte, die sich nicht (mehr) auf dieser Liste befinden, müssen bei einer Elendsrente von 350-500 Euro 5 bis 7 Jahre länger arbeiten; die Invalidenrenten werden massiv gesenkt; die Gebühren für ärztliche und Krankenhausbehandlungen werden stark erhöht; für zahlreiche Güter auch des täglichen Bedarfs steigt die Mehrwertsteuer von 11 auf 23 Prozent, für viele Dienstleistungen sogar auf 30 Prozent. Die Immobiliensteuer wird um insgesamt 400 Millionen erhöht (und mit der Stromrechnung eingezogen), was besonders die abhängig Beschäftigten und RentnerInnen trifft. Schließlich sollen strategische Bereiche der Wirtschaft privatisiert werden, darunter die Eisenbahn und die öffentlichen Transporte (sogar die Athener U-Bahn), die Stromversorgung, Häfen und Flughäfen. Allerdings ist man weit von den 50 Milliarden entfernt, die die Troika als Erlöse der Privatisierungen veranschlagt hatte. All dies wird auch zu einem deutlichen Abbau von Arbeitsplätzen führen. Das Ganze steht unter dem Motto: »Die Kassen des Staates müssen um jeden Preis gefüllt werden, damit die Schulden zurückgezahlt werden können!« So wird der Staatsbesitz billigst an solvente Firmen verhökert, die möglichst hohe Profite machen wollen.

Die Zielrichtung dieser Maßnahmen ist offensichtlich: Um jeden Preis die Ausbeutungsrate der Beschäftigten steigern und dazu die gesetzlichen und tariflichen Normen, die in den gesellschaftlichen Kämpfen seit dem Sturz der Militärdiktatur 1974 erzielt wurden, abschaffen oder zumindest aushöhlen. Als Hebel dienen die »Rettungspakete«, für die als »Gegenleistung« ein Primärüberschuss im Haushalt gefordert wird, die aber gleichzeitig nur zur Rückzahlung der Schulden eingesetzt werden. Diese erpresserische Politik hat nach den Vorstellungen der Troika für andere Länder Vorbildcharakter.

Natürlich wehrte sich die Bevölkerung gegen die Umsetzung dieser Pläne, die nicht voll durchgesetzt werden konnten. Aber auch ihre beschränkte Umsetzung hat zu einer historisch einmaligen Rezession der griechischen Wirtschaft geführt, die seit 2009 um fast ein Viertel geschrumpft ist, was natürlich alle Pläne, die Steuereinnahmen des Staates zu steigern, in Makulatur verwandelt hat.

Doch sollte die Schocktherapie vor allem dazu dienen, die üblichen parlamentarischen Entscheidungswege zu umgehen und die Regierung zum Erfüllungsgehilfen der deutschen und französischen Aufseher zu machen. Berlin schickte den hohen Beamten Horst Reichenbach nach Athen, wo er zusammen mit 45 Mitarbeitern »nach dem Rechten sehen« und bei der »Reform der Staatsverwaltung« mithelfen soll. Der absehbare Misserfolg der »Reformbemühungen« des ersten Memorandums führte am 10. November

95

2011 zum Rücktritt von Giorgos Papandreou, der die Chuzpe besessen hatte, einen Volksentscheid über das Moratorium anzukündigen. Auf Intervention der Troika wurde (ohne Neuwahlen, wo kämen wir da hin, wenn das Volk entscheiden dürfte) eine »technische Regierung« unter Führung von Lukas Papadimos eingerichtet. Dieser hatte in den USA am MIT studiert, später – wie so viele heutige Minister und Staatssekretäre – bei Goldman Sachs gearbeitet, war in die griechische Staatsbank gewechselt und spielte eine wichtige Rolle beim Beitritt Griechenlands zum Euro, wobei die Statistiken mithilfe von Goldman Sachs manipuliert wurden.[43] Auch in Italien wurde eine »technische Regierung« unter dem »Experten« Mario Monti installiert, der eine vergleichbare Karriere vorzuweisen hat.

Die Staatsverwaltung, die von der »task force« der Troika »reformiert werden« soll, ist das Kind des Klientelsystems, das von der Nea Dimokratia und der PASOK nach dem Sturz der Diktatur eingerichtet wurde – das aber auf weit ältere Traditionen zurückgeht. Zwei Begriffe haben über Griechenlands Grenzen hinaus Karriere gemacht: *rousfeti* (Beziehungen) und *fakelaki* (Briefchen, Bakschisch). Wer profitierte von diesem System, das tiefe gesellschaftliche und historische Wurzeln hat? Unter anderen Siemens; dieses Unternehmen hat nicht nur an den Einrichtungen für die Olympischen Spiele 2004 glänzend verdient, sondern auch ein elektronisches Sicherheitssystem für Polizei und Armee geliefert. Ein weiterer Großauftrag war der Ausbau des Fernmeldenetzes der Telefongesellschaft OTE. Insgesamt soll Siemens allein in Griechenland bis zu 180 Millionen Euro Bestechungsgelder zur »politischen Landschaftspflege« gezahlt haben.[44]

Die Olympiade soll mindestens elf Milliarden gekostet und ein Defizit von fast acht Milliarden verursacht haben. Die damalige Bürgermeisterin von Athen, Dora Bakoyannis, zu jener Zeit noch Mitglied der Nea Dimokratia,

---

43 Die *Süddeutsche Zeitung* (vom 13. Febr. 2013) berichtete, dass der neue »Chefstatistiker« Andreas Georgiou, der 21 Jahre lang beim IWF in Washington gearbeitet hatte und im Sommer 2010 die Leitung der griechischen Statistikbehörde Elstat übernahm, vor Gericht angeklagt wurde. »Ehemalige Mitarbeiter machen Georgiou den Vorwurf, als Teil einer von Deutschland angeführten Verschwörung das griechische Defizit absichtlich nach oben korrigiert zu haben.« Georgiou zeigte sich schockiert darüber, dass in seiner Behörde »praktisch über statistische Methoden und damit über das Defizit in pseudodemokratischer Weise abgestimmt« werde.

44 Vgl. Hartmut M. Volz/Thomas Rommerskirchen (2009): *Die Spur des Geldes*. Der Fall des Hauses Siemens, Berlin/Zürich (Aufbau), vor allem Kap. 17 (»Keulen aus Athen«). Außerdem hat sich auch Hochtief stark beim Bau der Sportstätten in Athen engagiert. Bis 1999 konnten im Ausland erbrachte »Leistungen zur Exportförderung« sogar von der Steuer abgesetzt werden; erst seitdem sind sie illegal.

hat dabei beim Klotzen kräftig mitgeholfen. Ein Großteil der teuren Sportstätten kann nicht weiter unterhalten werden und gammelt vor sich hin. Bakoyannis hatte zwischenzeitlich eine eigene Partei gegründet und wurde ins Europaparlament gewählt, doch mittlerweile ist sie in den Schoß der nun von Antonis Samaras aus Messinia (Peloponnes) geführten ND zurückgekehrt. Übrigens ist sie die Tochter von Konstantinos Mitsotakis, dem mehrfachen Ministerpräsidenten und historischen Paten der Rechten (neben den Herren der Familie Karamanlis). Die Logik des Familienclans funktioniert in beiden Parteien.

Natürlich soll die Rolle von Goldman Sachs und JP Morgan in Griechenland nicht unerwähnt bleiben, da sie ja auf sehr professionelle Weise die Bilanzen des Landes frisiert haben. Die Finanzzeitung *La Tribune* vom 19. Juni 2010 schrieb unwidersprochen: »Beim Eintritt Griechenlands in die Eurozone 2001 wussten alle, dass die Statistiken gefälscht waren.« Die *New York Times* meldete am 13. Februar 2010, die Konten Griechenlands seien durch die beiden Banken Goldman Sachs und JP Morgan »verdunkelt« worden. Doch der damalige Direktor des Managements und Vizepräsident für Europa hieß – Mario Draghi. Natürlich kannte er den »griechischen Fall« recht genau. Angela Merkel, Nicolas Sarkozy und Jean-Claude Juncker (bis vor kurzem Vorsitzender der Eurogruppe) u. a. haben ihn Anfang November 2011 an die Spitze der EZB gehievt. Auch Draghi hat am MIT in Boston studiert, und er kannte Monti gut. Außerdem stand er italienischen Staatsfirmen vor, die privatisiert werden sollten, etwa ENI, IRI, und der Banca Nazionale del Lavoro (BNL). In einem Wort, er war der Mann des Tages.

Die billigen Anprangerungen der Korruption in Griechenland durch die Troika ähneln einem Esel, der den anderen Esel Langohr schimpft. Das »Rousfeti« innerhalb der europäischen »Führungseliten« wird von gutem Benehmen gegenüber der europäischen Finanz- und Wirtschaftsoligarchie begleitet.

In München wurden elf Siemens-Manager zu Geld- oder Gefängnisstrafen verurteilt; das Verfahren gegen den früheren Siemens-Chef Heinrich von Pierer wurde gegen eine Geldbuße eingestellt. Trotzdem ermittelt die Athener Staatsanwaltschaft weiterhin gegen diese Topmanager, vor allem aber gegen ein Vorstandsmitglied, den früheren BDI-Vizepräsidenten Volker Jung. Eigentlich gilt der juristische Grundsatz »ne bis in idem«, dass nämlich niemand zweimal wegen des gleichen Vergehens angeklagt werden darf. Die *Süddeutsche* spricht angesichts des normalerweise geringen Verfolgungseifers der griechischen Behörden von einem »Ablenkungsmanöver«. (*SZ*, 30. Oktober 2012)

3. Die Verschuldung und das Ende der griechischen Souveränität

Die Analyse der griechischen Schuldenentwicklung zeigt, dass die Krise und die von der Troika durchgesetzten Sparmaßnahmen zu einem massiven Anstieg der Verschuldung geführt haben. Die öffentliche Verschuldung lag in den Jahren 2000 bis 2008 im Mittel relativ stabil bei 115% des BIP; sie stieg dann 2009 auf 133%, 2010 auf 150% und 2011 auf etwa 165% an.

Die »Rettungspläne« für Griechenland, die angebliche »Hilfe von 110 Mrd. Euro«, (davon 30 Mrd. vom IWF, der bereits »Strukturanpassungen« in vielen Ländern durchgesetzt hat) dienten vor allem dazu, die deutschen und französischen Gläubigerbanken und Versicherungen zu retten. Diese brauchten Zeit, um ihre faulen Kredite abzuschreiben, oder aber (wie im Fall der zwangsverstaatlichten Hypo Real Estate in München) in eine »Bad Bank« auszulagern.[45] Auch die EZB kaufte auf dem »Sekundärmarkt« faule Kredite nicht nur Griechenlands, sondern auch anderer Mittelmeerstaaten auf. Sie nahm sie zu ihrem Ausgabepreis und nicht zum »Marktpreis« (der im Fall von Griechenland bei 50-60% des Ausgabepreises lag) in ihr Portfolio auf. Die Banken konnten dafür deutsche, Schweizer oder britische Staatsanleihen kaufen. Die *Frankfurter Allgemeine* vom 15. Mai 2010 sah durchaus den Vorteil dieser Operation für die Banken, der keine Hilfe für Griechenland und seine Bevölkerung darstellte. Alle Banken haben – in unterschiedlichem Tempo – ihr Engagement für Griechenland und andere Krisenstaaten abgebaut.

In dieser neuen Lage begann ein langer Diskussionsprozess unter der Leitung von Charles Dallara, dem Generaldirektor des IFI (Internationales Finanzinstitut), einer Institution, die mit der Verteidigung der Interessen der Banken befasst ist; ihr Vorsitzender war bis vor kurzem Josef Ackermann von der Deutschen Bank. Das IFI sollte den Kursabschlag für die griechischen Schulden aushandeln. Diese Operation war Anfang März 2012 abgeschlossen, zumindest fast. Die Banken, Investitionsfonds und Versicherungen bekamen für Obligationen im Wert von 100 Euro neue griechische Titel im Wert von 31,50 Euro mit längeren Laufzeiten und niedrigeren »Coupons« (Zinsen);

---

45 Der Umfang der ausgelagerten faulen Kredite der HRE beläuft sich auf 117 Mrd. Euro; davon dürften etwa 22 Mrd. mit dem Griechenlandgeschäft zusammenhängen. Die Verstaatlichung der HRE (und die Übernahme der zur Allianz gehörenden Dresdner Bank durch die teilverstaatlichte Commerzbank) diente vor allem den Versicherungen Allianz und Munich Re, die in hohem Umfang Pfandbriefe dieser Bank hielten. Bei der WestLB wurden etwa 85 Mrd. »ausgelagert«. Der Anteil deutscher Banken und Versicherungen an den Griechenland gewährten Krediten lag 2008 bei ungefähr 15%; der französische Anteil bei 25%.

außerdem 15 Euro aus dem neu errichteten Europäischen Stabilitätsfonds (EFSF), somit eine staatliche Subvention für die »Investoren«. Natürlich wurden die Schulden an sich nicht in Frage gestellt.

Im Gegenzug verstärkten die europäischen Prokonsuln ihren Zugriff auf die Tätigkeiten der griechischen Regierung und auf die Wirtschaft (und somit auf das tagtägliche Leben aller Griechen und Griechinnen), da sie die Auszahlung der im zweiten Memorandum vereinbarten Summe von 130 Mrd. Euro an zahlreiche Bedingungen und »Fortschritte« knüpften. Das Geld wird in vierteljährlichen Tranchen überwiesen; 14,5 Mrd. gingen direkt an die Gläubiger, weil eine Schuld in dieser Höhe am 20. März 2012 fällig wurde.

Die Gegner dieses Schuldentausches waren die Eigner von Obligationen nach anderem als dem griechischen Recht, gegen die keine Abschläge durchgesetzt werden konnten. Es handelt sich vor allem um Hedge Fonds, die zum völlig unregulierten System der Schattenbanken gehören und die auf einen Staatsbankrott Griechenlands wetteten, weil sie Kreditausfallversicherungen (CDS) besaßen. Der Umfang dieser Obligationen wird auf 18 Mrd. Euro geschätzt. Die Profitmöglichkeiten dieser Spekulanten resultieren einerseits aus dem günstigen Aufkauf der Obligationen auf dem »Zweitmarkt« und andererseits aus der juristischen Schlacht, die sie gegen Griechenland ausfechten können, um es zu zwingen, mehr für die Schulden zu bezahlen, als sie bei der Akquise durch die Fonds wert waren. Schließlich können sie auch auf Geld der Versicherungen hoffen, da die Absicherung durch CDS ja weiterbesteht, wiewohl der Umfang der Absicherung häufig im Dunkeln liegt.

Doch ihre Vorstellungen stoßen auf Widerspruch. Denn die Banken haben von der EZB massive Liquidität erhalten. Diese hat in zwei Tranchen am 21. Dezember 2011 und am 29. Februar 2012 für drei Jahre Summen in Billionenhöhe zu 1% Zinsen zur Verfügung gestellt, die die Banken zu deutlich höheren Zinsen weiterverleihen können. Damit werden sie »refinanziert«. Außerdem sind die Banken der Meinung, dass diese Kreditschöpfung sie für griechische Zahlungsausfälle, ja sogar für die Folgen eines Austritts Griechenlands aus dem Euro weniger anfällig macht. Das Problem liegt jedoch – nüchtern betrachtet – viel stärker im spanischen als im griechischen Bankensystem.

An diesem Beispiel kann man auch die Folgen von Spekulationen mit griechischen Staatsanleihen außerhalb des nationalen Rechts studieren. Das gilt auch für die Machenschaften des Hellenic Republic Asset Development Fund (HRADF), einer vom früheren Banker Costas Mitropoulos geführten »Schattenbank«. Dieser Mann ist mit Spiros Latsis bestens bekannt.

Laut Costas Mitropoulos wurde der HRADF »im Gefolge der Konsultationen zwischen der griechischen Regierung und der Troika, die aus Experten der Europäischen Kommission, des Internationalen Währungsfonds und der Europäischen Zentralbank zusammen gesetzt ist, vor zwei Jahren mit der Ausarbeitung der Wirtschaftsreformen und danach mit der Überwachung ihrer Umsetzung durch die griechischen Behörden betraut. »Keiner von uns stammt aus der Verwaltung. Wir haben alle im privaten Sektor gearbeitet. Bevor ich diesen Posten übernommen habe, habe ich die Investitionsbank Eurobank EFG Equities geleitet, die zur in Genf beheimateten Latsis-Gruppe gehört. Unsere Mission besteht darin, Eigentumstitel oder Aktien vom Staat zu erhalten und sie dann möglichst gut zu verkaufen. Wir bereiten die Dossiers vor, wir regeln die juristischen Probleme und machen die Dinge dann ›verkäuflich‹.« (*Le Temps*, 7. April 2012) Der HRADF arbeitet wiederum mit den beiden Schweizer Großbanken UBS und Crédit Suisse zusammen, die sicherlich viele Milliarden Fluchtgelder aus Griechenland in ihren Tresoren halten. Eine Hand wäscht die andere.

Für die Verkaufsabsichten nennt der Fondsmanager Costas Mitropoulos zwei Beispiele: »Der frühere Flughafen von Elliniko, mitten in der Stadt Athen an der Ägäis gelegen, stellt das größte verkäufliche Grundstück in einer europäischen Hauptstadt dar.[46] Für die Privatisierung der nationalen Lotterie, die seit 1865 eine Abteilung des Finanzministeriums war, sind bereits zwei Gesellschaften, eine italienische und eine amerikanische, auf uns zugekommen.« Inzwischen scheint sie an den Tycoon Socratis Kokkalis gegangen zu sein, dessen Firma Intralot eine führende Rolle bei der Entwicklung von Lottosystemen spielt. Kokkalis wuchs in der DDR auf, weil seine Familie nach dem Ende des Bürgerkriegs 1949 fliehen musste. Unter den Decknamen »Krokus« und »Kaskade« soll er auch für die Stasi tätig gewesen sein. Die Staatsanwaltschaft vermutet, dass er als Mittelsmann (»Mister K.«) für Siemens in Griechenland tätig war. Jedenfalls machte er binnen weniger Jahrzehnte ein Vermögen, das auf etwa zwei Milliarden Euro taxiert wird. (*Stern* Nr. 52/2012)

Als der Journalist von *Le Temps* ihn nach den Vorteilen des Kaufs von Konzessionen fragte, antwortete er ganz ehrlich: »Der Vorteil von Konzessionen liegt darin, dass durch sie die Investitionen der Erwerber begrenzt werden. Sie kaufen nur das Recht, im Rahmen von langfristigen Verträgen, die die Rentabilität sichern, Herren der Infrastruktur zu sein.«

Angesprochen auf die politischen Unsicherheiten, fielen unserem Bankier zwei Argumente ein: »Das erste, was wir klarstellen müssen: Wir sind nicht der griechische Staat. Wir sind ein unabhängiger Fonds, der mit Privatisie-

46   Vgl. den Beitrag über das Gesundheitszentrum von Elliniko in diesem Buch.

rungen beauftragt ist, und besitzen inzwischen drei Prozent des griechischen Territoriums. Unser Mandat läuft drei Jahre. Und wir sind gegen politische Einmischung geschützt.« Sein zweites Argument, nachdem Mitropoulis seine geglückten Erwerbungsoperationen gerühmt hat, lautet: »Ich kenne die Regeln: Damit sich heute ein Investor für die griechischen Privatisierungen interessiert, muss er die Hoffnung haben, seinen Einsatz zu verdrei- oder vervierfachen. Ein investierter Euro muss drei oder vier Euro bringen.« Das ist die goldene Regel, mit der uns die Europäische Kommission die Ohren voll dröhnt mit ihrem Pakt für Stabilität, Koordination und »Governance« (gutes Regieren).

Dieser brutalen Realität sehen sich die sozialen Bewegungen, die Arbeiterinnen und Arbeiter, die Studentinnen und Studenten, das einfache Volk und die radikale Linke in Griechenland gegenüber.

Ein geplanter Zusammenbruch

Die wirtschaftlichen und sozialen Auswirkungen dieser Palette von Maßnahmen bedürfen keiner langen Erklärung. Das »Minuswachstum« dauert schon Jahre an. Das reale BIP (in konstanten Preisen) entwickelte sich laut Eurostat wie folgt: 2008: -0,2%; 2009: -3,3%; 2010: -3,5%; 2011: -6,9%; 2012: -4,7% und auch dieses Jahr scheint die Talfahrt noch nicht beendet. Es handelt sich hier also um eine Krise wie in den 1930er Jahren.

Das Zusammenstreichen des Haushaltes und der Lohnnebenkosten hat unvermeidlich zu einem Zusammenbruch des Binnenmarktes geführt, wobei Tausende von kleinen Geschäften Bankrott anmelden mussten. Hinzu kam auch noch ein Rückgang des Tourismus, an dem etwa jeder fünfte Arbeitsplatz hängt. Laut Staatsbank sind auch die Einnahmen in diesem Bereich um etwa 15% gefallen; allerdings gibt es seit 2012 eine gewisse Trendumkehr.

Carrefour, die größte Supermarktkette in Europa, hat mit einem deutlichen Rückgang der Einnahmen zu kämpfen. Im Jahr 2011 hatte die Kette in Griechenland etwa 2,2 Mrd. Euro umgesetzt und (laut Analysten der Bank Espirito Santo) einen Verlust von 40 Mio. Euro erlitten. Die in Griechenland ebenfalls stark vertretene Lidl-Kette scheint etwas besser weggekommen zu sein, da sie preislich zumeist unter dem Niveau von Carrefour liegt. Da Carrefour seine Stellung in anderen Ländern Europas, vor allem aber in Frankreich behaupten möchte, hat es den griechischen Partner Marinopoulos zum Franchise-Unternehmer gemacht. Nach der Umstrukturierung soll Carrefour in der ganzen Region tätig sein: auf Zypern, in Bulgarien und Albanien und in weiteren Balkanländern.

Die immer wieder hervorgehobene Verbesserung der Handelsbilanz beruht auf einer Täuschung: Denn wenn die Einfuhren zurückgehen, dann müssen die Ausfuhren nur entsprechend weniger abnehmen, damit sich die Bilanz verbessert. Doch entscheidend ist der massive Rückgang der Investitionen. Und der Anteil der Löhne am BIP hat inzwischen chinesische Verhältnisse erreicht: Er liegt gerade noch bei 37% (in Deutschland bei ca. 62%).

Die Arbeitslosigkeit lag im März 2012 bei 22,6%, während sie im März 2011 noch 15,9% betrug, also binnen Jahresfrist ein Anstieg um 57% erlebte; inzwischen wurden (zum Jahreswechsel 2012/13) etwa 27% erreicht. Dies sind etwa 1,2 Mio. Männer und Frauen ohne Job, von denen gerade mal 185 870 Arbeitslosengeld erhielten. (*Publik-Forum* Nr. 3, 8. Febr. 2013) Die Zahl der Beschäftigten gemäß der Definition von Elstat ist von 4 548 611 im Jahr 2008 auf 3 843 905 2012 gefallen!

Bei den unter 25-Jährigen lag die Arbeitslosigkeit 2008 bei 24%, stieg bis 2012 auf 52,8% an und liegt aktuell bei etwa 58%. Die Auswanderung stellt für viele junge Menschen, die häufig gut ausgebildet und qualifiziert sind, fast die einzige Option dar; dies gilt auch für Spanien und Portugal. Die Zuwanderung nach Deutschland betrug im Jahr 2012 fast eine Million Menschen, darunter mindestens 50 000 GriechInnen. Gesucht werden vor allem Ingenieure, Mediziner und Krankenschwestern, sowie AltenpflegerInnen und KindergärtnerInnen.

Bei der Altersgruppe zwischen 45 und 54 Jahren ist die Arbeitslosigkeit zwischen 2008 und 2012 von 4,2% auf 16,3% gestiegen. Die Konsequenzen dieser Entwicklung zeigen sich im Anstieg des Hungers bei Kindern, Arbeitslosen und RentnerInnen. In den Großstädten sieht man Menschen, die im Müll nach Essbarem suchen.

4. Das Gesundheitswesen

Das griechische Gesundheitswesen ist auf dem Niveau eines Drittweltlandes angekommen und steht vor dem Kollaps. Aufgrund der hohen Arbeitslosigkeit verfügen inzwischen über 30 Prozent der Bevölkerung nicht mehr über den Schutz einer Krankenkasse (wobei diejenigen, die sich illegal im Land aufhalten, nicht mitgezählt sind).[47] Das Papageorgiou-Krankenhaus in Thessaloniki, das zu den besten des Landes gehört, muss pro Tag etwa 1500 Menschen behandeln; in der Notaufnahme der größten Klinik in Deutschland, der Charité in Berlin, sind es – bei weit mehr Personal – maximal 580. Der Chefneurologe

47   3 Siehe http://www.sueddeutsche.de/wirtschaft/griechenland-im-freien-fall-1.1288560-4.

des Papageorgiou, Jobst Rudolf, spricht vom »täglichen Überlebenskampf des griechischen Gesundheitssystems. An manchen Tagen herrscht in unserer Notaufnahme das blanke Elend. Wie im Krieg.« (*SZ-Magazin*, 25. Jan. 2013) Besonders hart trifft es viele Kranke, die auf teure Medikamente angewiesen sind, etwa Krebskranke, Menschen mit multipler Sklerose oder sogar DiabetespatientInnen.

Auf Weisung der Troika wurden die gesetzlichen Versicherungsträger der Arbeitenden (IKA), der Freiberufler und Selbständigen (OAEE), des Öffentlichen Dienstes (OPAD) und der Landwirtschaft (OGA) in der zum 1. Sept. 2011 geschaffenen »Staatliche Organisation für Gesundheitsdienstleistungen« (EOPYY) zusammengefasst), die der Aufsicht des »Ministeriums für Gesundheit und soziale Solidarität« (es heißt wirklich so!) unterliegt. Laut Bundesregierung sind »Struktur, Aufgabendefinition, Kompetenzen und Finanzierung von EOPPY derzeit noch nicht geeignet (sic!), um die oben skizzierten Ziele zu erreichen.«[48] Die EOPYY hat allein gegenüber den Apotheken eine Verschuldung von gut 250 Mio. Euro aufgebaut, die bis Mitte 2012 abgebaut sein sollte, was angesichts der allgemeinen Verarmung natürlich nicht gelang. (*Kathimerini*, 4. und 6. Juni 2012) Die Gesamtverschuldung der EOPYY bei Ärzten, Apotheken, Krankenhäusern und Pharmakonzernen liegt inzwischen bei über zwei Milliarden Euro. (*SZ-Magazin*, 25. Jan. 2013) Daher weigern sich Apotheker seit dem 1. Sept. 2012, Versicherten bei der EOPYY weiterhin Medikamente auf Kredit zu verkaufen. Den PatientInnen bleibt nichts anderes übrig, als sich Apotheken zu suchen, die direkt der EOPYY unterstellt sind. Oder sie müssen die Medikamente, die häufig viel teurer sind als in anderen Ländern der EU, selbst bezahlen und dürfen dann hoffen, binnen drei Monaten 75% (die Eigenbeteiligung wurde mehrfach erhöht) von der EOPPY erstattet zu bekommen. Die Krankenhäuser und Gesundheitszentren müssen mit starken Kürzungen ihrer Etats kämpfen, so dass sie häufig nicht mal über die allernötigsten Medikamente verfügen. Die Notaufnahmen sind aufgrund des Geldmangels nur noch an vier Tagen die Woche geöffnet. Diese Lage ist auch der Tatsache geschuldet, dass die Troika von den 5,2 Mrd. Euro, die im Mai 2012 fällig waren, eine Milliarde zurückgehalten hat, weil man das Wahlergebnis vom 17. Juni 2012 abwarten wollte. (*Wall Street Journal*, 6. Juni 2012)

Das Bundesministerium für Gesundheit (BMG) hat bereits im Februar 2011 eine »Declaration of intent« mit dem griechischen Gesundheitsministerium

---

48 Antwort der Bundesregierung bzw. des Bundesministeriums für Gesundheit auf eine kleine Anfrage der Fraktion Die Linke (BT-DRS. 17/10622) vom 24. Sept. 2012, S. 8.

unterzeichnet. Damals erklärte Staatssekretär Stefan Kapferer, man wolle »mit substantiellen und wirksamen Veränderungen in der Organisation des Gesundheitswesens die Effizienz und Effektivität der medizinischen Versorgung langfristig erhöhen.«[49] Ein Jahr später, am 11. April 2012, übernahm des BMG für die EU auch die Federführung beim Umbau des griechischen Gesundheitssystems. Es wurde mit der griechischen Regierung eine Vereinbarung über den Aufbau einer »Task Force der Europäischen Union« (TFGR) getroffen, die die Griechen bei der Entwicklung einer Strategie für Reformen im öffentlichen Gesundheitswesen unterstützen soll.

Eine ähnliche Situation gibt es im Bereich der Energieversorgung (DEH, DEPA, LAGHE), wo aufgrund fehlender Mittel die Gefahr von Stromabschaltungen besteht. Davon profitieren auch die Geier, die sich die zu privatisierenden Unternehmen der Energieversorgung billig unter den Nagel reißen wollen.

Der griechische Kapitalismus wird von der Austeritätspolitik der Troika und der tiefen Krise des europäischen Kapitalismus in die Zange genommen und kann der großen Mehrheit der Bevölkerung keine Perspektive hinsichtlich der Versorgung der Grundbedürfnisse bieten. Die Lage verschlechtert sich rapide, weil die soziale Sicherheit, ja sogar die Ernährungssicherheit der Bevölkerung der Rückzahlung der Schulden und der »Rückkehr zur Wettbewerbsfähigkeit« geopfert wird.

5. Die Wahlen vom 6. Mai und 17. Juni 2012

Die Wahlen des Jahres 2012 standen unter dem Eindruck einer sich scheinbar unaufhörlich verschärfenden epochalen Krisenentwicklung und des zunehmenden Drucks der Troika, die versprochenen Sparprogramme mit aller Gewalt durchzusetzen.

Das europäische Finanzkapital hatte in den 1990er Jahren einiges unternommen, um zu einer gemeinsamen Währung möglichst vieler EU-Länder zu kommen, die dem Dollar und dem Yen Konkurrenz machen sollte. Die Beitrittsländer begaben sich dadurch der Möglichkeit, ihre Währungen abzuwerten; somit ergab sich für den Fall, dass ein Land wirtschaftlich niederkonkurriert wurde, nur die Möglichkeit einer »inneren Abwertung« (Senkung der Lohnkosten und Sozialausgaben). Die Drachme hatte allein in den Jahren 1979 bis 1992 um 86% abgewertet, wodurch sich die griechischen Exporte ver-

---

49 Vgl. http://www.bmg.bund.de/ministerium/presse/pressemitteilungen/2011-01/deutsch-land-unterstuetzt-griechenland.html

billigten und die Einfuhren verteuerten. (Karl Heinz Roth 2012, 6) Die DM hingegen stand fast permanent unter Aufwertungsdruck und wurde mehrfach – auch im Rahmen des Europäischen Währungssystems (EWS), Vorläufer des Euro – aufgewertet.

Angesicht einer tiefen Überproduktions- und Überakkumulationskrise und vor dem Hintergrund der beschleunigten Globalisierung des Kapitals mit der daraus resultierenden weltweiten Neuverteilung von Produktion und Distribution konnte sich die 2007 in den USA ausgebrochene Krise in den Ländern der europäischen Peripherie des Südens und Ostens nur verheerend auswirken. Denn diese Länder verfügen über wenig längerfristige »komparative Vorteile«; außerdem verschärfte die Einheitswährung die Auseinanderentwicklung.

Die wirtschaftliche Krise ging in verschiedenen Ländern in eine politische Krise über. In Griechenland wurde das nach dem Ende der Obristendiktatur (1967-1974) errichtete politische System de facto gesprengt. Man kann unschwer ersehen, was diese Sprengung ausgelöst hat. Zunächst fanden eine Unzahl von Streiks und Arbeitskämpfen statt (von 2010 bis Ende 2012 soll es in Griechenland allein 19 Generalstreiks gegeben haben) allerdings stellten sie nie wirklich die Machtfrage. Die Streiks waren zumeist mit großen Demonstrationen vor dem Parlament verbunden, das von Spezialkräften der Polizei mit großer Brutalität verteidigt wurde. Die Demonstrationen brachten die Ablehnung der Diktate der Troika zum Ausdruck, die mit getreulicher Hilfe der beiden großen Parteien durchgedrückt werden sollen. Die 2009 noch mehrheitlich gewählte PASOK bezahlte diese Politik mit ihrem Zerfall: Bei den Wahlen im September 2007 bekam sie 38,10% der Stimmen, im Oktober 2009 43,92%, aber im Mai 2012 13,2% und im Juni 2012 12,32%. Gegenwärtig liegt sie in Meinungsumfragen bei rund sechs Prozent.

Die konservative Nea Dimokratia ist dem Druck der verschiedenen Schichten der armen Bevölkerung weniger stark ausgesetzt. Ihre Stimmanteile schwankten zwischen 41,84% in 2007, 33,48% in 2009 und 18,88% im Mai 2012. Angesicht einer riesigen Propagandakampagne, die vor einem Sieg der linken Koalition Syriza und deren Regierungsübernahme warnte, stieg ihr Ergebnis am 17. Juni 2012 wieder auf 29,68% an und sie konnte mit Antonis Samaras den Ministerpräsidenten stellen.

Beeindruckend ist der Aufstieg von Syriza, das im Gefolge des Europäischen Sozialforums in Athen als Zusammenschluss von neun Parteien und Gruppen gegründet wurde: 2007 erhielt es 5,04%, 2009 4,60% (woraufhin der rechte Flügel um Fotis Kouvelis die Organisation verließ und die Dimar gründete), am 6. Mai 2012 16,76% und am 17. Juni 2012 26,89%. Trotz aller organisatorischen und politischen Schwierigkeiten, die mit einem solch phänomenalen Aufstieg verbunden sind, konnte Syriza inzwischen seine Position als führende Linkskraft und zweite Partei des Landes festigen.

Syriza entstand 2004 als Wahlbündnis mit Synaspismos als der größten Mitgliedsorganisation. Gegenwärtig nennt es sich »Koalition der Linken, der sozialen Bewegungen und der Ökologie«. Der Führer von Synaspismos, Alexis Tsipras, ist auch Fraktionsvorsitzender und Sprecher von Syriza. In der Syriza-Koalition, die sich gerade als Partei gegründet hat (nur eine Partei bekommt im Falle eines Wahlsieges die 50 Zusatzmandate im Parlament), findet man auch ehemals maoistische Organisationen wie die KOE, die über ein beträchtliches Gewicht verfügt und in den letzten Monaten eine stark »patriotische« Richtung eingeschlagen hat. Außerdem die DEA (Internationalistische Arbeiterlinke), die mit der internationalen Tendenz der britischen SWP gebrochen hat, sowie weitere Gruppen wie Kokkino (Rot) u. a., die der trotzkistischen Tradition entstammen. Die Organisation AKOA (ökologische und kommunistische Linke der Erneuerung) kommt aus der früheren KP des Inneren und hat sich ebenfalls Syriza angeschlossen.

Wichtig für diese Entwicklung war die Linkswende von Synaspismos unter ihrem neuen Vorsitzenden Alekos Alavanos in den 1990er Jahren. Der rechte Flügel hatte in den internen Debatten das Nachsehen und gründete schließlich die Demokratische Linkspartei (Dimar) unter Fotis Kouvelis. Synaspsimos hatte sich noch für den Maastrichter Vertrag von 1992 ausgesprochen, diese Entscheidung später aber kritisiert. Hinter dieser Umorientierung stand die Einsicht, dass Maastricht ein Durchbruch für die europäische Finanz- und Wirtschaftsoligarchie und ihrer Organisationen gewesen war, und dass man in Richtung eines »anderen Europa« arbeiten müsse. Seit 2004 entwickelte Syriza deutlich linkere Positionen als Synaspismos, und auch minoritäre Strömungen konnten sich intensiv an den Diskussionen beteiligen. Die Bezeichnung »Koalition der radikalen Linken« verweist ziemlich deutlich auf diese Entwicklung. Nunmehr beruft sich Syriza auf die besten Traditionen der griechischen und internationalen revolutionären Bewegungen. Nach antirassistischen Kämpfen der Studierenden wurde Syriza 2008 neuerlich gestärkt, weil viele junge Leute sich der Koalition anschlossen. Ein Teil des Umfeldes unterstützte den 1973 geborenen Tsipras, der eigentlich aus Synaspismos stammt und seinen Aufstieg in der Studentenbewegung erlebt hat.

Syriza führte Wahlkampf mit einem Fünf-Punkte-Programm, das vor allem ein Schuldenmoratorium und ein Schuldenaudit vorsah, sowie mit dem Aufruf, eine Regierung aller Linkskräfte unter Ausschluss der ND und der PASOK zu bilden. Ihren Beitritt zu einer Regierung der »nationalen Einheit«

lehnte Syriza – trotz aller Erpressungsmanöver, besonders von Seiten der PASOK – ab.

Die traditionell dominierende Kraft auf der griechischen Linken war seit dem Ende des Bürgerkriegs bzw. ihrer Wiederzulassung unter Karamanlis nach dem Ende der Militärdiktatur die (stalinistische) Kommunistische Partei (KKE). Sie verlor bei den Wahlen im Juni 2012 fast die Hälfte ihrer Stimmen und rutschte von 8,48% auf 4,51%. Im Vergleich zu dieser Partei ist die portugiesische KP noch ein Ausbund an Demokratie. Ihre Politik besteht darin, unter Hochhaltung des Griechentums die EU und den Euro abstrakt anzuprangern, ohne konkret zu sagen, wie ein Austritt aussehen soll und wie man die Konsequenzen eines Kapital- und Handelsboykotts durch die übrige EU auffangen kann. Nach wie vor verfügt die KKE über einen starken Parteiapparat und Geldmittel, die einer verunsicherten Mitgliedschaft durchaus hilfreich zur Seite stehen können. Ihre Wahlniederlage gegen Syriza hat die Mitglieder in der Tat verunsichert, gerade zu einem Zeitpunkt, wo sie konkrete Lösungsvorschläge für die tiefgreifende, ja existentielle Krise des Landes erwarten.

Antarsya (ein Zusammenschluss von vier revolutionären Organisationen) hatte bei den Wahlen im Mai 2012 1,19% bekommen; dennoch hat das Bündnis es abgelehnt, auf den Listen von Syriza zu kandidieren und dadurch ca. 75% seiner Stimmen eingebüßt.

Im Verlauf der letzten zehn Jahre konnte sich die Gewerkschaftsbewegung konsolidieren. Allerdings ist sie im Öffentlichen Dienst (dem weitaus größten Arbeitgeber des Landes) viel stärker vertreten als in der Privatwirtschaft. Die Politik der PASOK hat dazu geführt, dass sich linke Kräfte in der Gewerkschaftsbewegung aufbauen konnten. Doch die Gewerkschaftsapparate (die schon bei der Gründung der PASOK in den späten 1970er Jahren eine große Rolle spielten) verfügen nach wie vor über beträchtliche Macht; sie haben auch ein großes Interesse daran, dass die PASOK in der Regierung bleibt. Die Frage ihrer Verankerung in den Gewerkschaften stellt für Syriza eine große Herausforderung dar. Dabei sollen, wenn es nach den Plänen der Troika geht, bis zum Jahre 2020 150000 Angestellte des Öffentlichen Dienstes entlassen werden.

Die rechte, teilweise von der orthodoxen Kirche unterstütze Partei LAOS (Laos bedeutet Volk), die zeitweise bei der Umsetzung der Diktate der Troika geholfen hatte, erreichte bei den Wahlen nur noch 2,9% und verschwand aus dem Parlament. Dafür zog die neofaschistische *Chrysi Avgi* (Goldene Morgenröte) mit fast 7% und 18 Abgeordneten ins Athener Parlament ein. (Vgl. den gesonderten Beitrag in diesem Buch.) Diese Partei verbindet ihren radikalen Nationalismus mit einer aggressiven Kampagne gegen die Immigration, wobei sie nicht vor tätlichen Angriffen gegen Menschen aus dem Iran, Pakistan, Afghanistan, Bangladesch oder Afrika zurückschreckt. Diese Angriffe haben bereits Todesopfer gefordert. In mehreren Kasernen der »Spezialpolizei« hat sie bei den Wahlen die Hälfte der Stimmen bekommen, was ihre Verankerung in diesem Milieu zeigt. Man darf die Aktivitäten dieser Gruppe im Umfeld einer zutiefst verunsicherten und teilweise demoralisierten Bevölkerung nicht unterschätzen. Laut Meinungsumfragen liegt sie gegenwärtig bei über 10%. Sie verfügt nun auch über größere Geldmittel und die Medienpräsenz, die einer im Parlament vertretenen Gruppe zukommt. Vor laufender Kamera haben ihre Abgeordneten schon Abgeordnete anderer Parteien tätlich angegriffen.

Nach den Wahlen vom Juni 2012 kam es – unter dem massiven Druck der Troika – zur Bildung einer Regierung aus ND, PASOK und der Demokratischen Linken (Dimar), die 7,5% der Stimmen erhalten hatte. Wiewohl diese Koalition über eine deutliche Mehrheit verfügt, sollten keine Wetten über die Dauer ihres Amtierens abgeschlossen werden. Denn eine ganze Reihe von Abgeordneten ist bereits ausgetreten oder stimmt nicht regelmäßig mit der Regierung. Obwohl die Koalition (dank eines Wahlrechts, das der stärksten Partei zusätzliche 50 von 300 Mandaten verschafft) eigentlich im Parlament über eine Mehrheit von 182 Stimmen verfügt, haben bei der Abstimmung vom 7. Nov. 2012 über die neuen Sparpakete (Memorandum 5) nur 153 Abgeordnete für die Regierung gestimmt. Diesmal wurde das Renteneintrittsalter auf 67 Jahre angehoben und das Kindergeld für Paare, die mehr als 18 000 Euro im Jahr verdienen, gestrichen. Es kann daher als ziemlich unwahrscheinlich gelten, dass die bestehende Dreier-Koalition (die Griechen nennen sie die kleine Troika) die bis 2016 dauernde Legislaturperiode überstehen wird.

Die Ergebnisse der Wahlen 2012: 6. Mai/17. Juni

Die Wahlbeteiligung lag am 6. Mai bei 65,13% und am 17. Juni bei 62,42%.

Partei	Prozent	Abgeordnete
Nea Dimokratia	18,85/29,68	108/129
Syriza	16,78/26,89	52/71
PASOK	13,18/12,32	41/33
Unab. Rechte	10,61/ 7,49	33/20
Morgenröte	6,97/ 6,49	21/18
Dimar	6,11/ 6,24	19/17
KKE	8,48/ 4,51	26/12

III. Deutsche Verbrechen in Griechenland

1. Nicht nur »ein paar niedergebrannte Ortschaften«
Die Zerstörung der griechischen Volkswirtschaft während der deutschen Besatzung 1941-1944

Von Karl Heinz Roth

Distomo, Kalavryta, Komeno ... Das sind die bekanntesten Namen jener Hunderte von Dörfern, Weilern und Kleinstädten, die die deutschen Okkupanten während des zweiten Weltkriegs ausgelöscht haben – und zwar häufig nach grausigen Massakern an ihren Einwohnern. Sie haben sich in den vergangenen Jahrzehnten zu Gedenkstätten entwickelt, in denen sich Griechen und Deutsche begegnen. Gemeinsame Initiativen gegen das Vergessen und zur Entschädigung der Nachkommen dieser Gemeinden wurden gegründet.[50] Dabei entstanden Freundschaften, deren Grundlage die gemeinsame Aufarbeitung der lokalen Katastrophen bildet. Wenn wir die Veröffentlichungen zu diesem Thema durchblättern, dann erkennen wir, dass in ihnen nicht nur Geschichte rekonstruiert wurde. Es wurden insbesondere auch Exklaven geschaffen, die die Akteure vor dieser Kälte der offiziellen deutsch-griechischen Beziehungen abschotten, wie sie gerade in den letzten Monaten mit dem Diktat der deutsch geprägten EU-Politik gegenüber Griechenland deutlich wurde.[51]

Allen diesen Initiativen verdanken wir viel. Sie sind Fixpunkte, die eine der finstersten Episoden der deutsch-griechischen Geschichte im kollektiven Gedächtnis verankert haben. Sie machen es den Beteiligten möglich, sich jenseits der fortbestehenden Traumatisierungen zu bewegen, die sonst unweigerlich bei jeder deutsch-griechischen Begegnung mitschwingen. Aber diese Exklaven umfassen nicht das ganze Ausmaß der Zerstörungen. Sie haben der brutalen Asymmetrie der aktuellen deutsch-griechischen Beziehungen deshalb nur wenig entgegenzusetzen. Die Forderung nach der Entschädigung der Nachkommen einiger Dorfgemeinden erscheint als hilflose Geste, die sich nicht verallgemeinern lässt.

---

50 Vgl. beispielsweise den neuesten Bericht über die Distomo-Initiative: Anita Friedetzky, »Als bedürfe es eines Beweises«, in: *junge Welt* vom 16. / 17. 7. 2011.

51 Vgl. die neueste Publikation von Christoph Schminck-Gustavus über seine jahrelangen Erkundungen im Epiros-Gebiet: *Winter in Griechenland*. Krieg – Besatzung – Shoah 1940-1944, Göttingen 2010.

Infolgedessen behandeln die bundesdeutschen Machteliten diese Tendenzen zur Aussöhnung »von unten« als exotische Randerscheinung, die ihre Agenda nicht stört. Dafür – und für die damit einhergehende Verweigerung jeglicher historischer Verantwortung – zahlen sie allerdings einen hohen Preis. Sie leiden unter einem ausgesprochenen Griechenlandkomplex. Sie können dem kleinen südosteuropäischen Partner der Alliierten bis heute nicht verzeihen, dass er sich der Okkupation so entschieden widersetzte. Und sie haben bis heute nicht vergessen, dass die Besatzungsherrschaft in kürzester Frist scheiterte und Griechenland wirtschaftlich ruinierte. Deshalb blieben die Hypotheken des zweiten Weltkriegs gerade im Fall Griechenland so allmächtig. Die bundesdeutschen Führungsetagen und Funktionseliten aus Wirtschaft, Politik und Medien befinden sich bis heute in einer affektiven Erstarrung, die durch eine Mischung aus Arroganz, Verunsicherung und Verachtung übertüncht wird. Vor diesem Hintergrund ist auch die gegenwärtig von Berlin diktierte Linie der harten Hand gegenüber der am stärksten verschuldeten Nationalökonomie der Euro-Zone zu verstehen. Dass die griechische Strukturkrise auch mit den langfristigen Folgen der ungeheuren Zerstörungen des Zweiten Weltkriegs zu tun hat, wird systematisch ausgeblendet und zum Tabu erklärt.

Verlassen wir die schützenden Exklaven der Erinnerungskultur an den Rändern der beiden Gesellschaften. Wagen wir den Tabubruch: Schlagen wir eine Brücke zwischen der katastrophalen Vergangenheit und der monströsen Gegenwart der deutsch-griechischen Beziehungen. Es gilt, gegen den Aberwitz der deutschen Griechenlandpolitik Front zu machen und die historische Dimension ins Spiel zu bringen. Bilanzieren wir deshalb in einem ersten Schritt, wie die Deutschen während des Zweiten Weltkriegs die griechische Volkswirtschaft in den Abgrund gestürzt haben. Und listen wir anschließend auf, in welchem Ausmaß die heutige Führungsnation der Europäischen Union gegenüber dem Partnerland Griechenland *in der Schuld* steht.

Zerstörung der griechischen Volkswirtschaft 1941 – 1944

Am 6. April 1941 überfiel die Wehrmacht Jugoslawien und Griechenland.[52] Während die Führung der NS-Diktatur im Fall Jugoslawien unmittelbar

---

52 Zum Folgenden vergleiche die Quellenveröffentlichungen: Martin Seckendorf (Dokumentenauswahl und Einleitung), *Die Okkupationspolitik des deutschen Faschismus in Jugoslawien, Griechenland, Albanien, Italien und Ungarn 1941-1945*, Berlin/Heidelberg 1992 (Europa unterm Hakenkreuz, Bd. 6); Wolfgang Schumann (Hg.), *Griff nach Südosteuropa*. Neue Dokumente über die Politik des deutschen Imperialismus und Militarismus gegenüber Südosteuropa im zweiten Weltkrieg, Berlin 1973; Rainer Eckert, *Vom »Fall Marita« zur »wirtschaftlichen Sonderaktion«*. Die deutsche Besatzungspolitik in Griechenland vom 6. April 1941 bis zur Kriegswende im Februar/März 1943, Frankfurt

auf einen ihr missliebigen politischen Machtwechsel reagierte, hatte sie die Aggression gegen Griechenland von langer Hand vorbereitet. Die griechische Armee hatte eine Ende Oktober 1940 von Albanien aus gestartete italienische Offensive zurückgeschlagen und ein britisches Expeditionskorps zur Unterstützung ins Land gelassen. Durch diese Entwicklung sahen die Deutschen die für sie strategisch entscheidenden rumänischen Ölfelder und ihren gegen die Sowjetunion geplanten Angriffskrieg von der südosteuropäischen Flanke her bedroht.

Weder Jugoslawien noch Griechenland waren in der Lage, dem mit großer operativer und materieller Überlegenheit vorgetragenen Angriff der 12. Armee der Wehrmacht stand zu halten. Die Wehrmachtführung nutzte diesen »Blitzkriegs-Exkurs« zugleich als Experimentierfeld, indem sie die für den Überfall auf die Sowjetunion entwickelten Strukturen des raubwirtschaftlichen »Kahlfraßes« am Beispiel der beiden Länder erprobte. Beim Generalstab der 12. Armee wurde ein Verbindungsoffizier des Wehrwirtschafts- und Rüstungsamts des Oberkommandos der Wehrmacht (OKW) eingesetzt, dessen Aufgabe darin bestand, alle beweglichen Wirtschaftsgüter zu plündern und ins Reich abzutransportieren. Anschließend sollten die beiden Nationalökonomien so umgesteuert werden, dass sie in erster Linie der Versorgung der Besatzungstruppen und des rohstoffhungrigen Machtzentrums der faschistischen »Achse« dienten. Zu diesem Zweck wurde die Wehrwirtschaftsabteilung mit Managern der deutschen Großunternehmen und Wirtschaftsverbände besetzt. Zusätzlich wurden »Wirtschaftskommandos« als regionale Ableger gebildet. Im Verlauf der Besatzungsherrschaft wurden diese »Wehrwirtschaftsstäbe« analog zu den Veränderungen der militärischen Spitze mehrfach modifiziert. Aber sie behielten bis zuletzt das Heft in der Hand. Die Griechenland-Bevollmächtigten des Auswärtigen Amts, die sich bemühten, eine loyale Kollaborationsschicht herauszubilden, hatten bei allen wichtigen Entscheidungen das Nachsehen. *Kurz: Jugoslawien und Griechenland waren wie bald darauf die besetzten Gebiete der Sowjetunion den schrankenlosen Raub- und Ausbeutungsinteressen der deutschen Kriegsmaschinerie unterworfen.*

In Griechenland kam diese besonders rücksichtslose Variante der deutschen Okkupationspolitik auch deshalb sofort zum Tragen, weil die Deutschen das

a. M. u. a. 1992; Klaus Olshausen, *Zwischenspiel auf dem Balkan.* Die deutsche Politik gegenüber Jugoslawien und Griechenland vom März bis Juli 1941, Stuttgart 1973, 3. Teil, S. 255 ff.; Karl Heinz Roth / Jan-Peter Abraham, *Reemtsma auf der Krim.* Tabakproduktion und Zwangsarbeit unter der deutschen Besatzungsherrschaft 1941-1944, Hamburg 2011, S. 27 ff.

Land in drei Besatzungszonen aufteilten und die für sie strategisch weniger wichtigen Gebiete ihren Bündnispartnern Italien und Bulgarien überließen. Bevor sie diese Territorien nach und nach an die italienischen und bulgarischen Besatzungsbehörden abtraten, plünderten sie sie mit besonderer Gründlichkeit. Gleichzeitig sicherten sie sich den Zugriff auf die strategisch wichtigen Rohstoffe, indem sie die gesamte Montanindustrie unter ihre Kontrolle brachten. Infolgedessen waren in den ersten Besatzungsmonaten alle griechischen Territorien ihren Raubzügen ausgesetzt.

In der Tat wurde Griechenland systematisch ausgeraubt. Anfang Juni 1941 lagen im Hafen von Saloniki große Mengen von Chromerz-, Zink-, Zinn-, Kupfer- und Bleikonzentraten transportbereit in Richtung Deutschland. Zusätzlich brachten deutsche Industriemanager die Jahresproduktionen dieser Industriemetalle unter ihre Kontrolle, ebenso diejenigen von Bauxit, Mangan, Nickel, Molybdän und Schwefelkies. Der Gesamtwert der jährlichen Rohstoffexporte bezifferte sich damit auf 45 bis 50 Millionen Reichsmark (RM). Aber auch große Mineralöl- und Kohlevorräte sowie die wichtigsten landwirtschaftlichen Exportprodukte wurden weggeschafft, darunter 71 000 Tonnen Rosinen, 18 000 Tonnen Olivenöl, 7000 Tonnen Baumwolle, 3500 Tonnen Zucker, 3000 Tonnen Reis und 305 Tonnen Seidenkokons. Darüber hinaus konfiszierten die Wirtschaftsoffiziere die Werkzeugmaschinen des Bodsakis-Rüstungskonzerns und große Teile des rollenden Materials der Eisenbahn.

Das bedeutendste Beutegut aber war der Tabak. Unter der Regie des Reemtsma-Managers Otto Lose wurde die gesamte Ernte der Jahre 1939 und 1940 beschlagnahmt und abtransportiert. Es handelte sich um 85 000 Tonnen Orienttabake im Gegenwert von 175 Millionen RM, die für eine komplette Jahresversorgung des »großdeutschen Reichs« mit Zigaretten ausreichten und dem Reichsfiskus ein Tabaksteueraufkommen von 1,4 Milliarden Reichsmark (RM) einbrachten.

Für diese »Ankäufe« stellten die Beute- und Erfassungskommandos der 12. Armee Lieferbescheinigungen aus, die Zahlungsversprechen für die Zeit nach Kriegsende enthielten, oder sie bezahlten mit »Reichskreditkassenscheinen«, dem Besatzungsgeld der Wehrmacht, zum Preisstand von 1939. Diese fiktiven Zahlungsversprechen und Zahlungen mussten von der am 30. April 1941 installierten Kollaborationsregierung des Generals Tsolakoglu mit Krediten oder mit Bargeld – in Drachmen – refinanziert werden. Infolgedessen blieb ihr nichts anderes übrig, als die Notenpresse anzuwerfen, ihren Staatshaushalt zu überschulden und das Bilanzvolumen der Griechischen Nationalbank defizitär aufzublähen. Dies war der erste Schritt in die Hyperinflation, die Kehrseite des Raubzugs. Die Talfahrt der griechischen Wirtschaft wurde zusätzlich dadurch beschleunigt, dass ihr gesamter Verarbeitungssektor seine Rohstoffbasis verlor und die Produktion drastisch heruntergefahren werden musste.

Im August 1941 beendeten die drei Okkupationsmächte die Plünderungsetappe. Sie gingen nun dazu über, den für ihre Besatzungstruppen unverzichtbaren gewerblichen Kern der kleinen griechischen Volkswirtschaft zu reorganisieren, die für das Reich bestimmte Rohstoffproduktion anzukurbeln und die übrigen ökonomischen Ressourcen zur Finanzierung der Besatzungskosten zu mobilisieren. Auf diese Weise kristallisierten sich *drei Schlüsselbereiche* der mittelfristig angelegten Ausbeutung heraus, die nun formell in griechischer Währung, der Drachme, abgewickelt wurde: Erstens die außenhandelspolitische Abschöpfung im Rahmen des bilateralen Verrechnungsverkehrs, zweitens die direkten Rohstoffexporte der Montanunternehmen, und drittens die Abpressung von Besatzungskosten zur Finanzierung der Besatzungstruppen einschließlich deren militärischen Infrastrukturvorhaben. Für alle diese Operationen stellten die Wirtschaftsoffiziere und »Sonderführer« der Wehrwirtschaftsabteilung des Wehrmachtbefehlshabers den organisatorischen Rahmen, während der Griechenland-Bevollmächtigte des Auswärtigen Amts den Verwaltungsapparat der Kollaborationsregierung geld- und fiskalpolitisch in die Pflicht nahm. Innerhalb dieses Rahmens konnten dann die Unternehmensniederlassungen der »ersten Stunde« – Krupp, I.G. Farben, Reemtsma, AEG, Siemens, Rheinmetall-Borsig, die Bau-Einsatzfirmen der Organisation Todt, die Aluminiumindustrie und der Großhandel – ihre Positionen weiter ausbauen. Gleichzeitig brachten die Berliner Großbanken den privaten griechischen Finanzsektor unter ihre Kontrolle. Im Wechselspiel dieser raffiniert eingefädelten raubwirtschaftlichen Strukturen verschlechterten sich die ökonomischen Parameter dramatisch. Die Drachme wurde zweimal abgewertet (vor der Okkupation lag dies bei rund 41 zu 1, zu Beginn der Okkupation legten die Deutschen den Wechselkurs bereits auf 50:1 fest, im Juni folgte eine weitere Abwertung auf 60:1). Parallel dazu wurde die Griechische Nationalbank gezwungen, die inzwischen in Griechenland umlaufenden Reichskreditkassenscheine in Höhe von 100 Millionen RM gegen Drachmen (ca. 6 Mrd.) und gegen die von den Italienern in Umlauf gebrachten Drachmen-Noten umzutauschen und entschädigungslos abzuführen. Im August wurde ihrem Direktorium dann erstmalig die Zahlung von *monatlich* drei Milliarden Drachmen für Besatzungskosten auferlegt.

Damit waren die Schleusen für das Ausbluten der griechischen Ökonomie endgültig geöffnet. Da die Wehrmacht Griechenland inzwischen als Sprungbrett für ihre Operationen in Richtung Nordafrika – Suezkanal betrachtete, stiegen die Nachschub- und Logistikkosten gewaltig an. Sie wurden voll in die Besatzungskosten eingerechnet. Allein bis März 1942 wurde die Zahlung von Besatzungskosten in Höhe von 720 Millionen RM (43,6 Milliarden Drachmen) gefordert. Obwohl die Kollaborationsregierung mehrfach mit ihrer Demission drohte, wurde eine an den monatlichen Anforderungen der Wehrmacht orientierte Zahlungsweise durchgesetzt. Da sich parallel dazu auch die außenwirtschaftlichen Parameter zum Nachteil Griechenlands verschlechterten, war der Absturz der griechischen Nationalökonomie nicht mehr aufzuhalten.

Hungerwinter 1941/42

Als Erste bekamen die städtischen Unterklassen diese Entwicklung zu spüren. Aufgrund der sich anbahnenden Hyperinflation stiegen die Lebensmittelpreise rapide: Sie verdoppelten sich bis zur Jahreswende 1941/42 und stiegen bis Anfang 1944 um das Vier- bis Fünffache. Das Lebensmittelgewerbe schrumpfte drastisch, denn die Deutschen hatten neben den landwirtschaftlichen Veredelungsprodukten inzwischen auch die Getreidevorräte geplündert. Von den internationalen Getreide- und Lebensmittelmärkten war Griechenland durch die britische Blockade abgeschnitten. Da die Deutschen die ohnehin schwach entwickelte Infrastruktur wie etwa die strategische Bahnlinie Saloniki – Athen ausschließlich für ihre Nachschublieferungen nach Kreta und Nordafrika nutzten, kamen auch die innergriechischen Lebensmitteltransporte zum Erliegen. Es kam zur *Hungerkatastrophe*. In den griechischen Mittel- und Großstädten starben im Winter 1941/42 100000 Menschen an Hunger bzw. an Folgekrankheiten, die durch den Hunger ausgelöst wurden. Es handelte sich zumeist um Kinder und Alte aus den Unterklassen. Wer konnte, floh in die ländlichen Regionen und in die Subsistenzwirtschaft. Die massenhafte Binnenwanderung verknüpfte sich mit einem elementaren Willen zum Widerstand, der sich rasch zu organisieren begann.

Erst im Spätsommer 1942 überblickten die Deutschen das ganze Ausmaß der Katastrophe. Der Zusammenbruch der griechischen Wirtschaft und die Hyperinflation widersprach ihren mittelfristigen Ausbeutungsinteressen. Hinzu kam angesichts des sich abzeichnenden Scheiterns der deutsch-italienischen Nordafrika-Offensive die Notwendigkeit, Griechenland als das bisherige Sprungbrett in Richtung Nahost in eine vorgeschobene Festung umzubauen. Das Land wurde nun erst recht zum Objekt gigantischer Bau- und Infrastrukturvorhaben für militärische Zwecke – so zu einem großangelegten Ausbau des Hafens von Piräus und zur Anlage mehrerer neuer Flugplätze. Es gab somit eine Menge Gründe für eine Überprüfung und Korrektur der bisherigen Besatzungswirtschaft. Gleichwohl sollte an den grundsätzlichen

Weichenstellungen festgehalten werden. Es ging den deutschen Machthabern lediglich darum, die technischen Instrumente der Ausbeutung zu verbessern.

Hyperinflation & Kollaps

Mitte Oktober 1942 wurde der Wiener NSDAP-Politiker und Südosteuropaexperte Hermann Neubacher zum *Sonderbeauftragten des Reiches für wirtschaftliche und finanzielle Fragen in Griechenland* ernannt. Er sollte versuchen, die Situation im Rahmen einer »wirtschaftlichen Sonderaktion« zu stabilisieren. Als wichtigstes Instrument wurde ihm dafür eine kurz zuvor von der Reichsgruppe Industrie und der Wirtschaftsgruppe Groß- und Außenhandel gegründete *Deutsch-Griechische Warenausgleichsgesellschaft mbH* (DEGRIGES) zur Seite gestellt. Ihre wichtigste Aufgabe bestand darin, das Reich weiterhin mit den strategisch wichtigen Exportgütern Chrom, Molybdän, Nickel, Schwefelkies, Magnesit, Bauxit, Terpentinöl, Olivenöl und Harz zu beliefern. Zu diesem Zweck sollten die Preise für die nach Griechenland gelieferten deutschen Exportgüter an die inflationierte Drachme angepasst, anschließend abgeschöpft und zur Verbilligung der griechischen Rohstoffausfuhr genutzt werden. Zusätzlich war vereinbart, knapp die Hälfte der Abschöpfungssumme zur Finanzierung der Besatzungskosten einzusetzen. Um darüber hinaus die Flucht der hungernden griechischen Bevölkerung in die Subsistenzwirtschaft abzubremsen und die damit einhergehende Abwanderung zu den Partisanen zu stoppen, sollten die Lebensmittelversorgung reorganisiert und die Hyperinflation durch die Beschränkung der Besatzungskosten sowie ihre partielle Umwandlung in eine Zwangsanleihe eingedämmt werden. Die Kollaborationsregierung wurde umgebildet und auf die neuen Zielvorgaben eingeschworen.

Tatsächlich konnte die Lage vorübergehend stabilisiert und eine Wiederholung der Hungerkatastrophe im Ausmaß des vorausgegangenen Winters vermieden werden. Da sich jedoch an den grundlegenden Parametern der Ausbeutung nichts änderte, war auch die Sondermission Neubachers auf Sand gebaut. Ab dem Frühjahr 1943 kam die Hyperinflation voll zum Ausbruch. Es gelang dem Widerstand, große Teile der ländlich-gebirgigen Regionen zu befreien. In den städtischen Zentren kam es immer wieder zu Massenstreiks und Hungerdemonstrationen, die von den Okkupanten blutig unterdrückt wurden. Die griechische Nationalökonomie brach endgültig zusammen. Ab Herbst 1943 wurden auch die strategischen Rohstoffexporte nach Deutschland durch die Partisanenbewegung erheblich behindert. Hinzu kam im September 1943 der italienische Waffenstillstand mit den Alliierten. Nun entfesselten die Deutschen einen Rachefeldzug gegen ihre bisherigen italienischen

Verbündeten und dehnten ihre Besatzungsherrschaft – mit Ausnahme des bulgarischen Okkupationsgebiets in Westthrakien und Ost-Mazedonien – auf ganz Griechenland aus.

Verbrannte Erde

Im Verlauf der sich intensivierenden Konfrontation mit dem Widerstand kam es zur Wiederholung der ersten Plünderungsphase, die nun eng mit dem kollektiven Terror gegen die in den Partisanengebieten gelegenen Dorfgemeinden kombiniert wurde. Sie mündete ein Jahr später – im September und Oktober 1944 – in eine Politik der »Verbrannten Erde«, wie wir sie in diesem Ausmaß nur aus der Schlussphase der deutschen Besatzungsherrschaft in der Sowjetunion kennen. So können wir beispielsweise einer Meldung der Heeresgruppe E vom 31. Oktober 1944 entnehmen, dass während der Rückzugsoperationen 52 Straßenbrücken, 24 Straßen, 42 Bahnhofsanlagen, 68 Eisenbahnbrücken, sechs Tunnels und Eisenbahnstrecken in einer Länge von 55,5 km zerstört wurden.[53] Hinzu kamen die Zerstörungen in den Städten. In Saloniki versenkten Sprengkommandos in der Hafeneinfahrt und entlang der Kaimauer alle für die Deutschen gecharterten Schiffe. Auch die Hafenanlagen und die Bahnhöfe wurden restlos zerstört. »Sachverständige äußerten, dass es 10 Jahre dauern würde, um die umfangreichen Zerstörungen wiederherzustellen«, hielt der Berichterstatter voller Stolz fest.[54]

Bilanz der Zerstörungen

Als sich die Deutschen ab Oktober 1944 aus Griechenland zurückzogen, hatten sie das Land nicht nur wirtschaftlich ruiniert, sondern auch weitgehend zerstört. Um das Ausmaß der Verwüstungen zu verstehen, müssen wir bedenken, dass es sich um eine vergleichsweise kleine Nationalökonomie handelte, die die Deutschen dreieinhalb Jahre zuvor fast vollkommen intakt in ihre Gewalt gebracht hatten. In Griechenland erreichte der deutsche Dreischritt aus Raubwirtschaft, Terror und Vernichtung das Ausmaß des Vernichtungskriegs gegen die Sowjetunion. Aber dort waren die Deutschen im Gegensatz zu Griechenland mit einer Situation konfrontiert, in der die Rote Armee – wohl auch aufgrund der Nachrichten über die Ereignisse in Südosteuropa vom Frühjahr 1941 – die beweglichen Güter bei ihrem Rückzug abtransportiert und die Produktionsgrundlagen zerstört hatte. In Griechenland – und auch

---

53 Wiedergegeben in: Martin Seckendorf (Hg.), *Die Okkupationspolitik des deutschen Faschismus ...*, a.a.O., S. 381.

54 Tätigkeitsbericht der Geheimen Feldpolizei Gruppe 621 für die Zeit vom 13. bis 29. Oktober 1944; abgedruckt ebenda als Dokument Nr. 341, S. 380 f.

in Jugoslawien – waren die Deutschen und ihre Satelliten somit allein für die weitgehende Vernichtung der volkswirtschaftlichen Substanz verantwortlich.

Es waren insgesamt *sechs Faktoren*, die das Wirtschaftspotential Griechenlands während der deutschen Besatzungsherrschaft zugrunde richteten: *Erstens* die Plünderungen während der ersten Okkupationsphase. Sie erreichten wertmäßig einen Umfang von mindestens 750 Millionen RM. Es kam aber auch anschließend zu weiteren Konfiskationen durch die deutschen Wirtschaftsoffiziere, und spätestens seit dem Sommer 1943 wurde es üblich, die zur Vernichtung vorgesehenen Ortschaften vor dem Niederbrennen systematisch auszurauben.

Zweitens die Ausplünderung durch die ungleichen Tauschrelationen des bilateralen Verrechnungsverkehrs. Ihr Umfang ist schwer zu schätzen, denn aufgrund der Manipulationen der DEGRIGES wiesen die Umsätze ab 1943 in der Wertrechnung sogar ein deutsches Positivsaldo aus.[55] Es kann aber kein Zweifel daran bestehen, dass die deutschen Clearingschulden, die bis zur Installierung der DEGRIGES etwa 80 Millionen RM erreicht hatten, bis Herbst 1944 auf mindestens 125 Millionen RM anstiegen.

Drittens die dem griechischen Kollaborationsregime abgepressten Ausgaben für Besatzungskosten und militärische Infrastrukturvorhaben. Sie lassen sich wegen der seit 1942 grassierenden Hyperinflation nur schwer berechnen; die in der Literatur gebräuchlichen Zahlen sind meist zu hoch angesetzt. Es gibt jedoch eine Berechnung des Reichsfinanzministeriums, das 1944 eine inflationsbereinigte Aufstellung der aus Griechenland herausgeholten Besatzungskosten für das Haushaltsjahr 1943 erarbeitete und auf einen Betrag von 500 Millionen RM kam.[56] Ausgehend hiervon können wir für die insgesamt dreieinhalb Besatzungsjahre – einschließlich der Zwangsanleihe – einen Gesamtbetrag von etwa 1,75 Milliarden RM einsetzen.

Viertens die Exporte strategischer Rohstoffe im Anschluss an die erste Plünderungsphase durch die unter deutsche Kontrolle gebrachte griechische Bergbauindustrie. Sie deckten in einigen Bereichen – so etwa bei Chromerzen und Bauxit – erhebliche Teile des deutschen Importbedarfs ab. Laut Ab-

---

55 Dieses fiktive Positivsaldo wurde noch nicht einmal von den eigenen Experten akzeptiert. Beispielsweise verzichteten die Ökonomen der *Forschungsstelle für Wehrwirtschaft* bei ihrer im Herbst 1944 erarbeiteten Bilanzierung der Ausbeutung der besetzten Gebiete darauf, es in ihre Aufstellung zu übernehmen. Vgl. Christoph Buchheim, Dokumentation: Die besetzten Länder im Dienste der deutschen Kriegswirtschaft während des Zweiten Weltkriegs. Ein Bericht der Forschungsstelle für Wehrwirtschaft, in: *Vierteljahrshefte für Zeitgeschichte* 34 (1986), H-1, S. 117–145; hier S. 141 d.

56 Mitgeteilt in der schon referierten Studie der Forschungsstelle für Wehrwirtschaft, S. 141.

schlussbericht des Wehrwirtschaftsstabs Griechenland vom September 1944 wurden – jeweils bis zum 1. September 1944 – 126 800 Tonnen Chromerz, 91 000 Tonnen Bauxit, 71 000 Tonnen Nickel, 14 300 Tonnen Magnesit, 44 000 Tonnen Schwefelkies und 71 Tonnen Molybdänkonzentrat nach Deutschland abtransportiert.[57] Hinzu kamen weitere 30 000 Tonnen Orienttabake zur Versorgung der deutschen Zigarettenindustrie und weitere landwirtschaftliche Industrierohstoffe.

Fünftens die Zerstörung erheblicher Teile der volkswirtschaftlichen Substanz im Kontext der kollektiven Terrormaßnahmen und der Praktiken der »Verbrannten Erde« bei den Rückzugsoperationen. Im Rahmen der Repressalien gegen die vom bewaffneten Widerstand kontrollierten Gebiete wurden 1600 Ortschaften und etwa 350 000 Häuser zerstört, so dass zuletzt eine Million Einwohner obdachlos waren. Nehmen wir für jedes zerstörte Gebäude einen durchschnittlichen Verkehrswert von etwa 10 000 RM an, so ergibt sich daraus ein Betrag von 3,5 Milliarden RM. Hinzu kommt die weitgehende Vernichtung der Verkehrsinfrastruktur, die die deutschen Truppenverbände während ihres Rückzugs systematisch betrieben: Die Versenkung der griechischen Handelstonnage, die Sprengung des Kanals von Korinth, die Vernichtung der Hafenanlagen, die Sprengung der meisten Straßen- und Eisenbahnbrücken, die Zerstörung der Bahnhöfe sowie erheblicher Teile des Schienennetzes und die Wegschaffung des rollenden Materials. Die Kosten für den Wiederaufbau und die Wiederbeschaffung der Transportmittel übertrafen diejenigen für die Wiederherstellung der Gebäudesubstanz um das Zweieinhalb- bis Dreifache.

Sechstens die Menschenverluste. Beschränken wir uns hier ausschließlich auf die volkswirtschaftliche Seite. Das unendliche Leid, das den Opfern des Besatzungsterrors und deren Angehörigen zugefügt wurde, entzieht sich jeglicher Berechnung; es kann letztlich nicht »entschädigt« oder gar »wieder gut gemacht« werden. Umso beklemmender sind die nackten Zahlen, die vor dem Hintergrund der geringen Größe der griechischen Nation – 6,933 Millionen Menschen vor Beginn der Okkupation – zu sehen sind.[58] Dem deutschen An-

---

57 Der erwähnte Abschlussbericht ist auszugsweise abgedruckt in Seckendorf (Hg.), a.a.O., S. 361 f.

58 Vgl. Bericht der Griechischen Regierung an den Internationalen Gerichtshof in Nürnberg, Nürnberger Dokument UK-82, USSR-79, referiert in: IMG, Bd. VII, S. 577 ff., 610 f.; »Die Befreiung Griechenlands«, in: *Neue Zürcher Zeitung* vom 31.10.1944; Schwarzbuch der Besatzung, S. 60 ff.; Eberhard Rondolz, »Partisanenbekämpfung und Kriegsverbrechen in Griechenland«, in: *Repression und Kriegsverbrechen*. Die Bekämpfung von Widerstands- und Partisanenbewegungen gegen die deutsche Besatzung in West- und Südosteuropa, Berlin/Göttingen 1997; Martin Seckendorf, *Ausbeutung, die in die Katastrophe mündete*. Zur Wirtschaftspolitik der deutschen Besatzer in Griechenland 1941-

griffskrieg und der anschließenden, von den Deutschen dominierten Besatzungsherrschaft sind 520 000 Menschen griechischer Nationalität zum Opfer gefallen. Mindestens 125 000 von ihnen sind verhungert. Etwa 100 000 Griechinnen und Griechen starben in den deutschen Konzentrationslagern. 91.000 wurden als Geiseln ermordet. 58 000 Juden und Roma wurden im Rahmen der Shoah ums Leben gebracht. Bei ihren Razzien in den Großstädten und im Verlauf ihrer Massaker in den ländlichen Regionen ermordeten die deutschen Militär- und Polizeiverbände 56 000 Menschen.

1944. Vortrag auf dem Kongress für griechische Entschädigungsforderungen gegenüber Deutschland, Athen, 2.-4.12.2005 (auf mehreren Webseiten).

2. Der Fall Distomo

Die verweigerte Entschädigung für ein NS-Verbrechen

Von Martin Klingner und Jan Krüger

Der Fall Distomo ist ein exemplarisches Beispiel für den Umgang der Bundesrepublik Deutschland mit einem NS-Verbrechen. Hieran zeigen sich alle Momente deutscher »Vergangenheitsbewältigung«: Verschweigen, Leugnen und aktiver Täterschutz bis in die 1970er Jahre hinein. In den 1990er Jahren dann die Scheinumkehr: Deutsche BotschaftsvertreterInnen erscheinen auf Gedenkfeiern und legen Kränze nieder. Notwendige Konsequenzen werden aber nicht gezogen, im Gegenteil: Der Mord an 218 Menschen ist bis heute ungesühnt geblieben, die Täter wurden von den deutschen Ermittlungsbehörden nicht verfolgt und bestraft, die Opfer und Hinterbliebenen der Ermordeten nicht entschädigt.

Keine Bundesregierung reagierte jemals mit Reue und Demut auf die Tatsache, dass die Überlebenden jahrzehntelang mit dem Schmerz und den materiellen Verlusten allein gelassen wurden. Im Gegenteil: Sämtliche deutschen Regierungen haben es sich zur Aufgabe gemacht, die berechtigten Entschädigungsforderungen der Opfer und Überlebenden mit allen politischen und juristischen Mitteln zu bekämpfen. Mithilfe des Internationalen Gerichtshofs in Den Haag gelang es der Bundesregierung sogar, selbst rechtskräftig festgestellte Ansprüche der Betroffenen wieder zunichte zu machen.

In Deutschland wurde das Massaker vom 10. Juni 1944 jahrzehntelang beschwiegen. Erst seit der gerichtlichen Geltendmachung von Entschädigungsforderungen durch die griechischen Überlebenden und die Angehörigen der Ermordeten nahm auch die deutsche Öffentlichkeit Notiz von diesem Verbrechen. Aufgeschreckt wurde sie dann endgültig im Jahr 2000 mit der spektakulären Einleitung von Zwangsvollstreckungsmaßnahmen u. a. gegen die Liegenschaft, in der sich das Goethe-Institut in Athen befindet. Die Vermessung der Räumlichkeiten durch die Gerichtsvollzieherin vor laufenden Kameras ließ in Berlin die Alarmglocken schrillen. Doch hat die deutsche Öffentlichkeit bis heute nicht akzeptiert, dass eine Anerkennung der NS-Verbrechen mit materiellen Konsequenzen verbunden ist.

Das Massaker von Distomo

Folgendes war am 10. Juni 1944 war in Distomo und der Umgebung geschehen: Ausgehend von der Stadt Levadia (Provinzhauptstadt Böotiens) erfolgte am 10. Juni 1944 ein Einsatz des zur 4. SS-Polizei-Panzergrenadier-Division gehörenden SS-Panzer-Grenadierregiments 7 zur Bekämpfung griechischer Partisanen. Etwa fünf Kilometer vor der Abzweigung zur Ortschaft Distomo stießen die SS-Soldaten auf 18 unbewaffnete griechische Männer, die sich dort in einer Schafshütte aufhielten. Als sechs der Männer zu flüchten versuchten, wurden sie erschossen. Die anderen zwölf Männer wurden gefangen genommen und als Geiseln mitgeführt.

Im Laufe des Vormittags des 10. Juni erreichten die deutschen Truppen den Ort Distomo, hielten sich dort mehrere Stunden auf, verhörten den Bürgermeister und den Popen wegen des Aufenthalts bzw. des Durchzugs von griechischen Partisanengruppen. Währenddessen gelang es einem Großteil der Bevölkerung, aus Distomo zu fliehen und sich in der Umgebung zu verbergen. Eine Durchsuchung der Ortschaft nach Partisanen blieb ohne Erfolg. Vom Bürgermeister und vom Popen des Dorfes erfuhren die Soldaten, dass am Vortag eine Gruppe von 30 Partisanen durch Distomo in Richtung des Nachbarortes Stiri gezogen war.

Gegen 14.30 Uhr rückte eine motorisierte Kolonne unter Führung des SS-Hauptsturmführers Lautenbach zur Erkundung in Richtung des Ortes Stiri aus. Etwa 700 Meter vor Stiri wurde die Kolonne von Partisanen angegriffen, die sich abseits der Straße versteckt hielten. Vom Gefechtslärm alarmiert, rückten die in Distomo verbliebenen Soldaten nach. Daraufhin zogen sich die Partisanen zurück. Bei der Schießerei kamen drei Angehörige der SS-Kompagnie ums Leben. Vier der insgesamt 18 Verwundeten starben kurze Zeit später.

Nach diesem Gefecht kehrte die Kompagnie um und rückte gegen 17.30 Uhr wieder in Distomo ein. Die Kolonne führte die zwölf am Vormittag als Geiseln mitgenommenen Griechen weiter mit sich. Der Oberbefehlshaber der Deutschen, Lautenbach, befahl Vergeltungsmaßnahmen gegen die BewohnerInnen der Ortschaft Distomo.

Nach Rückkehr der Truppe nach Distomo wurde zunächst auf dem Marktplatz eine Frau erschossen, die dort mit ihrem Baby auf dem Arm stand. Das Baby wurde auch erschossen. Dann wurden die zwölf mitgeführten Geiseln an eine Wand gestellt und erschossen. Anschließend begannen die SS-Soldaten, sämtliche im Ort anwesenden Einwohner zu töten.

In seinem Buch *Blutige Jahre* beschrieb der Autor Sotiris Patatzis die Ereignisse von Distomo nach Aussagen von Augenzeugen. Sein Bericht wurde in gekürzter Form in der schweizerischen Zeitschrift *Propyläa* im April 1970 veröffentlicht. Ein Auszug aus dieser Beschreibung lautet:
»Man tötete auch Pfarrer Sotiris. Er ist in seinem Haus aufgefunden worden, zusammen mit einem Dutzend Frauen und Kindern, die ins Pfarrhaus gekommen waren, in der Hoffnung, verschont zu bleiben. Doch man tötete ihn nicht einfach. Erst folterten sie ihn, stachen ihm mit dem Bajonett die Augen aus, dann schnitten sie ihm den Kopf ab und warfen ihn im Hof auf einen Haufen Mist. All dies vor den Augen der Frauen und Kinder, die weinten und schrien und vor Grauen fast den Verstand verloren. Sie liefen hin und her, sprangen aus den Fenstern, während die Deutschen auf sie schossen.

Den Friedensrichter töteten sie mit seiner ganzen Familie. Nur ein Kind blieb am Leben. Es lag verwundet neben dem Vater. Die Schwestern K. fand man tot und vergewaltigt. Das Kind der G.P. hatte Wunden am ganzen Körper und zwei ausgeschlagene Zähne. Das noch ungetaufte Neugeborene des F. war von einem Bajonett fast entzweigeschnitten. Irgendein Deutscher tötete zuerst mit einem Schuss die Mutter L. B., die einen vierzig Tage alten Säugling im Arm hielt. Der Säugling begann zu schreien und das erzürnte den Soldaten der Wehrmacht. Er trat mit voller Kraft auf seinen Kopf, dass das Hirn unter dem Stiefel hervorspritzte.

Ein anderer sah, als er das Haus der St. betrat, wie die Mutter ihre Brust freimachte, um ihr Kind zu säugen. Er schnitt ihr die Brust ab und steckte sie grinsend dem Säugling in den Mund. Dann brachte er auch ihn um. Die anderen zwei Kinder des St., drei- und achtjährig, liefen erschrocken auf die Straße, um sich zu retten. Man jagte ihnen nach und erschoss sie.

Ein anderer Soldat stürzte sich auf M. F. und warf sie auf den Boden, um sie zu vergewaltigen. Da gewahrte er, dass sie schwanger war. Rasend schnitt er ihr den Bauch auf und warf ihr das Ungeborene vor die Füße. So fand man sie. Ein Ehepaar zündete man lebendig an und schaute vergnügt dem grauenvollen Tanz der brennenden Leiber zu. Vier Dorfbewohner wurden hingemetzelt und mit den Därmen um den Kopf gewickelt aufgefunden.«

Insgesamt 218 EinwohnerInnen, vom zweimonatigen Säugling bis zum 86-jährigen Greis, waren auf teilweise bestialische Weise ermordet worden. Ein großer Teil der überlebenden Bevölkerung hatte in die Berge fliehen können. Im Anschluss an die Ermordung der angetroffenen Ortsbevölkerung erfolgte die Zerstörung großer Teile des Ortes durch Niederbrennen von Wohn- und Nebengebäuden. Bei ihrem Rückzug aus Distomo erschossen die SS-Angehörigen alle Menschen, die ahnungslos ins Dorf zurückkehrten. Schließlich schossen sie von fahrenden LKWs aus auch noch auf das Vieh, Tierkadaver lagen auf den Feldern.

Im Nachhinein fälschte der Oberbefehlshaber Lautenbach den Einsatzbericht, indem er behauptete, seine SS-Einheit sei aus der Ortschaft Distomo heraus beschossen worden. Aufgrund eines Berichtes eines Vertreters der Geheimen Feldpolizei, der mit der Truppe nach Distomo gekommen war, konnte Lautenbachs Bericht jedoch widerlegt werden.[59]

Das Gedenken

Das Massaker von Distomo hatte bereits kurz nach seiner Begehung für weltweites Aufsehen gesorgt. So wurde darüber bereits in der Ausgabe der US-amerikanischen Zeitschrift *Life* vom 27. November 1944 berichtet.

In der Erinnerung der BewohnerInnen Distomos ist das Massaker bis heute präsent. Jeder Jahrestag wird mit mehrtägigen Feierlichkeiten begangen, mit Theateraufführungen, Konzerten und religiösen Zeremonien. Am 10. Juni findet dann jeweils die eigentliche Gedenkfeier statt, die traditionell mit einem Gottesdienst beginnt. Es folgt eine Art Prozessionszug durch den Ort zur Gedenkstätte, die sich auf einem Hügel am Rande des Dorfes befindet. Dort werden Ansprachen gehalten, danach die Namen der Ermordeten verlesen. Die Trauer der Menschen bei dieser Zeremonie ist spürbar, kaum jemand lebt in Distomo, der oder die keine Angehörigen verloren hat. Zum 61. Jahrestag am 10. Juni 2005 eröffnete der griechische Staatspräsident Papoulias das neu geschaffene Museum zur Erinnerung an das Massaker. Im größten Saal des Museums hängen die Fotos der Ermordeten.

Am 10. Juni 2014 wird sich das Massaker zum 70. Mal jähren und die Gemeinde wird mit einer großen Gedenkfeier der Toten gedenken.

Die rechtliche Aufarbeitung des Massakers

Der Fall Distomo war Gegenstand des sogenannten Geiselmordprozesses vor dem Militärgerichtshof V der USA, dem Fall 7 der Nürnberger Nachfolgeprozesse zum Hauptkriegsverbrecherprozess. Der Angeklagte Helmut Felmy

---

59 Dieter Begemann, »Tatort Distomo«, in: »Versöhnung ohne Wahrheit? Deutsche Kriegsverbrechen in Griechenland im Zweiten Weltkrieg«, *Studien zur Archäologie und Geschichte Griechenlands und Zypern*, Bd. 8, Möhnesee 2001, S. 42 ff.; Dieter Begemann, bisher unveröffentlichte Forschungen zum Massaker in Distomo, Akten im Bundesarchiv/Militärarchiv Freiburg unter RH XI/37A.

war der einzige deutsche Militärangehörige, welcher je wegen des Massakers von Distomo verurteilt worden ist – von einem US-amerikanischen Gericht.[60] Dabei stellte das Gericht in Bezug auf die Geschehnisse in Distomo fest: Es habe sich um »einwandfreien, berechneten Mord« gehandelt. Eine Rechtfertigung habe nicht bestanden. Felmy sei hierfür als militärischer Oberbefehlshaber der deutschen Truppen verantwortlich gewesen. Damit waren die Grundlagen gelegt, um die konkreten Tatbeteiligten auch vor deutschen Gerichten anzuklagen und zu verurteilen. Doch dazu kam es nicht.

Von deutschen StaatsanwältInnen wurde keiner der Täter angeklagt, von deutschen Gerichten wurde niemand verurteilt. Das Verfahren der Staatsanwaltschaft München[61] wegen der u. a. in Distomo an der Zivilbevölkerung begangenen Verbrechen wurde 1972 wegen angeblich eingetretener Verjährung eingestellt.

Der Einstellungsbescheid dokumentiert in exemplarischer Weise den skandalösen Umgang deutscher Ermittlungsbehörden mit NS-Kriegsverbrechen. Die Staatsanwaltschaft postulierte eine Verjährung der Taten, obwohl der Bundestag die Verjährung für Mord gerade auf 30 Jahre verlängert hatte. Angeblich hätten seinerzeit die NS-Strafverfolgungsbehörden eine Ermittlung eingeleitet. Dies war nachweislich falsch. Derartige Kriegsverbrechen wurden von der NS-Justiz nie verfolgt, im Fall Distomo gab es lediglich ein Disziplinarverfahren gegen den SS-Hauptsturmführer Lautenbach, weil dieser vor der Anordnung des Massakers den Dienstweg nicht eingehalten hatte. Mit einer Anklage wegen Mordes durch NS-Gerichte hätte Lautenbach niemals rechnen müssen.

Der Fall Distomo zeigt das vollständige Desinteresse deutscher StaatsanwältInnen an einer Verfolgung schwerster Verbrechen gegen die Menschheit. Die Täter lebten trotz ihrer Taten unbehelligt in der Bundesrepublik Deutschland, einige wenige vermutlich bis heute. Die bundesdeutschen Regierungen und die Öffentlichkeit zeigten jahrzehntelang kein Interesse an einer Strafverfolgung.[62]

---

60 Urteil des Militärgerichtshofes V der USA, Fall 7, gefällt in Nürnberg am 19.2.1948, »Das Urteil im Geiselmordprozess«, VEB Berlin 1965, S. 161-165.

61 Aktenverzeichnis 117 Js 5-33/69.

62 Aufsatz von Eberhard Rondholz, »Rechtsfindung oder Täterschutz? Die deutsche Justiz und die ›Bewältigung‹ des Besatzungsterrors in Griechenland«, in: *Von Lidice bis Kalavryta – Widerstand und Besatzungsterror*, hrsg. von Louka Droulia und Hagen Fleischer, Berlin 1999.

Die Reparationsfrage

Nicht nur auf der Ebene der Strafverfolgung wird die Verweigerungshaltung Deutschlands gegenüber den NS-Opfern offensichtlich. Auch die Verwehrung berechtigter Entschädigungszahlungen und Reparationen durch die bundesdeutschen Nachkriegsregierungen ist ein Skandal und eine Verhöhnung der Opfer. Zahlungen wurden nämlich nur dann gewährt, wenn der BRD politischer oder wirtschaftlicher Schaden drohte. Im Folgenden werden die wichtigsten Stationen dargestellt, soweit diese auch im Fall Distomo von Bedeutung sind.

Pariser Reparationskonferenz von 1946

In der Pariser Reparationskonferenz einigten sich die westlichen Alliierten auf eine zentral geregelte Verteilung der von Deutschland zu leistenden Reparationen. Hierfür wurde eine eigene Institution, die »interalliierte Reparationsagentur« (IARA) gegründet, in der alle ehemals besetzten Länder (außer Polen und die Sowjetunion) vertreten waren. Die Industrieanlagen sowie die Auslandsguthaben der westlichen Besatzungszonen sollten durch die IARA auf die das Abkommen unterzeichnenden Staaten, darunter auch Griechenland, verteilt werden. Die Konferenz bezeichnete die Höhe der Reparationen für Griechenland auf 7,1 Mrd. Dollar.[63]

Ein wichtiges Ergebnis dieser Konferenz war, dass mit den festgelegten Reparationen nicht automatisch alle weiteren Forderungen gegenüber den von Deutschland überfallenen Ländern und deren Staatsbürgern abgegolten sind. Das Abkommen ist somit keine abschließende Regelung für die griechischen Reparations- und Entschädigungsansprüche, die im Übrigen bis heute nicht erfüllt wurden.

Das Londoner Schuldenabkommen von 1953

Das »Londoner Abkommen über deutsche Auslandsschulden« vom 27. Februar 1953 zwischen der BRD, den Westalliierten und den meisten ehemals besetzten Ländern gewährte der Bundesrepublik einen großzügigen Zahlungsaufschub für sämtliche Forderungen, die aus Krieg und Besatzung resultierten. Es wurde bereits vor dem Hintergrund des »Kalten Krieges« getroffen. Die Westalliierten wollten die ausdrückliche Anerkennung der Schulden Deutschlands durch den Bundestag. Diese beinhalteten Rückzahlungsver-

---

63   Anestis Nessou, *Griechenland 1941-1944*. Deutsche Besatzungspolitik und Verbrechen gegen die Zivilbevölkerung – eine Beurteilung nach dem Völkerrecht, Göttingen 2009, S. 471.

pflichtungen aus den 1920er Jahren, die ab 1931 von Deutschland nicht mehr bedient worden waren, sowie Ansprüche der Westalliierten aus den Besatzungskosten und den nach 1945 erfolgten Wirtschaftshilfen. Andererseits durfte die BRD nicht mit hohen finanziellen Forderungen belastet werden, da dem westdeutschen Staat eine wichtige Funktion im »Kalten Krieg« gegen die Sowjetunion zugedacht war.

Dies war die Ausgangssituation, welche die deutsche Seite geschickt zu nutzen wusste. Durch die Anerkennung des Schuldenkomplexes wurden die »Forderungen von Staaten, die sich mit Deutschland im Kriegszustand befanden (...) bis zur endgültigen Regelung der Reparationsfrage zurückgestellt«. Im Ergebnis setzte das Abkommen die Reparationsforderungen der während des Zweiten Weltkriegs unter deutscher Besatzung stehenden Ländern – u. a. auch Griechenland – auf unbestimmte Zeit bis zum Abschluss eines zukünftigen Friedensvertrages aus. Hierunter fielen auch individuelle Forderungen z. B. der Opfer von Kriegsverbrechen. Für Deutschland war das Abkommen, das die Reparationszahlungen auf einen unbestimmten Zeitpunkt in der Zukunft legte, ein großer Erfolg. Aufgrund dieses Moratoriums konnten Entschädigungsforderungen bis zum Abschluss des »2+4-Vertrages« (s. u.) nicht gerichtlich geltend gemacht werden.

Entschädigungszahlung 1960

In sämtlichen späteren Prozessen um Entschädigungsforderungen wandte die BRD ein, sie habe mit dem »Vertrag zwischen der Bundesrepublik Deutschland und dem Königreich Griechenland über Leistungen zugunsten griechischer Staatsangehöriger, die von nationalsozialistischen Verfolgungsmaßnahmen betroffen worden sind, vom 18. März 1961«[64] ihre Zahlungsverpflichtungen gegenüber Griechenland bereits vollständig erfüllt. Diese Behauptung ist falsch. Denn der Deutsch-Griechische Vertrag enthält explizit nur Zahlungsbestimmungen für eng begrenzte Opfergruppen, nicht aber für die Opfer der Massaker von Distomo und vielen anderen Ortschaften. Das Zustandekommen dieses Vertrages ist allerdings ein Lehrstück über die Verweigerungshaltung der Bundesrepublik Deutschland gegenüber den NS-Opfern.

Bis Anfang der 1950er Jahre wurden in Griechenland über 900 Verfahren gegen deutsche KriegsverbrecherInnen eingeleitet. Die Regierung unter Adenauer nutzte die wirtschaftliche Situation und erpresste Griechenland. Nach deutscher Besatzung und drei Jahren Bürgerkrieg war das Land »ausgeblutet« und die wirtschaftlichen Beziehungen von großer Bedeutung. Die Verbesse-

---

64   BGBl. II 1961, 1597.

rung der wirtschaftlichen Beziehungen zur Bundesrepublik wurde nur unter der Bedingung in Aussicht gestellt, dass die Strafverfolgung der deutschen KriegsverbrecherInnen in Griechenland eingestellt würde.

Vor diesem Szenario bot die griechische Regierung der deutschen Seite an, auf die Weiterführung der Verfahren zu verzichten, wenn diese in Deutschland geführt würden. Doch das reichte der Bundesregierung nicht. So sehr sie über das Amnestie-Angebot entzückt war, so wenig schätzte sie die Aussicht auf Kriegsverbrecherprozesse vor deutschen Gerichten, da »selbst nur formal durchgeführte Ermittlungen die deutschen Justizbehörden aufs schwerste belasten müssten«.[65] Die Bundesregierung wollte eine generelle griechische Amnestie erreichen.

Nun wurde von griechischer Seite der Ausweg zur Diskussion gestellt – eine Lösung, die für beide Seiten akzeptabel sein sollte – gegen Entschädigungsleistungen auf die Prozesse in Griechenland zu verzichten. Wieder lehnte die deutsche Regierung – dieses Mal mit einem Verweis auf das Londoner Schuldenabkommen – das Angebot ab. Die deutsche Seite erwartete von Griechenland die Einstellung aller Verfahren gegen deutsche KriegsverbrecherInnen – ohne Gegenleistung.

Die Verhandlungen kamen zu einem Stillstand, bis 1957 Max Merten nach Griechenland reiste. Max Merten war von 1942 bis 1944 als Militärverwalter in dem von deutschen Truppen besetzten Griechenland. Er war als »König von Saloniki« bekannt geworden. Mit seiner Unterstützung wurden fast sämtliche Angehörigen der jüdischen Gemeinde Thessalonikis deportiert und deren Vermögen geraubt. Mehr als 50 000 Jüdinnen und Juden wurden abtransportiert und größtenteils in Auschwitz und anderen Lagern ermordet.

1957 reiste Merten nach Griechenland, um als Zeuge vor einem griechischen Gericht in einer privatrechtlichen Angelegenheit auszusagen. Zuvor hatte ihm die deutsche Botschaft versichert, dass eine Verhaftung nicht zu befürchten sei. Er wurde aber sofort nach seiner Aussage verhaftet. In Bonn reagierte man mit Empörung auf die Verhaftung. Der Fall erlangte in Deutschland und besonders in Griechenland eine breite Öffentlichkeit. Die beiderseitige Hoffnung auf eine geräuschlose Bereinigung der Kriegsverbrecherfrage war nun nicht mehr möglich. Im dem folgenden Prozess wurde Mertens in Griechenland zu 25 Jahren Haft verurteilt.

Außerdem wurden dem griechischen Staat seitens der DDR Entschädigungszahlungen angeboten, wenn im Gegenzug die DDR von der griechi-

---

65 *Von Lidice bis Kalavryta*, a.a.O., S. 240.

schen Regierung international anerkannt würde. Dies wollte die Bundesregierung um jeden Preis verhindern.

Vor diesem Hintergrund wurden 1959 die Wiedergutmachungsverhandlungen erneut aufgenommen. Die deutsche Seite stellte aber Entschädigungszahlungen nur für spezifische Gruppen von NS-Verfolgten in Aussicht. Leistungen sollten nur die Opfer erhalten, die aus »Gründen der Rasse, des Glaubens oder der Weltanschauung« verfolgt worden waren. Der Vertrag sollte primär Leistungen an die griechischen Jüdinnen und Juden regeln. Die Opfer der Kriegsverbrechen der Wehrmacht und der SS, wie etwa die Hinterbliebenen aus Distomo, sollten somit keine Entschädigungen erhalten. Im März 1960 wurde das Abkommen geschlossen, das 1961 in Kraft trat. Griechenland erhielt 115 Mio. DM und war allein für die Verteilung zuständig. Die Zahlungen kamen in erster Linie den jüdischen Gemeinden zugute. Die Opfer aus Distomo erhielten keine Leistungen aus diesem Vertrag.

Max Merten und drei weitere verurteilte Kriegsverbrecher wurden gleich nach Unterzeichnung des Abkommens nach Deutschland ausgeflogen. Nach kurzer Haft wurde Merten entlassen. Einige Jahre später stellte das Berliner Landgericht sein Verfahren ein. Er erhielt Heimkehrerentschädigung und starb 1967. Die von Griechenland in die Bundesrepublik vollständig überstellten Ermittlungsakten über viele weitere Verbrechen führten zu keiner einzigen Anklage. Die BRD hatte den KriegsverbrecherInnen faktisch eine Generalamnestie verschafft und die griechische Seite betrogen.

Die Folgen des Zwei-Plus-Vier-Vertrages

Erst in den 1990er Jahren erlangten die deutschen Kriegsverbrechen und die Forderungen nach Entschädigung in der griechischen Öffentlichkeit wieder Aufmerksamkeit. Die ersten Initiativen sind eng mit der Person von Argyris Sfountouris verbunden. Argyris Sfountouris lebte als Kind in Distomo. Er war drei Jahre alt, als am 10. Juni 1944 seine Eltern und dreißig weitere Familienangehörige ermordet wurden. Sein gesamtes Leben setzte er sich für die Bewahrung der Erinnerung an das Geschehen und für eine rechtliche Aufarbeitung ein. Der Film des schweizerischen Filmemachers Stefan Haupt »Ein Lied für Argyris« dokumentiert sein Leben und seinen Kampf.

Anlässlich des 50. Jahrestages des Massakers von Distomo organisierte Argyris Sfountouris 1994 in Zusammenarbeit mit der Gemeinde Distomo im Europäischen Kulturzentrum in Delphi eine »Tagung für den Frieden«. Unter dem Tagungsthema »Gedenken – Trauer – Hoffnung« wurde über die verschiedenen Initiativen in Deutschland, Griechenland und andernorts zur Wiedergutmachung, zur Überwindung des Hasses und zur Aussöhnung referiert. Insgesamt nahmen 19 Referenten aus Griechenland, der Schweiz und Deutschland teil. Trotz intensiver Bemühungen und Anfragen nahm kein deutscher Politiker, auch nicht der deutsche Botschafter in Athen, an der Tagung teil.

Nach der Vereinigung von BRD und DDR im Jahre 1990 und dem nachfolgenden Zwei-Plus-Vier-Vertrag[66] entstand erstmals die Möglichkeit, konkrete Entschädigungsansprüche für das im Krieg erlittene Leid geltend zu machen. Der zwischen der BRD, der DDR und den ehemaligen Alliierten im Jahre 1990 geschlossene Zwei-Plus-Vier-Vertrag enthielt zwar keine explizite Regelung von Reparations- und Entschädigungsverpflichtungen. Aber er wird doch von der internationalen Staatengemeinschaft als eine Art Friedensvertrag angesehen mit der Folge, dass das Moratorium des Londoner Schuldenabkommens von 1953 nicht mehr gilt und Forderungen nunmehr gestellt werden können.

Argyris Sfountouris wandte sich im November 1994 an die deutsche Botschaft in Athen mit der Anfrage, ob seitens der Bundesregierung für die Opfer des Massakers von Distomo eine Entschädigung vorgesehen sei. Diese Anfrage wurde mit Schreiben vom 23.1.1995 abgelehnt.

Die Antwort fiel mehr als enttäuschend aus: »Vergeltungsaktionen« wie gegen das Dorf Distomo seien nicht als »NS-Tat« zu definieren, sondern als »Maßnahmen der Kriegsführung«, so hieß es. Sie fielen deshalb nicht unter die Regelungen des Bundes zur Entschädigung von NS-Unrecht, sondern unter den Fragenkomplex Reparationen. Die Reparationsfrage aber habe sich durch Zeitablauf erledigt.

Bis heute hat sich an dieser Haltung der Bundesregierung nichts geändert. Sämtliche Bundesregierungen lehnten eine Entschädigungsregelung, in welcher Form auch immer, kategorisch ab. Immer wieder wird das Scheinargument des Zeitablaufs bemüht, wohl wissend, dass das Londoner Moratorium eine frühere Geltendmachung der Forderungen verhinderte.

Die Überlebenden sahen keine andere Möglichkeit, als ihr Recht vor den Gerichten zu suchen. Gleichzeitig begannen 1995 zwei Prozesse, einer in Deutschland und einer in Griechenland. 296 Kläger und Klägerinnen reichten eine Entschädigungsklage beim Landgericht Levadia ein, während Argyris Sfountouris und seine drei Schwestern Chryssoula, Astero und Kondylia zusätzlich beim Landgericht Bonn Klage erhoben.

---

66 »Vertrag über die abschließende Regelung in Bezug auf Deutschland« vom 12. 9.1990, BGBl. 1990 II, 1318.

Die deutschen Gerichte

Die Klage der Geschwister Sfountouris scheiterte. Kein deutsches Gericht erkannte an, dass für die erlittenen Verluste ein individueller Anspruch auf Entschädigungsleistungen bestehe. Die Ermordung der Eltern und vieler weiterer Familienmitglieder, die Zerstörung des elterlichen Hauses mit allem darin befindlichen Besitz und die negativen Folgen für die persönliche und berufliche Entwicklung der Kinder sollten nach der Entscheidung sämtlicher deutscher Gerichte folgenlos bleiben.

Die Entscheidungen aller deutschen Gerichte im Fall Distomo waren von der Staatsräson und dem offensichtlichen Wunsch bestimmt, Zahlungsverpflichtungen der Bundesrepublik abzuwehren. Dabei waren sich selbst die höchsten deutschen Gerichte nicht zu schade, absurdeste Einwände zu erfinden.

Erstmals – im vorliegenden Fall Distomo – verfiel der Bundesgerichtshof in seinem Urteil vom 26.6.2003[67] auf die Idee, Krieg generell zum Ausschlussgrund im Rahmen der sogenannten Amtshaftung zu erklären. Hiernach haftet der Staat stets für rechtswidriges Verhalten seiner Bediensteten, in diesem Fall der SS-Soldaten. Der Bundesgerichtshof aber erklärte den Krieg zum völkerrechtlichen Ausnahmezustand, der nach dem Rechtsverständnis im Jahre 1944 die im Frieden geltende Rechtsordnung weitgehend suspendiert habe.

Ein bundesdeutsches Gericht machte so letztlich die Rechtsauffassung Nazi-Deutschlands zum Maßstab für seine Rechtsanwendung im Jahr 2003. Die deutschen Gerichte haben den Nazis posthum die Interpretationshoheit über die Rechtsfolgen ihrer Verbrechen überlassen. Die Mörder dürfen darüber entscheiden, ob ihre Opfer entschädigt werden. Dies war der Kern des Skandals des BGH-Urteils.

Doch den deutschen RichterInnen fielen noch weitere Konstrukte ein, um der Bundesregierung zu Hilfe zu eilen. So stieß man auf den § 7 des Gesetzes über die Haftung des Reiches für seine Beamten – Reichsbeamtenhaftungsgesetz (RBHG), eine Vorschrift, die längst außer Kraft ist. Nach jener Vorschrift stand den Angehörigen eines auswärtigen Staates im Jahr 1944 ein Ersatzanspruch gegen das Deutsche Reich nur insoweit zu, als die Gegenseitigkeit durch den auswärtigen Staat verbürgt war. Griechenland hatte sich jedoch im Jahr 1944 im Verhältnis zum Deutschen Reich nicht verbürgt, auch deutschen StaatsbürgerInnen Ansprüche zu gewähren.

Eine absurde Vorstellung, wenn man bedenkt, dass es um einen Prozess im Jahre 1995 geht. Die deutschen Gerichte hätten auf die Rechtslage im Jahr 1995 abstellen müssen, da das Reichsbeamtenhaftungsgesetz keine Gültigkeit

---

67   III ZR 245/98, zu finden unter http://bundesgerichtshof.de.

mehr hatte. Jedenfalls durfte diese Vorschrift nicht angewandt werden, weil es sich bei der zu beurteilenden Tat um NS-Unrecht (ein Verbrechen gegen die Menschheit) handelte. So hatte es das Bundesverfassungsgericht in Bezug auf Entschädigungsforderungen ehemaliger NS-ZwangsarbeiterInnen auch entschieden.

Doch den Fall Distomo wollte das Bundesverfassungsgericht nach seinem Beschluss vom 15. 2.2006[68] anders sehen:

»Die Vorschrift sollte das Deutsche Reich nicht vor Ansprüchen schützen, die aus spezifisch nationalsozialistischem Unrecht folgten. Ob ein anderer Maßstab in Sachverhalten zu gelten hat, denen willkürliche rassenideologische Überlegungen zugrunde liegen, bedarf hier keiner Entscheidung. Das Geschehen in Distomo ist als formell dem Kriegsvölkerrecht unterliegender Sachverhalt zu qualifizieren, dem kein spezifisch nationalsozialistisches Unrecht eigen und der deshalb nicht dem getrennt geregelten Bereich der Wiedergutmachung von NS-Unrecht zuzuordnen ist. Vergeltungsmaßnahmen gegen die Zivilbevölkerung waren zwar häufig nach Art und Ausmaß auch nach damals geltendem Rechtsverständnis völkerrechtswidrig, galten aber während des Zweiten Weltkriegs dem Grunde nach auch bei den Alliierten als erlaubt. Der unerlaubte Exzess von Vergeltungsmaßnahmen kann deshalb nicht ohne weiteres als spezifisch nationalsozialistisches Unrecht qualifiziert werden, es sei denn, dass bestimmte rassenideologische Umstände ausschlaggebend waren. An solchen besonderen Umständen, die einen hinreichend engen Zusammenhang zwischen den von den Beschwerdeführern erlittenen Völkerrechtsverstößen und der NS-Ideologie belegen, fehlt es jedoch vorliegend.«

Mit dieser Begründung betätigte das Bundesverfassungsgericht, dass der Bundesgerichtshof auf die Rechtslage im Jahr 1944 abstellen durfte. Es missachtete in seinem Beschluss schlicht sämtliche in Nürnberg entwickelten Erkenntnisse und Rechtsgrundsätze und damit den Versuch eines Neubeginns nach einer in der Menschheitsgeschichte bis dato nicht bekannten Barbarei. Angesichts des Ausmaßes der Gräueltaten im besetzten Griechenland im Fall Distomo von einem Exzess einer an sich zulässigen Maßnahme zu sprechen, verbietet sich aufgrund der vorliegenden historischen Erkenntnisse. Das Distomo-Massaker war kein Ausrutscher einer aus dem Ruder gelaufenen Soldateska, sondern Ergebnis der militärischen Repressionspolitik bei der Besetzung Griechenlands. Die systematische Ermordung der Zivilbevölkerung war integraler Bestandteil des nationalsozialistischen Besatzungsregimes.

---

68 2 BvR 1476/03, zu finden unter http://www.bverfg.de/entscheidungen.html.

Angesichts dessen ist das Beharren der bundesdeutschen Justiz auf der Anwendung einer inzwischen längst außer Kraft gesetzten Vorschrift ein klarer Beweis für die Willkürlichkeit ihrer Entscheidungen. Jedenfalls ist offensichtlich, dass die deutschen Gerichte sich bei ihren Entscheidungen ausschließlich an der politischen Erwartungshaltung der Bundesregierung orientierten und nicht am Maßstab des Rechts.

Die Geschwister Sfountouris wandten sich an den Europäischen Gerichtshof für Menschenrechte (EGMR) in Straßburg, weil sie die Urteile der deutschen Gerichte als willkürlich und menschenrechtswidrig ansahen. Doch der EGMR entschied am 31. Mai 2011[69], er könne in den Urteilen der deutschen Gerichte keinen Verstoß gegen die Europäische Menschenrechtskonvention erkennen. Es hätte den deutschen Gerichten oblegen, Ansprüche anzuerkennen oder nicht, soweit diese Entscheidungen nicht willkürlich seien. Auf diese Weise stellte das Gericht dem deutschen Staat und seiner Justiz einen Blankoscheck aus, Opfern von NS-Verbrechen Entschädigungsleistungen zu gewähren oder nicht. Damit werden ihnen vom Menschenrechtsgerichtshof die Menschenrechte verweigert.

Der Rechtsstreit vor griechischen Gerichten

Parallel dazu suchten die KlägerInnen aus Distomo ihr Recht vor griechischen Gerichten. Sie führten eine Sammelklage durch den damaligen Präfekten der Provinz Böotien, Rechtsanwalt Ioannis Stamoulis, und gewannen vor dem Landgericht Levadia, das die Bundesrepublik Deutschland mit Urteil vom 30.10.1997[70] zur Zahlung von rund 28 Mio. Euro Schmerzensgeld verurteilte. Die deutsche Seite nahm an dem Prozess gar nicht teil. Offenbar konnte sich niemand vorstellen, tatsächlich zu verlieren.

Bereits in diesem Prozess wurde ein Kernpunkt offenbar, auf den sich die deutsche Seite später immer wieder berufen sollte: Die sogenannte »Staatenimmunität«. Ein völkerrechtliches Prinzip, das besagt, ein Staat könne vor den Gerichten eines anderen Staates nicht verklagt werden. Auch das Landgericht von Levadia setzte sich mit dieser Problematik auseinander und stellte fest, dass die Berufung auf die Befreiung von der Gerichtsbarkeit im vorliegenden Fall rechtsmissbräuchlich wäre. Ein Staat, der wie das Deutsche Reich gegen zwingende Normen des Kriegsvölkerrechts verstoßen habe, habe den Schutz der Immunitätsregel verwirkt.

---

69 No. 24120/06, zu finden unter www.echr.coe.int/.
70 Az.:137/1997, in AJIL 92, 1998, S. 765f.

Damit hatte man in Berlin nicht gerechnet. Die deutsche Seite rief den Areopag an, den Obersten Gerichtshof Griechenlands, und brachte dort vornehmlich den Einwand der Staatenimmunität vor. Doch der Areopag befand mit Urteil vom 4.5.2000[71], dass Staaten keine Immunität mehr beanspruchen können, wenn es um die Haftung für schwere Verstöße gegen das Kriegsvölkerrecht gehe, wie sie in Distomo begangen wurden. Der Areopag bestätigte das Urteil aus Levadia und damit war der Rechtsstreit in Griechenland zu Ende.

In Berlin begannen nun die Alarmglocken zu schrillen. Sollte dieses Urteil Schule machen, könnten weitere Klagen folgen und sie wären auch erfolgt. Und so erklärte die Bundesregierung, sie erkenne die griechischen Gerichtsentscheidungen nicht an.

Die KlägerInnen betrieben daraufhin die Zwangsvollstreckung in deutschen Immobilienbesitz in Griechenland. Die Zwangsversteigerung der Liegenschaften, in denen sich in das Goethe-Institut, die Deutsche Schule und das Deutsche Archäologische Institut befinden, wurde aber nach Intervention der deutschen Regierung gegenüber der griechischen Regierung gerichtlich gestoppt. Die deutsche Regierung warf ihr gesamtes politisch-diplomatisches Gewicht in die Waagschale, um der Zahlungspflicht zu entgehen. Der damalige Außenminister Fischer intervenierte in Athen und erreichte, dass der griechische Justizminister bereits begonnenen Vollstreckungsmaßnahmen die Zustimmung verweigerte. (Die griechische Zivilprozessordnung erfordert gemäß Art. 923 die Zustimmung des Justizministers, wenn in ausländisches Staatseigentum vollstreckt wird.) Die griechische Regierung war zu diesem Zeitpunkt politisch leicht erpressbar, wollte sie doch den im Jahr 2002 anstehenden Zutritt zur Eurozone nicht gefährden. Hierfür war die Unterstützung Deutschlands zwingend erforderlich.

Damit war eine Durchsetzung des rechtskräftigen Urteils in Griechenland unmöglich geworden. Die KlägerInnen aus Distomo wandten sich daher nach Italien und beantragten vor italienischen Gerichten, die griechischen Urteile für vollstreckbar zu erklären, um in Italien Zwangsvollstreckungsmaßnahmen gegen Deutschland ergreifen zu können. Sämtliche italienischen Gerichte bestätigten die Vollstreckbarkeit der griechischen Entscheidungen in Italien bis hin zum Kassationsgerichtshof in Rom. Der Kassationsgerichtshof wies den Immunitätseinwand Deutschlands zurück, da dieser auf Verbrechen gegen die Menschheit nicht anwendbar sei.[72]

---

71 Az. Nr. 11/2000, veröffentlicht in *Kritische Justiz* 2000, S. 475.

72 Oberster Kassationsgerichtshof Rom – Vereinigte Senate, Urteil No. 14199-08, v. 29. Mai 2008, Az. 24290/07.

Die hier gegenständlichen Urteile griechischer und italienischer Gerichte sind Ausdruck eines gewandelten Verständnisses des Grundsatzes der Staatenimmunität, welcher heute nur noch eingeschränkte Anwendung finden kann. Es gibt jedenfalls keine Völkerrechtsnorm, die den jeweiligen nationalen Gerichten verbietet, über Klagen von Bürgern ihres Staates im Fall von Kriegsverbrechen und schweren Menschenrechtsverletzungen zu entscheiden. Vollstreckungsmaßnahmen gegen deutsches Eigentum wurden eingeleitet. Zur Sicherung der Ansprüche wurde zunächst die im deutschen Staatseigentum befindliche Villa Vigoni in Menaggio am Comer See (durch Eintragung einer Sicherungshypothek in das Grundbuch der Liegenschaft) und die Ansprüche der Deutsche Bahn AG gegen die italienische Staatsbahn gepfändet. (Die Ansprüche der Deutschen Bahn entstehen aus dem Verkauf von deutschen Bahnfahrkarten im italienischen Ausland. Diese werden zwischen den beiden staatlichen Bahngesellschaften abgerechnet.)

Der Rechtsstreit vor dem Internationalen Gerichtshof in Den Haag

Doch Deutschland wollte sich den italienischen Urteilen immer noch nicht beugen. Die deutsche Seite konnte die Durchsetzung letztlich aber nur dann verhindern, wenn ein Eingriff in die Autonomie der italienischen Justiz und damit in das demokratische Gewaltenteilungsprinzip erfolgen würde. Zunächst versuchte die deutsche Regierung die italienische zu einem direkten Eingriff in die Unabhängigkeit der italienischen Gerichte zu bringen. Dies ging aber selbst der Berlusconi-Regierung zu weit, da dies ihre eigene staatliche Souveränität in Frage gestellt hätte. Man fand aber einen Kompromiss.

Deutschland erhob am 23.12.2008 Klage gegen Italien vor dem Internationalen Gerichtshof in Den Haag. Bei einem Gipfeltreffen im Herbst 2008 in Triest hatten die deutsche und die italienische Regierung (Merkel/Berlusconi) einvernehmlich die Einleitung des Verfahrens vor dem IGH beschlossen, um die Durchsetzung der berechtigten Entschädigungsansprüche von NS-Opfern gegenüber Deutschland auf diese Weise zu vereiteln. Ohne Zustimmung Italiens hätte dieses Verfahren nicht begonnen werden können.

Darüber hinaus nahm die Bundesregierung politischen Einfluss auf die italienische Regierung, um diese zu veranlassen, ein Dekret zu verabschieden, mit dem bis zum Ende des Jahres 2011 sämtliche Vollstreckungsmaßnahmen gegen deutsches Eigentum gestoppt wurden. Damit war vorerst keine Möglichkeit mehr gegeben, selbst rechtskräftige Ansprüche in Italien durchzusetzen.

Deutschland wählte mit dem Antrag beim IGH ein Verfahren, in dem es keinen echten Widerpart mehr gab. Es gab in Wirklichkeit keinen Rechtsstreit zwischen Deutschland und Italien. Der juristische Streit bestand nur zwischen der Bundesregierung und italienischen Gerichten bzw. zwischen der Bundesregierung und den Opfern der NS-Verbrechen. Die anspruchsberechtigten Opfer aber waren nach dem Statut des Internationalen Gerichtshofs am Prozess nicht beteiligt. Mit der Klage in Den Haag strebte Deutschland nun an, den Internationalen Gerichtshof dafür zu instrumentalisieren, sich von Zahlungsverpflichtungen ein für alle mal zu befreien.

In letzter Minute beteiligte sich auch Griechenland an dem Prozess in Den Haag, allerdings nur als Beobachter, nicht als Partei. Diese Intervention war von Anfang an eine halbherzige, denn die griechische Regierung gab zwar an, dass es in dem IGH-Verfahren um Belange eigener Staatsangehöriger ginge. Gleichzeitig verhindert eben diese Regierung bis heute eine Umsetzung der Urteile im Fall Distomo, also eine Vollstreckung in deutsches Eigentum in Griechenland.

Der Internationale Gerichtshof in Den Haag verhandelte vom 12. bis zum 16. September 2011 öffentlich über die Klage Deutschlands.

Als am Montag, den 12.9.2011, die mündliche Verhandlung im Fall Deutschland./.Italien vor dem IGH mit den Plädoyers der deutschen Delegation begann, wähnte man sich in einem Bühnenstück, bei dem die Rollen vertauscht schienen.[73] Deutschland nahm die Rolle des Opfers ein, das sich völlig zu Unrecht von der italienischen Justiz in die Enge gedrängt und nun zum Gegenangriff genötigt sah. Italiens Oberster Gerichtshof, so die deutsche Seite, habe durch seine Rechtsprechung das internationale Recht verletzt, und Deutschland sei angetreten, diesem wieder Geltung zu verschaffen. Anderenfalls drohe die Nachkriegsordnung zusammen zu brechen, würde das komplexe Regelwerk der internationalen Gemeinschaft erodieren, brächen Chaos und Anarchie aus. Kurz: Deutschland nahm in diesem Prozess für sich in Anspruch, den Frieden in der Welt zu retten.

Die deutsche Delegationsleiterin, Botschafterin Wasum-Rainer, erklärte im Gerichtssaal, dass man ja versucht habe, die italienische Regierung dazu zu bewegen, eine Umkehr bei der italienischen Justiz zu bewirken. Doch leider habe die sich auf die Unabhängigkeit ihrer Gerichte berufen. Deutschland reklamierte also die Unantastbarkeit seiner staatlichen Souveränität, während es gleichzeitig alles unternahm, die Souveränität Italiens und seiner Justiz zu unterlaufen: Eine Verkehrung der Tatsachen.

Deutschland erwartete, dass die italienische Regierung, welche sich unter freiwilligem Druck auf den Prozess in Den Haag einließ, kein allzu ernsthaf-

---

73   nachzulesen unter:
      http://www.icj-cij.org/docket/index.php?p1=3&p2=3&k=60&case=143&code=ai&p3=2.

ter Gegner sein würde. Doch ganz ging die Rechnung nicht auf. Hatten die deutschen VertreterInnen noch versucht, die Entschädigungsfrage aus dem Prozess herauszuhalten, so legten die italienischen JuristInnen dann doch den Finger in die Wunde. Deutschland habe die Opfer von Kriegsverbrechen nicht entschädigt. Eine Entschädigungspflicht für die von Nazideutschland begangenen Verbrechen, so die italienischen Juristen, sei aber ein zwingendes Gebot des Internationalen Rechts. Daher habe der Kassationshof in Rom auch gar nicht anders gekonnt, als den Grundsatz der Staatenimmunität einzuschränken, anderenfalls hätte er die Rechte der Opfer und damit ein widerstreitendes und höherrangiges Rechtsprinzip verletzt.

Deutschland, so die Argumentation der italienischen Delegation, verletze bis heute das Internationale Recht, weil es seiner Entschädigungspflicht nicht nachkomme. Ein Vorwurf, der für wütende Gegenangriffe der deutschen Delegation sorgte. Deutschland habe Milliarden für die Entschädigung von NS-Opfern gezahlt, Deutschland habe Reparationen geleistet und einen Großteil seines Territoriums abgetreten. Der Geist des »Schlussstrichs« waberte durch den Gerichtssaal. Die Mühe, sich mit der Frage auseinander zu setzen, welche Opfergruppen bis heute ohne Entschädigung geblieben sind, machte man sich nicht. Stattdessen folgte die kaum verhohlene Drohung: Wenn die NS-Opfer sich hier durchsetzen würden, dann könnten ja auch z. B. die deutschen Opfer des alliierten Bombenkriegs die Frage neu aufwerfen, ob hier ein Kriegsverbrechen vorlag und Entschädigung fordern. Das, so will man suggerieren, könne der Gerichtshof doch nicht ernsthaft wollen.

Dass es Deutschland auch darum geht, für die eigenen Kriegsverbrechen der Gegenwart und Zukunft nicht in die Haftung genommen zu werden, war nicht Gegenstand der Verhandlung. Darauf hinzuweisen, blieb der Protestkundgebung des AK-Distomo und des AK-Angreifbare Traditionspflege zu Beginn der Verhandlung vor dem Gerichtshof vorbehalten.

Am Freitag, den 3.2.2012, verkündete der Internationale Gerichtshof in Den Haag seine Entscheidung im Fall Deutschland./.Italien. Er gab der Klage Deutschlands statt und gewährte der Bundesrepublik Immunität gegenüber Klagen von NS-Opfern in Italien. Mit diesem Urteil ist nun vorerst der Klageweg für NS-Opfer in deren Herkunftsländern versperrt. Zwar wirkt das Urteil unmittelbar nur gegenüber Italien. Doch angesichts der Leitfunktion der Rechtsprechung des IGH im Internationalen Recht wird die Entscheidung wesentlich weitergehende Auswirkungen haben.

Dieses Urteil bedeutet eine Kapitulation des Rechts vor der Macht. Das Ergebnis ist eine faktische Beseitigung des Individualrechtsschutzes für die Opfer von Kriegs- und Menschheitsverbrechen, der in den letzten Jahren eine

Stärkung erfahren hatte. Selbst schwerste Staatsverbrechen sollen keine Ausnahme mehr vom Prinzip der Staatenimmunität erlauben.

Für die Überlebenden der NS-Verbrechen und die Angehörigen der Ermordeten ist dieses Urteil eine große Enttäuschung, weil die Ideologie des Stärkeren und die Norm der Mächtigen über die Anerkennung des Unrechts gegenüber den einzelnen Machtlosen obsiegt hat. Die NS-Verbrechen und das Leid der Menschen spielten für den Ausgang des Prozesses keine Rolle. Der Internationale Gerichtshof hat sich der Macht Deutschlands und der Staatsräson gebeugt und die Grundlagen der Nürnberger Prozesse faktisch beseitigt.

Eine leise Kritik des Gerichts an der Praxis Deutschlands, ganze Opfergruppen wie die ehemaligen italienischen Militärinternierten von finanziellen Leistungen der Stiftung »Erinnerung, Verantwortung, Zukunft« auszuschließen, kann nicht darüber hinwegtäuschen, dass das Gericht deren Rechtsansprüche faktisch beseitigt hat. Ohne eine gerichtliche Durchsetzbarkeit ihrer individuellen Ansprüche sind die Opfer darauf angewiesen, um Wohltaten zu betteln.

Damit fand der Fall Distomo hier seinen vorläufigen Abschluss. Die Überlebenden und die Angehörigen der Ermordeten sind nach der Entscheidung aus Den Haag darauf angewiesen, dass die eigene Regierung gegenüber Deutschland Entschädigungsleistungen einfordert. Danach sieht es nach Lage der Dinge nicht aus. Angesichts der gegenwärtigen Krise scheut die griechische Regierung mehr denn je den Konflikt mit dem starken Deutschland. Nur eine starke außerparlamentarische Bewegung könnte den Opfern noch zu ihrem Recht verhelfen, indem genügend Druck aufgebaut wird, um eine Verhandlungslösung zu erzwingen. Aber auch eine solche ist derzeit leider nicht in Sicht.

Deutschland hat es vorerst geschafft, die Opfer in jeder Hinsicht rechtlos zu stellen. Die Macht hat über das Recht gesiegt.

Das juristische Nachspiel in Italien

Der italienische Gesetzgeber war nun gehalten, das Urteil des Internationalen Gerichtshofs umzusetzen. Er entschied sich für eine geteilte Lösung. Es wurde ein Gesetz erlassen, durch dass alle laufenden und zukünftigen Verfahren gegen die Bundesrepublik Deutschland aufgrund von rechtwidrigen Handlungen während des Zweiten Weltkriegs unzulässig werden.[74] Damit müssen alle italienischen Gerichte solche Klagen abweisen. Dies gilt vor allem für die

---

74 Gazetta Ufficiale della Republica Italiana, Anno 154 – Numero 24, 29.01.2013.

Entschädigungsklagen ehemaliger italienischer NS-Zwangsarbeiterinnen und -Zwangsarbeiter.

Rechtskräftige Urteile wie im Fall Distomo werden aber nicht automatisch außer Kraft gesetzt. Insoweit räumt der italienische Gesetzgeber der Bundesrepublik Deutschland nur die Möglichkeit eines Wiederaufnahmeverfahrens ein. Ein solches betreibt die BRD zur Zeit vor dem Oberlandesgericht Florenz. Es ist zu erwarten, dass letztlich erneut der Kassationshof in Rom entscheiden wird. Die laufenden Zwangsvollstreckungsverfahren sind derzeit ausgesetzt, voraussichtlich, bis der Kassationshof entscheidet.

Überraschenderweise hat kürzlich das Landgericht Florenz einen folgenreichen Beschluss gefasst. Statt die Klage ehemaliger NS-Zwangsarbeiter auf Entschädigung gemäß des neu verabschiedeten Gesetzes abzuweisen, folgte es dem Antrag von Rechtsanwalt Joachim Lau. Dieser hatte beantragt, einen Vorlagebeschluss an das italienische Verfassungsgericht zu erlassen. Das Verfassungsgericht soll nun die Frage klären, ob das Urteil des IGH gegen verfassungsmäßige Rechte der Kläger verstößt. Das Landgericht Florenz sieht durch die Entscheidung aus Den Haag die Menschenwürde der Kläger und ihr Recht auf einen gesetzlichen Richter verletzt. Es läge eine Verletzung der internationalen Rechtsordnung vor, wenn einem Betroffenen im Falle schwerer Menschenrechtsverletzungen der Zugang zu den Gerichten verweigert würde.[75]

Diese Entscheidung wird auch Auswirkungen auf den Fall Distomo haben. Dadurch könnte ein schon verloren geglaubter Rechtsstreit neue Dynamik erhalten. Sollte sich tatsächlich auch das italienische Verfassungsgericht der Auffassung des Landgerichts Florenz anschließen, würde der gesamte Konflikt um die Entschädigung von NS-Verbrechen in eine neue Phase treten. Dies wäre wünschenswert, denn die verheerende Entscheidung aus Den Haag darf nicht das letzte Wort bleiben.

---

75 Tribunale Ordinario die Firenze, N.R.G. 1300/2012.

IV. Gegenwehr und soziale Bewegungen

1. Die Bewegung der Selbstorganisation in Griechenland

Von Georgia Bekridaki

Als Folge der Durchsetzung der Sparpolitik und der Auflösung des größten Teils der Überreste des Sozialstaates hat sich in Griechenland ein soziales Desaster ausgebreitet, das von vielen als »Verhältnisse wie in der Dritten Welt« beschrieben wird. Die Arbeitslosigkeit hat Rekordmarken erreicht, die Kaufkraft der Menschen ist um fast 50 Prozent gefallen, die länger Arbeitslosen haben keine Krankenversicherung mehr und können sich somit Gesundheitsdienstleistungen häufig nicht mehr leisten, viele Kindergärten, Schulen und Privathäuser konnten diesen Winter nicht beheizt werden und Millionen von Haushalten haben keinen Strom mehr, weil sie ihre Stromrechnungen nicht bezahlen können.

Desweiteren wird der Zerfall des sozialen Zusammenhalts zur Realität, weil soziale Dienstleistungen abgebaut wurden. Am stärksten von dieser Entwicklung betroffen sind AsylbewerberInnen und ZuwandererInnen, die man zwingt, am Rande der Gesellschaft in einer oft gewalttätigen Umgebung zu leben, die aus einem allgemeinen Klima von Angst und Verzweiflung resultiert.

Auf der politischen Ebene haben die drei Parteien, die die gegenwärtige Regierung bilden, die politische Entscheidung getroffen, die verschiedenen Austeritätsprogramme (Memoranden) trotz ihrer verheerenden Auswirkungen für die griechische Gesellschaft bedingungslos durchzusetzen. Die bedeutendste Oppositionspartei SYRIZA (die aus dreizehn Organisationen bestehende Koalition der radikalen Linken) versucht, die Kämpfe der Bevölkerung zu organisieren und spielt bei den verbreiteten Solidaritätsaktionen und in der Bewegung für Selbstverwaltung eine gewisse Rolle. Doch in den vergangenen zwei Jahren hat auch die Neonazi-Partei Chrysi Avgi (goldene Morgenröte) viele Anhänger hinzu gewinnen können (bei den Wahlen hat sie sieben Prozent der Stimmen erhalten), obwohl ihre Ideologie, ihr Programm und ihr Handeln eindeutig als faschistisch zu bezeichnen sind.

Dies also sind die gesellschaftlichen und politischen Rahmenbedingungen, unter denen sich seit 2009 in der griechischen Gesellschaft eine inzwischen breite Solidaritätsbewegung für Selbstorganisation hat entwickeln können.

Es handelt sich um eine selbstorganisierte Bewegung von Menschen in Not für Menschen in Not, um eine kollektive Anstrengung der Basis der Bevölkerung (ArbeiterInnen, RentnerInnen, junge Leute, Frauen, Bauern und Bäuerinnen, ZuwandererInnen), die auf ihren eigenen Füßen stehen möchten, um die Ursachen und Konsequenzen der Krise zu bekämpfen, gegen die Demontage des Sozialstaates und den Abbau der politischen Rechte der arbeitenden Mehrheit, die in über einem Jahrhundert sozialer Kämpfe errungen worden sind, Widerstand zu leisten.

Die Bewegung versucht gleichermaßen, die Mittel für das Überleben der Menschen zu sichern und am Aufbau einer anderen Gesellschaft zu arbeiten. Die Entwicklung neuer Formen der Selbstorganisation der Bevölkerung, von Strukturen der gesellschaftlichen Solidarität, die im ganzen Land in einer unglaublichen Vielfalt entstehen, steht am Beginn eines Beispiels nicht nur für eine mögliche Krisenlösung zugunsten der Bevölkerungsmehrheit, sondern auch zugunsten einer anderen Organisationsform, einer tiefgreifenden und radikalen demokratischen Umwälzung der Gesellschaft.

Der Beginn von Strukturen der Solidarität und des Widerstands

In den vier Jahren der Politik der durch die Troika (EZB, EU und IWF) durchgesetzten Memoranden leistete die griechische Gesellschaft massiv Widerstand gegen eine Politik, die ihre Gegenwart und vor allem ihre Zukunft untergräbt. Von Kreta bis Evros, von Rhodos bis Florina schufen tausende Männer und Frauen, Junge und Alte, Einheimische und Migranten von unterschiedlichen politischen Überzeugungen und ideologischen Ausrichtungen – doch alle in der Überzeugung, dass die Politik der Memoranden beendet werden muss – mittels sozialer Eruptionen und Kämpfe eine Massenbewegung des Widerstandes und der Solidarität, indem sie die Parole »Niemand wird in der Krise allein gelassen« riefen und in die Praxis umzusetzen suchten.

Seit 2009 gab es bereits eine Massenbewegung, die gegen die Straßengebühren und die Preiserhöhungen für den öffentlichen Verkehr Widerstand leistete. Die sogenannte »Wir können und wollen nicht zahlen!«-Bewegung verbreitet den Geist zivilen Ungehorsams und praktizierte ihn in verschiedenen Formen.

Vom Mai bis August 2011 spielte die »Bewegung der Empörten« eine besondere Rolle bei der Mobilisierung der Bevölkerung, weil sie neue Kampfformen, friedliche Demonstrationen, kreative Widerstandsaktionen und den Aufbau von Netzwerken des Widerstands miteinander verband. Zahlreiche Nachbarschaftsinitiativen und soziale Bewegungen kamen auf dem Syntagma-Platz (vor dem Parlament) und auf zentralen Plätzen der anderen Städte des Landes zusammen und begannen den Versuch, ihre Tätigkeiten zu koordinieren.

Die »Empörten« besetzten die Plätze und viele von ihnen übernachteten auch dort. Es wurden Arbeitsgruppen nach Themen eingerichtet. Es gab tägliche Vollversammlungen und die Entscheidungen wurden nach den Verfahren direkter Demokratie getroffen. Jeden Abend fanden fast drei Monate lang Vollversammlungen auf den Plätzen statt. Auf diesen Vollversammlungen diskutierten die »Empörten«, planten ihre Tätigkeiten und kamen über viele Fragen zu Entscheidungen.

Die Menschen, die sich an dieser Bewegung beteiligten, hatten unterschiedliche politische Ausrichtungen. Zunächst versuchte die Bewegung, jede Beziehungen zu politischen Parteien zu vermeiden. Auch betrachtete sie die klassischen politischen Methoden des Kampfes mit großer Skepsis. Andererseits muss man jedoch auch bemerken, dass die Höhepunkte dieser Bewegung während der Generalstreiks stattfanden, als die Arbeiterbewegung mit der spontanen Bewegung der Bevölkerung in Kontakt kam.

Im Juli 2011 wurde den Menschen klar, dass sich diese Bewegung auf die anderen Stadtviertel von Athen und das ganze Land ausweiten musste. So wurden in vielen Städten einige Hundert Versammlungen abgehalten und der Geist von Selbstorganisation und Solidarität war bereits soweit gereift, dass die Menschen mit Solidaritätsaktionen vor Ort begannen.

Die Solidaritätsbewegung besteht mittlerweile aus über 250 selbstorganisierten Kollektiven und Initiativen, von denen die Hälfte im Großraum Athen und der Rest im ganzen Land angesiedelt ist. Sie sind in vielen Bereichen und in unterschiedlichen Formen tätig. Zunächst versuchten sie, Antworten auf die nötigsten Bedürfnisse des Überlebens und des kollektiven Handelns zu geben. Sie begannen ihre Tätigkeit in so wesentlichen Bereichen wie Gesundheit, Nahrung, Bildung usw. und wurden immer mehr zu Agenten gesellschaftlicher Veränderung. Die wichtigste Basis für diese Projekte und der Ausgangspunkt ihrer Aktivitäten ist der eigene Stadtteil und die wesentlichste Form des Funktionierens die offene Versammlung sowohl derjenigen, die als OrganisatorInnen tätig sind, wie auch der Betroffenen.

Die Beteiligung der Menschen, die Hilfe brauchen, ist ein wesentliches Ziel der Solidaritätsbewegung. Ein erheblicher Teil der AktivistInnen in diesen Strukturen sind natürlich arbeitslose Frauen und Männer oder Leute, die keine Beschäftigung mehr haben (etwa RenternerInnen, verarmte kleine Geschäftsleute, Menschen der unteren »Mittelklasse«) – aber auch ArbeiterInnen in prekärer Beschäftigung. Es ist ein informelles Netzwerk der verschiedenen Solidaritätsstrukturen entstanden, das entweder nach geografischen Gegebenheiten oder den Tätigkeitsbereichen (z.B. die medizinische Versorgung) funktioniert. Damit soll die Effizienz gesteigert werden.

Eine Entwicklung erst jüngeren Datums ist die Initiative von Gewerkschaften, eigene Solidaritätsstrukturen für die Mitglieder aufzubauen. Diese

Begegnung der Solidaritätsbewegung mit den Gewerkschaften könnte der Bewegung eine andere Perspektive und Dynamik verschaffen und sich positiv auf die Resultate der kommenden gesellschaftlichen und politischen Kämpfe in Griechenland auswirken.

Die Kartoffelbewegung – ohne den Zwischenhandel

Im Februar 2012 starteten Mitglieder der Freiwilligengruppe der Präfektur Pieria in der Stadt Katerini im Norden Griechenlands die sogenannte »Kartoffelbewegung«. Die Bewegung begann damit, dass Bauern aus Nevrokopi aus der Region Drama in Thrakien ihre Kartoffeln kostenlos an Bedürftige verteilten. Die Bauern protestierten damit gegen die ruinöse und beschämende Preisgestaltung der Zwischenhändler, die die Kartoffeln z.B. an Großmärkte weiterverkaufen. Um ihre Solidarität mit den Bauern zu zeigen, entschlossen sich die Mitglieder der Freiwilligengruppe von Pieria, die Bauern einzuladen, ihre Produkte direkt an die KonsumentInnen ihrer Stadt Katerini zu verkaufen. Binnen eines Tages wurden 24 Tonnen Kartoffeln über ihre Website zu etwa einem Drittel des Preises in den Supermärkten verkauft.

Die »Kartoffelbewegung« stellt eine sehr erfolgreiche Initiative dar, die inzwischen von Hunderten von Initiativen im ganzen Land praktiziert wird. Sie stand am Beginn der Bewegung »ohne Zwischenhändler«. Ihre Praxis besteht darin, die ProduzentInnen von landwirtschaftlichen Produkten mit den KonsumentInnen in den Städten zusammen zu bringen. Durch Überspringen der Zwischenhändler der Handelskreisläufe bzw. der Supermärkte (die zumeist in der Hand von deutschen oder französischen Ketten sind, so Lidl oder Carrefour) bekommen die ProduzentInnen die Möglichkeit, ihre Produkte zu besseren und faireren Preisen zu verkaufen; die KonsumentInnen haben den Vorteil, dass sie deutlich billiger als in den Supermärkten an frischere Ware kommen.

Ein Charakteristikum dieser Bewegung ist es, dass auch Bauern mit kleiner Produktion unterstützt werden, die ökologischen Landbau betreiben, oder solche, die die Böden und vor allem die Rechte der LandarbeiterInnen respektieren; die Bewegung befördert auch die Produktion vor Ort für die dortigen Bedürfnisse und stellt die Frage der Nahrungsmittelsouveränität auf sehr konkrete Art und Weise.

Außerdem zeigt sie den Weg für eine kollektive Antwort auf die Frage der Distribution von Nahrungsmitteln und macht einen Vorschlag für den Umbau der Ökonomie in Richtung Partizipation. Es entstand ein Netzwerk mit ProduzentInnen und KonsumentInnen, das für permanente Formen einer direkteren Verfügbarkeit von Gütern mittels »Gesellschaftsläden« sorgt, aber auch mittels selbstverwalteter städtischer kollektiv betriebener Höfe.

Seit 2012 sind die »Gesellschaftsläden« überall im Land entstanden. Sie bieten die Produkte der »Bewegung ohne Zwischenhandel« zu günstigen Preisen an und arbeiten gleichzeitig als selbstverwaltete Kooperativen. Dadurch wird die soziale Ökonomie im Bereich der Nahrungsmittel mit der sozialen Ökonomie als Antwort auf die Arbeitslosigkeit verbunden.

Die Suppenküchen

Im Bereich der Nahrungsmittel sind auf dem Hintergrund der tiefen Krise sehr viele Initiativen entstanden und haben sich entwickelt. Es wurden Nahrungsmittel gesammelt und an solche Haushalte ausgegeben, die ohne diese Hilfen oft nicht überleben könnten. Doch bei diesen Initiativen geht es auch um das Problem der *Beteiligung und Aktivierung* der Menschen, die solche Probleme haben. Man möchte ihre gesellschaftliche Isolierung und Vereinzelung aufbrechen und gegen die Tendenzen der Verzweiflung, des Rette-sich-wer-kann, der gesellschaftlichen Fragmentierung usw. ankämpfen, die alle die faschistischen Tendenzen begünstigen; in allen Stadtteilen sollen der gesellschaftliche Zusammenhalt und der Gemeinschaftsgeist gestärkt werden.

Beispiele für ein solches Vorgehen sind das Netzwerk der Solidarität von Vyronas (Groß-Athen), das binnen eines halben Jahres (man begann im Juli/August 2012) zweimal pro Monat 240 Familien mit Nahrungsmitteln versorgt. Das Netzwerk begann mit etwa fünf Leuten zu arbeiten, während inzwischen gut dreißig Menschen sich an den Versammlungen beteiligen. Die am Netzwerk Beteiligten holen Nahrungsmittel aus den Supermärkten, und zwar nicht von den Eigentümern, sondern den Kunden, und informieren sie gleichzeitig über die Aktivitäten in ihrem Stadtteil. Dieses Netzwerk der Solidarität arbeitet auf drei Grundlagen: a) es hilft allen ohne Unterschied, die in Not sind; b) es organisiert praktische Solidarität als Hebel für die BürgerInnen und nicht als »Wohlfahrtsmaßnahme«, die zu Inaktivität führt; c) die Entscheidungen werden in einer Vollversammlung getroffen, an der alle Beteiligten teilnehmen und in der die konkreten Anforderungen an die tagtägliche Solidaritätsarbeit besprochen werden. Diese Prinzipien sind fast allen selbstorganisierten Solidaritätsstrukturen gemeinsam.

Ein anderes sehr interessantes Beispiel ist der »Tisch der Solidarität und Emanzipation«, der in Kavala (Nordgriechenland) organisiert wird. Dieser Tisch der Beteiligung startete an Weihnachten 2011. Seit Ostern 2012 wird er jeden Freitag abgehalten und seit Oktober 2012 gibt es dreimal die Woche auch ein Mittagessen. Es sind alle eingeladen, die Hilfe brauchen oder die zum Gelingen beitragen können (durch Lebensmittel, Teller, Geschirr, Tischtücher, Beteiligung an der Zubereitung, beim Abwasch usw.). Gewöhnlich stammen die Lebensmittel von Spenden; nach dem Abendessen gibt es Musik oder Gesprächsrunden der Beteiligten, damit vermieden wird, dass es eine reine Charity-Veranstaltung wird; es soll um gemeinsames Handeln – aber auch zusammen Feiern gehen. Der »Tisch der Solidarität« deckt inzwischen die Bedürfnisse von 200 Menschen; er begann zunächst mit zehn OrganisatorInnen, die inzwischen jedoch auf über vierzig angewachsen sind; sie möchten demnächst jeden Tag Essen ausgeben.

Die Selbstorganisation und vor allem der kulturelle Rahmen unterscheidet diese Formen von Suppenküchen oder Verteilung von Nahrungsmitteln ganz und gar von der Art und Weise, wie die »Goldene Morgenröte« ihre Essenverteilung an die Bevölkerung vornimmt. Sie geben Nahrungsmittelpakete ausschließlich an Griechen aus, die sie vorher selbst gekauft haben und nehmen die Armut zum Anlass (und Vorwand), sich ein humanitäres Image zu verschaffen und ihre gewalttätigen, faschistischen Handlungen zu verstecken. Sie desorientieren die arme und unterdrückte Bevölkerung, indem sie die gesellschaftlichen Gründe für ihre Leiden verbergen und andere arme Bevölkerungteile (wie Migranten, Flüchtlinge oder Roma) als Ursachen für die Verarmung von Griechen ausgeben. Wo die Ideen der »Goldenen Morgenröte« auf fruchtbaren Boden fallen, werden die sozialen Bande mehr und mehr aufgelöst.

Soziale Kliniken und Apotheken

Im Bereich der Gesundheitsversorgung sind soziale Kliniken und Apotheken entstanden, die sich vor allem um die arbeitslose und die nicht versicherten Teile der Bevölkerung zu kümmern haben.

Die Projekte stellen auch eine Antwort auf den (durch die Sparprogramme erzwungenen) steten Rückzug des Staates aus seiner Verpflichtung dar, allen BürgerInnen eine kostenlose und gute Gesundheitsversorgung zur Verfügung zu stellen. Gegenwärtig haben mehr als ein Drittel der Bevölkerung keinen Anspruch auf eine kostenlose Gesundheitsversorgung, entweder weil sie schon länger arbeitslos sind (nach einem Jahr verliert man zumeist den Krankenversicherungsschutz) oder aber weil sie sich die Krankenversicherung nicht mehr leisten können.

Die Arbeit der Kliniken beruht ausschließlich auf der Arbeit von Freiwilligen, vor allem Fachpersonal (Ärzte, Zahnärzte, Krankenschwestern usw.). Sie werden durch Spenden aus der Bevölkerung unterstützt.

Einige wenige Kommunen (mit linken Bürgermeistern) haben ihnen durch Zur-Verfügung-Stellen von Infrastruktur (Gebäude, Heizung, Strom) geholfen. Man kann sich ein Bild von der Mobilisierung der Bevölkerung machen, wenn man die Entwicklung der Sozialklinik »Metropolitan Clinic of Elliniko-Argyroupoli« am alten Flughafen von Athen betrachtet. Sie wurde im Frühjahr 2012 mit Hilfe von etwa 60 Freiwilligen gegründet, doch inzwischen arbeiten dort über 150. Alle Entscheidungen werden in Vollversammlungen getroffen, wobei alle Beteiligten – also die medizinischen Fachleute genauso wie die vielen freiwilligen HelferInnen – in die Bemühungen einbezogen sind, für die Patienten und Patientinnen möglichst gute Hilfsleistungen bereit zu stellen.

Inzwischen ist ein ganzes Netzwerk von solchen sozialen Hilfszentren und Apotheken entstanden. Sie alle versuchen, dem Problem fehlender medizinischer Hilfe, Mangel an Medikamenten, fehlendem Versicherungsschutz usw. durch das Sammeln von Medikamenten, die gespendet oder nicht mehr gebraucht werden, Abhilfe zu schaffen. Die Daten von drei sozialen Kliniken vom Süden bis in den Norden des Landes zeigen den immer größer werdenden Bedarf an medizinischen Behandlungen und Medikamenten. Die soziale Klinik in Rethymnon (Kreta) behandelte 780 Menschen 2008/09, 1100 2010 und 1580 2011.

Entsprechend stieg die Zahl der behandelten Menschen in der sozialen Klinik von Thessaloniki zwischen November 2011 und November 2012 auf über 6000 an. Der erste Schritt beim Aufbau dieser Klinik in der zweitgrößten Stadt Griechenlands bestand im Zusammenrufen jener im Gesundheitsbereich Arbeitenden, die im Januar 2011 ihre Solidarität mit einer früheren Initiative bekundet hatten, die als »Hungerstreik der 50 Immigranten« bekannt geworden ist. Nachdem der Aufruf gestartet und sichergestellt worden war, dass sich ausreichend qualifizierte Menschen beteiligen würden, um die Bereiche Schmerzbehandlung, Kindermedizin, Neurologie, Psychiatrie, Zahnbehandlung und Pharmazie abzudecken, wandte man sich an die Presse und gab den Rundfunksendern und den Zeitungen der Stadt Interviews.

Nach fünf Monaten Arbeit stellte das örtliche Arbeiterzentrum den gesamten ersten Stock eines Gebäudes zur Verfügung. Sogleich begann das Team der Social Clinic of Thessaloniki mit seiner Arbeit.

Das Ziel dieser Art von Kliniken und Apotheken ist es, erste Hilfe für Menschen in Not und ohne Unterstützung durch den Sozialstaat zur Verfügung zu stellen. Daher gehören diese Strukturen zum Kampf aller im öffentlichen Gesundheitswesen Beschäftigten, die für ein öffentliches Gesundheitswesen eintreten, das allen im Lande lebenden Menschen bestmögliche Gesundheits-versorgung bieten soll.

Gesellschaftliches Bildungswesen

Obwohl es in Griechenland ein öffentliches Bildungswesen gibt, muss die Mehrheit der SchülerInnen und StudentInnen nachmittags privat Nachhilfe-stunden nehmen. Wegen der Krise können sich immer weniger Eltern solche Nachhilfestunden leisten, was direkte Auswirkungen auf die Prüfungsergeb-nisse der StudentInnen hat.

Unter diesen Bedingungen werden von gewerkschaftlich organisierten arbeitslosen LehrerInnen, von Verbänden von Eltern und freiwilligen Stu-dentInnen »soziale Nachhilfestunden« und Abendkurse zu Unterstützung von Kindern und Jugendlichen angeboten, die sich die hohen Kosten für private Nachhilfestunden nicht (mehr) leisten können. Viele dieser Abend-kurse werden von gemeinsamen Versammlungen von LehrerInnen, Eltern und SchülerInnen organisiert. Wir müssen betonen, dass sie natürlich keine Ersetzung des öffentlichen Bildungssystems anstreben, sondern die Un-gleichheiten eines von massiven Kürzungen betroffenen Systems bekämpfen. So wurde beispielsweise die Solidarity School of Nikaia, einer der ärmsten Arbeitergemeinden von Piräus im Großraum Athen, im März 2012 in diesem Rahmen geschaffen. Es gab eine Initiative von einer Gruppe von LehrerInnen, die Kontakt zur örtlichen Vereinigung der Eltern schulpflichtiger Kinder aufnahm, die das Projekt unterstützten. An den ersten Kursen nahmen etwa 50 Kinder teil. Im September startete man dann mit 25 LehrerInnen, hundert SchülerInnen, aus denen bald 120 wurden (nun gibt es eine lange Warteliste), sowie 25 Freiwilligen für Sekretariatsarbeiten usw., Aufgaben, die reihum von den Eltern der beteiligten Kinder übernommen werden.

Soziale und solidarische Ökonomie

Neben den bereits erwähnten Projekten der sozialen Ökonomie gibt es eine Reihe anderer (die teilweise bereits in der Zeit vor der Krise entstanden sind, aber seither ihre Aktivitäten ausgedehnt haben). Eine solche Praxis stellen die »freien Bazare« dar, die gewöhnlich in den Stadtvierteln abgehalten werden. Ein anderes Beispiel sind die lokalen Parallelwährungen (Local Exchange Tra-ding System, L.E.T.S.), die lokalen Ursprungs sind, demokratisch organisiert werden und keine Profitabsichten verfolgen; sie geben den Mitgliedern die Möglichkeit, Güter und Dienstleistungen zu tauschen, indem sie als Währung örtliche LETS-Kredite einsetzen. Menschen, die diesen Netzwerken beitre-ten, können für alle anderen arbeiten oder bei ihnen einkaufen und dabei mittels der LETS-Währung Kredit bekommen. Jedes LETS-Mitglied hat ein Konto, auf dem die verdienten und die verausgabten Kredite verzeichnet sind. Eine andere vergleichbare Praxis stellt die »Zeitbank« dar. Dabei handelt es sich um ein Netzwerk von Leuten, die Dienstleistungen pro Zeit und nicht in Geld austauschen. Die Mitglieder des Netzwerks bekommen für ihre Arbeiten Zeitgutschriften, die sie im Tausch mit Dienstleistungen anderer wieder ausgeben können. In diesen Netzwerken gilt, dass eine Arbeitsstunde jeder anderen gleichgesetzt wird.

Vor der Krise gab es zwei oder drei »Zeitbanken«, die in ihren Gruppen als geschlossene Strukturen funktionierten. Nach den Memoranden der Troika sind es nun zwölf, die unterschiedlichen Organisationsmodellen folgen. Der deutlichste Unterschied im Vergleich zu den alten liegt darin, dass die neuen Kollektive sie als Mittel der Organisierung und des Widerstandes gegen die Krise ansahen und sie in die Entwicklung der Solidaritätsnetze einbanden, die sich in den Stadtteilen entwickelten, die öffentliche Räume verteidigten usw.

Daneben gibt es eine Reihe von Arbeiterkooperativen, Kaffeshops oder Kneipen, Postausträger oder Computerreparateure, Buchläden, landwirtschaftliche Kooperativen, auch von arbeitslosen Frauen usw. Die gegenwärtige Lage hat dazu geführt, dass sich Ideen und Praktiken sozialisierter und selbstverwalteter Formen der Beschäftigung ausgebreitet haben. Hier gibt es keine Beschäftigten und keine Bosse mehr. Die Kooperativen gehören denjenigen, die dort arbeiten oder die jeweils Mitglieder sind.

Gewöhnlich arbeiten alle Mitglieder gemäß ihren wirtschaftlichen Möglichkeiten am Aufbau mit. Die Risiken und Verantwortlichkeiten werden auf alle Mitglieder möglichst gleich aufgeteilt.

Die selbstverwaltete Fabrik VIO.ME

Im Bereich der selbstverwalteten Kooperativen gibt es ein Beispiel von herausragender Bedeutung, das sich in Nordgriechenland, in Thessaloniki ereignet, dessen Ausstrahlung jedoch das ganze Land und darüber hinaus Europa und die arabische Welt betrifft.

Der Kampf von VIO.ME ist zweifelsohne einer der bedeutendsten Arbeiterkämpfe, die in dieser Periode in Griechenland ablaufen. Die Fabrik (Viomihaniki Metalleytiki) wurde vom Besitzer aufgegeben; die Arbeiter haben seit Mai 2011 keinen Lohn mehr bekommen. Zunächst versuchten sie, die Betriebsleitung zur Wiederaufnahme der Produktion zu bewegen. Sodann bemühten sie sich um Investoren. Schließlich reifte bei Ihnen die Einsicht, dass sie die Fabrik in Eigenregie übernehmen mussten. Sie lehnten es ab, arbeitslos zu werden und kämpften für die Übernahme der Produktion in die eigenen Hände. »Angesichts einer Arbeitslosigkeit von fast 30 Prozent, sinkenden Löhnen, abgespeist mit leeren Versprechungen und Steuererhöhungen, ohne Lohn seit Mai 2011, in einer von den Eigentümern verlassenen Fabrik, in der die Produktion stillstand, haben die Arbeiter von VIO.ME auf ihrer gewerkschaftlichen Vollversammlung beschlossen, sich nicht mit langfristiger Arbeitslosigkeit abzufinden, sondern darum zu kämpfen, die Fabrik zu übernehmen und sie selbst zu betreiben. Es ist nun an der Zeit für Arbeiterkontrolle bei VIO.ME!«, heißt es in einer Solidaritätserklärung, die auch von zahlreichen namhaften Persönlichkeiten unterschrieben wurde. (vgl. die Website www.viome.org)

Nach 13 Monaten Fabrikbesetzung, um den Abtransport der Maschinen zu verhindern, nahmen sie auf einer Vollversammlung folgende Beschlüsse an:

1. Die frühere Betriebsleitung muss die Schulden des Unternehmens bis zum Zeitpunkt dieser Beschlussfassung komplett übernehmen;

2. Der frühere Verwaltungsrat gilt als zurückgetreten, ein neuer wird gewählt, der hauptsächlich aus Vertretern der Arbeitenden bestehen wird. Seine Mitglieder können von der Vollversammlung der Arbeitenden direkt abberufen werden.

3. Die neue Gesellschaft finanziert sich prinzipiell aus dem Arbeitslosengeld, auf das die Arbeitnehmer Anspruch haben, und aus dem Zuschuss für arbeitslose Unternehmer, den das Arbeitsamt (OAED) auszahlt.

4. Die Anteile an der Gesellschaft werden genossenschaftlich unter die Arbeitenden aufgeteilt. Alle, die keine Anteile übernehmen wollen, werden die Arbeit in der Fabrik gemäß dem kollektiven Tarifvertrag fortsetzen.

5. Für die neue Gesellschaft wird eine genossenschaftliche Rechtsform gesucht.

Es ist klar, dass der Fortgang der Ereignisse große Bedeutung für die Zukunft haben wird. Wenn die Arbeitenden Erfolg haben, wird das die Bewegung der Genossenschaften und der Arbeiterselbstverwaltung voranbringen; sie könnte sich auf weitere Betriebe und Fabriken ausdehnen.

Die Fabrik stellt Baumaterial von guter Qualität her: Mörtel, Putz, Klebestoffe für Fliesen und Verbundmaterialien, Material für wasserdichte Verfugungen usw. Die Belegschaft steht nun vor der Herausforderung, Abnehmer für ihre Produkte in Griechenland, auf dem Balkan und in der arabischen Welt zu finden. Außerdem müssen einige Investitionen getätigt werden. Die Arbeiter haben einen Businessplan erstellt und sind optimistisch, dass sie Erfolg haben können; sie werden allerdings einige Zeit brauchen, bis sich die Produktion und der Absatz stabilisiert haben. Sowohl materiell wie moralisch sind sie auf Unterstützungsaktionen angewiesen, die vor allem aus der solidarischen

Ökonomie kommen sollen. Sie bemühen sich, einen Teil der Produktion auf biologisch abbaubare Produkte für die Haushalte umzustellen.

VIO.ME ist der erste Versuch im krisengeschüttelten Griechenland, einen Industriebetrieb in Selbstverwaltung zu führen. Den Arbeitenden ist bewusst, dass ohne die Unterstützung einer breiten Solidaritätsbewegung ihr Ansatz in große Schwierigkeiten kommen kann. Doch am Tag vor der Wiederaufnahme der Produktion gab es eine mächtige Solidaritätsdemonstration. Außerdem wurde ein großes Fest gefeiert, an dem in der völlig überfüllten Halle gut sechstausend Menschen teilnahmen – viele mussten draußen bleiben. Auf dem Höhepunkt des Abends erklärten die Arbeitenden, welche Vorstellungen einer anderen Gesellschaft sie haben – diese soll gerecht und solidarisch sein und in Selbstverwaltung funktionieren.

Soziale Kulturzentren

Die Entwicklung von Dutzenden alternativer Sozialräume autonomer Bürger-initiativen, sozialer Bewegungen, linker und radikaler Gruppen, die bereits vor gut zehn Jahren begann, hat inzwischen ein informelles Netzwerk ge-schaffen. Diese Räume stellen eine neue politische Kultur der Selbstorganisa-tion dar. Die Aktivitäten umfassen sowohl politische wie kulturelle Bereiche. Sie verbinden vielerlei Gruppen, Initiativen, Bürgerkomitees usw., die sie als Treffpunkte für ihre kollektiven Aktionen in den jeweiligen Stattteilen ver-wenden. Eines der interessantesten Projekte ist das *Social Music Conservatory*, ein Ansatz von MusiklehrerInnen, der mit einem Aufruf über Twitter im Feb-ruar 2012 begann, als kostenlos Musikunterricht angeboten wurde.

Im vergangenen Jahr gab es an drei verschiedenen Orten achtzig SchülerIn-nen, dieses Jahr bereits über 120 SchülerInnen an fünf verschiedenen Orten, die man aus etwa eintausend jungen Leuten ausgewählt hatte, die sich wegen fehlender LehrerInnen oder Räumen beworben hatten. Im *Social Music Con-servatory* gibt es über 50 MusiklehrerInnen und 30 HelferInnen für die Ver-waltung; an den regelmäßigen Vollversammlungen nehmen die LehrerInnen, die SchülerInnen und die Eltern teil.

Einige Schlussbemerkungen

Dieser breiten und facettenreichen Solidaritätsbewegung geht es nicht nur um konkrete Hilfen, sondern auch um einen Beitrag zum Aufbau einer anderen Welt, die nicht den Gesetzen von Profit und Markt gehorcht. Sie richtet sich gegen die Zerstörung des Sozialstaates und für gesellschaftlichen Zusam-menhalt. Die Gesellschaft versucht, auf die Krise durch die Schaffung neuer Strukturen der Solidarität, den Aufbau von sozialen Beziehungen neuen Typs, neuen Formen der Nachbarschaft, neuen öffentlichen Räumen, ersten Ansätzen eines allgemeinen Wandels, zu antworten.

Die Bewegung der Selbstorganisation erfindet sich immer neu und verbreitert sich jeden Tag. Auch ihre Charakteristiken ändern sich, was beweist, dass sie wirklich »von unten«, von der Basis der Gesellschaft kommt, die versucht, kreative Formen des Widerstandes gegen die Konsequenzen der Finanzkrise zu finden, gleichzeitig jedoch ein neues Gesellschaftsmodell anstrebt, in dem die Menschen fortan leben möchten.

Die große Herausforderung für die Bewegung besteht darin, sich immer mehr Menschen im ganzen Land anzunehmen und Gruppen mobilisieren zu müssen, deren Leben sich in den vergangenen Jahren radikal geändert hat. Sie muss ihnen verdeutlichen, welche Macht Menschen haben können, wenn sie »ihr Leben in die eigenen Hände nehmen«.

Jeder und jede, die sich an diesen Solidaritätsstrukturen beteiligen, trifft sich mit anderen und bricht mit der Einsamkeit, wie sie durch Arbeitslosigkeit verursacht wird; er/sie entdeckt und spricht über die wirklichen Bedürfnisse und nicht jene Surrogate, mit denen Menschen in den »entwickelten« Ländern lange Jahre abgespeist wurden; er/sie denkt über menschlichen und kollektiven Wohlstand nach, statt das Leben dem Gewinnstreben zu opfern. Das »wir« ersetzt das »ich« und verwandelt die Menschen in eine aktive Kraft. Diese aktive Kraft ist das entscheidendste Element für jede Gesellschaftsveränderung.

Übersetzung: Paul B. Kleiser

2. Austeritätspraxen

Gesundheitliche Nebenwirkungen der Troika-Politik in Griechenland

Von Nadja Rakowitz

Im Rahmen einer Delegation des Vereins demokratischer Ärztinnen und Ärzte und von medico international bin ich vom 25. bis 28. Februar dieses Jahres nach Athen und Thessaloniki gefahren: Wir wollten uns ein Bild von den Auswirkungen der Austeritätspolitik auf das Gesundheitswesen machen und mit Leuten aus solidarischen Initiativen sprechen und die Möglichkeiten von konkreter praktischer Solidarität ausloten. Ein weiteres Anliegen war es, mit Gesundheitspolitikern der Linken zu sprechen über die Pläne der EU, mit Hilfe des deutschen Gesundheitsministeriums genau jene Elemente des deutschen Gesundheitswesens in Griechenland zu implementieren, gegen die kritische (nicht nur) linke Kräfte zu kämpfen beginnen: die DRG-Finanzierung (Fallpauschalen) der Krankenhäuser, über deren verheerende Auswirkungen inzwischen in Deutschland bis in den bürgerlichen Medien hinein diskutiert wird.

Die Lichter gehen aus

Der erste Eindruck, den man von Athen, aber auch Thessaloniki hat, wenn man abends in die Stadt kommt, ist dunkel: Die Lichter sind ausgegangen. Man fährt an großen vier- bis fünf-stöckigen Wohnkomplexen vorbei und in kaum einem Fenster sieht man Licht. Das fällt richtig auf. Als wir unsere griechischen Freunde fragten, erklärten sie, dass viele Leute inzwischen ohne Strom leben oder zumindest Strom sparen müssen. Das Nächste, was auffällt, sind die vielen geschlossenen kleinen Geschäfte und Werkstätten, von denen ein großer Teil der Griechen gelebt hat. Was machen all diese Leute, wenn sie arbeitslos werden oder ihr Geschäft schließen müssen? Was machen sie, wenn sie krank werden?

Infolge des Zusammenbruchs der Gesundheitsversorgung kehren Epidemien, die eigentlich als überwunden galten, nach Griechenland zurück: Malaria, West-Nil-Fieber, Tuberkulose... Es gibt eine Krise bei den Blutkonserven; Importe werden notwendig, die aber nicht erfolgen, weil nicht gezahlt werden kann. In den Krankenhäusern kommt es wegen der Einsparungen zu einem solchen Anstieg von MRSA-Fällen, dass Schweden deshalb einen Beschluss gefasst hat, griechische Intensivpatienten nicht mehr aufzunehmen. Auch die HIV-Infektionen nehmen wieder zu, weil die »Drücker-Stationen«, die zumindest sauberes Besteck und saubere Spritzen geboten haben, jetzt alle geschlossen worden sind.

Als wir das größte Krankenhaus von Athen, Evangelismos, besuchten, konnten wir einen ersten Eindruck von der Situation bekommen. Bei einem Treffen mit ca. 20 ÄrztInnen, Pflegekräften und Mitgliedern der Betriebsgewerkschaft erzählten diese, dass es im – öffentlich geführten – Krankenhaus an Arzneimitteln, Verbandsmaterial und einfachsten Dingen mangelt. Selbst Klopapier sucht man in den Krankenhäusern, die wir in Athen und Thessaloniki besucht haben, vergeblich. Die ÄrztInnen und Pfleger tun, was sie können, sind aber heillos überlastet. Denn zum einen ist viel Personal entlassen worden oder gegangen (auch nach Deutschland), zum anderen haben die Krankenhäuser mehr zu tun, weil sich die Menschen Besuche beim niedergelassenen Arzt nicht mehr leisten können. Sie warten lieber, bis sie sich als Notfall ins Krankenhaus begeben können. »Therapie nach Leitlinien erhält kaum noch jemand«, erklärt ein junger Mediziner, »und Unversicherte schon gar nicht«.

Offiziell sind rund 30 Prozent der griechischen Bevölkerung nicht mehr krankenversichert. Viele Leute, die wir getroffen haben, gehen aber davon aus, dass bereits jeder Zweite aus der Absicherung herausgefallen ist. Seit die griechische Regierung auf Druck der Troika durchgesetzt hat, dass alle sozialstaatlichen Leistungen inklusive Krankenversicherung zwölf Monate nach Verlust des Arbeitsplatzes enden, ist die Zahl der Unversicherten dramatisch gestiegen, denn schließlich ist aktuell jeder vierte Grieche arbeitslos, bei Jugendlichen unter 24 Jahre ist es mehr als die Hälfte. Wer nicht krankenversichert ist, muss die Kosten einer Behandlung vor Ort in bar bezahlen oder aber die Rechnung wird dem Finanzamt gegeben, das versucht, das Geld am Ende des Jahres über die Steuer einzuziehen. Betroffene konsultieren also nur noch dann einen Arzt, wenn sie über Geldreserven verfügen – oder erst dann, wenn es gar nicht mehr anders geht. Für die Beschäftigten im Krankenhaus heißt das, dass sie zusätzlich zur offiziellen medizinischen Versorgung auch noch versuchen, Menschen ohne Versicherung irgendwie mit durchzuschleusen. Der Gedanke, Leute aus Geldgründen einfach unversorgt wieder nach Hause zu schicken, ist für viele von ihnen unerträglich. Die Beschäftigten stehen dadurch unter immensem Druck – und das bei Lohnkürzungen um 30-50 Prozent seit letztem August, seit Monaten nicht bezahlten Bereitschafts- oder Nachtdiensten und bei Kürzung der Überstundenzuschläge. Sie gaben uns den dringenden Auftrag mit, darüber in Deutschland zu berichten und diese Zustände öffentlich zu machen. Gleichzeitig nutzten sie unseren Besuch, um ein Gespräch mit dem CEO, dem kaufmännischen Direktor des Krankenhauses, zu suchen und sich bei ihm zum einen über die katastrophale Lage zu beschweren und zum anderen an offizielle Zahlen heranzukommen, mit denen sie dann politisch argumentieren können. Schnell wurde die hitzige Diskussion nur noch auf Griechisch geführt. Für Übersetzung war der Druck im Kessel in diesem Moment zu hoch...

Wie weit die Ökonomisierung des – ehemals vorrangig öffentlich organisierten – Gesundheitswesens schon in die Strukturen und in den Kopf des CEO eingedrungen ist, zeigte sich, als dieser uns voller Stolz berichtete, dass dank der vor Kurzem eingeführten deutschen DRG die durchschnittliche Verweildauer im Evangelismos inzwischen bei 4,7 Tagen liege, man aber »wie die Besten« nur noch 3,5 Tage (in Deutschland aktuell 7,7 Tage) anstrebe. Ohne auf die gravierenden Probleme einzugehen, nahm er dieses eine Kriterium (das sehr gut messbar ist) als einzigen Maßstab für ein gutes Krankenhaus.

Wie dramatisch die Situation des Gesundheitswesens in Griechenland ist, wurde uns bei einer mittlerweile monatlich stattfindenden Demonstration, der wir in Thessaloniki teilnahmen, klar. Hinter einem Banner, auf dem stand: »Die Schließung von Krankenhäusern tötet«, gingen wir zusammen mit Leuten, die sich in der solidarischen Praxis dort (und z. T. auch bei Syriza) engagieren, in die Notaufnahmen von zwei großen Krankenhäusern und forderten den kostenlosen Zugang zu medizinischer Versorgung für alle – auch die Unversicherten. Das war erschütternd und ermutigend zugleich.

Solidarische Praxen – Notnagel oder Hoffnung für die Zukunft?

Sowohl in Athen (im Stadtteil Elliniko) als auch in Thessaloniki haben wir eine so genannte »Solidarische Klinik« bzw. Praxis besucht. In einem anderen Zusammenhang habe ich mir zwei Wochen später noch die erste solidarische Praxis Griechenlands in Rethymno auf Kreta angeschaut und dort ebenfalls mit einer Ärztin gesprochen.

Giorgos Vichas, ein Arzt und Mitbegründer der Praxis in Ellinko, berichtete, dass Ärzte des Sanitätsdienstes bei einer Demo im Sommer 2011 diese Idee entwickelt hatten. Sie wollten unabhängig vom Staat, aber auch von NGOs eine eigenständige Struktur schaffen, um in dieser »humanitären Krise« Menschen ohne Versicherung zu helfen – ob mit oder ohne griechischen Pass. Durch die Umsetzung der Maßnahmen der Troika kam es zu so großen finanziellen Einschnitten und hohen Selbstbeteiligungen, dass z.B. viele KrebspatientInnen keine Medikamente mehr bekommen (viele davon sind nach Auskunft unserer Gesprächspartner gestorben), dass Schwangere nicht mehr versorgt wurden (weil das in einem Krankenhaus 800 Euro kostet) und dass Kinder nicht mehr geimpft, manche sogar unterernährt seien (deshalb auch die Babynahrung im Lager der Praxis).

Dass sich die Situation mit dem letzten Memorandum im Herbst 2012 noch einmal ziemlich verschlechtert hat, zeigen alleine die Zahlen. Bis heute haben sie 6000 PatientInnen versorgt – 1000 von September 2011 bis August 2012, 1200 von August bis Oktober 2012 und die anderen 3800 von Oktober 2012 bis heute. Von dieser Zuspitzung in den letzten Monaten erzählten uns viele Leute in Griechenland. Auch dass im Zuge dieses letzten Memorandums viele Krankenhäuser geschlossen werden (sollen), macht die Versorgungssituation z. B. auf vielen Inseln noch schlechter. So gab es z. B. einen Plan, das Krankenhaus auf der Insel Limnos ersatzlos zu schließen; die PatientInnen sollten die Fähre nach Lesbos nehmen und dort ins Krankenhaus gehen... Dies wurde bislang verhindert.

Ähnlich dramatisch ist auch die Situation bei der Versorgung mit Arzneimitteln. Seit 2012 bekommt man in Apotheken Tropfen, Tabletten oder Salben nur noch gegen Barbezahlung. Und hunderte Präparate sind überhaupt nicht mehr erhältlich. Das liegt unter anderem daran, dass Pharmafirmen nicht mehr liefern, weil die Refinanzierung aufgrund des Bankrotts des Nationalen Trägers für Gesundheitsleistungen (EOPYY) ungewiss ist. Die EOPYY soll Verbindlichkeiten von etwa zwei Milliarden Euro gegenüber Ärzten, Apotheken, Krankenhäusern und Pharmaherstellern bedienen, erhält gleichzeitig aber rund 500 Millionen Euro weniger staatliche Zuschüsse.

In der Praxis Elliniko arbeiten zurzeit 200 Leute ehrenamtlich, darunter 75 ÄrztInnen und 15 ZahnärztInnen. Fast alle arbeiten zusätzlich zu einem anderen Job dort (in der Regel für ein paar Stunden die Woche). Sehr wichtig ist die kostenlose Abgabe von Arzneimitteln sowie von Babynahrung, Windeln etc., von der inzwischen auch Versicherte Gebrauch machen, die die Zuzahlungen nicht mehr leisten können. Es gebe, so berichteten uns Beschäftigte, drei Krankenhäuser in Athen, mit denen die Praxis zusammenarbeitet, die ebenfalls Unversicherte versorgen – so weit es geht und an den Gesetzen vorbei. Sowohl die Ärztekammer als auch die Regierung haben die Praxis anfangs bekämpft und schikaniert. Während die Ärztekammer ihre Drohung, den ÄrztInnen die Approbation zu entziehen, schnell zurücknahm, akzeptiert die Regierung die Arbeit immer noch nicht. Das linke Wahlbündnis Syriza unterstützt die solidarischen Praxen und andere solidarische Projekte und Netzwerke nach Kräften, die Kommunistische Partei (KKE) hingegen ist gegen die Praxen, da diese »den Staat entlasten«.

Über Letzteres sind sich Giorgos Vichas und seine KollegInnen durchaus im Klaren und es ist nicht ihre Absicht, langfristig das öffentliche Gesundheitssystem zu ersetzen. Im Gegenteil: Parallel zu ihrer solidarischen Praxis kämpfen sie politisch für eine gute und ausreichende öffentliche Gesundheitsversorgung. Sie sind sich auch darüber im Klaren, dass sie nicht einfach zurück wollen zum status quo ante, denn dieser war geprägt von Korruption, Überversorgung (mit entsprechend hohen Arzneimittelausgaben) und Ineffizienz.[76] Diese Fehler seien schon vor der Krise von einigen Leuten, auch ÄrztInnen, kritisiert worden, aber mit wenig Erfolg. Giorgos beschreibt die Situation so: »Wir kämpfen gegen zwei Feinde: gegen die Troika und die ›Inlandstroika‹, die deren Politik umsetzt, und gegen uns selbst. Auch wir müssen uns ändern.« Die solidarischen und selbstorganisierten, gut funktionierenden Arbeitsformen könnten ein Vorbild für ein solidarisches Gesundheitswesen der Zukunft sein, so seine Hoffnung.

Von uns (wir waren übrigens die erste ausländische Ärzteorganisation, die ihre Praxis besucht hat!) erhoffen sich die KollegInnen in den solidarischen Praxen, dass wir in Deutschland verbreiten, wie die Situation ist, und diejenigen kritisieren, die für diese Politik verantwortlich sind. Finanzielle Unterstützung wollen sie übrigens explizit nicht. Sie brauchen Medikamente, aber kein Geld – auch weil sie nicht in den Ruch der möglichen Korruption geraten wollen.[77]

Das »soziale Gesundheitszentrum der Solidarität« in Thessaloniki

Die solidarische Praxis in Thessaloniki arbeitet praktisch ganz ähnlich wie die in Athen, hat aber eine andere Geschichte. Sie war – wie auch die Praxis in Rethymno – in ihrem Ursprung politisch und von Selbstorganisationsvorstellungen aus dem migrantischen Milieu geprägt. Im Januar 2011 beschlossen während eines Hungerstreiks von 300 Migrantinnen für einen legalen Aufenthaltsstatus, von denen 50 in Thessaloniki untergebracht waren, die sie betreuenden ÄrztInnen, nach dem Streikende weiterzumachen und nach dem Vorbild der des Zentrums in Rethymno/Kreta ein selbstverwaltetes solidarische Gesundheitszentrum in Thessaloniki aufzubauen, das dann im November 2011 öffnete. Ursprünglich für migrantische PatientInnen ohne Zugang zum staatlichen Gesundheitssystem geplant, zeigte sich sehr bald, dass der Bedarf der griechischen Bevölkerung immer höher wird. Inzwischen haben 60% der PatientInnen einen griechischen Pass.

76 Vgl. Alexis Benos/John Lister: »Syriza – Reality Is Forcing Us To Forget The Old Ways Of Working«, *Socialist Resistance*, September 14, 2012, in: www.zcommunications.org/

77 Aufrufe der Klinik zu Solidaritätsaktionen finden sich auf der Homepage des vdää unter: Themen/Gesundheitspolitik international.

Im Gesundheitszentrum der Solidarität arbeiten über 200 ÄrztInnen aus 9 Fachrichtungen, PsychotherapeutInnen, Pflegepersonal und SozialarbeiterInnen. Außerdem gibt es eine soziale Apotheke, die kostenlos Medikamente an die PatientInnen abgibt. Die Zahl der seit der Eröffnung behandelten Menschen geht in die tausende; in der Stadt finden sich immer mehr FachÄrztInnen, die bereit sind, PatientInnen in ihrer eigenen Praxis unentgeltlich zu behandeln, Abteilungen von Krankenhäusern schleusen unversicherte Menschen an den Verwaltungen vorbei, um sie umsonst zu behandeln. Seit der Eröffnung gilt der politische Grundsatz der Solidarität: »...unser Hauptziel als SSKTH ist es zu zeigen, dass solidarische Strukturen funktionieren und dass es uns durch solidarische Organisierung gelingen kann, die Probleme zu überwinden, die durch die ökonomische Krise entstehen. Solidarität bedeutet dabei mehr, als nur eine helfende Hand auszustrecken. Solidarische Strukturen können wirkungsmächtig werden, wenn Solidarität zum Teil des Bewusstseins wird, nicht nur unserer PatientInnen, sondern auch ihrer Familien und der Viertel, in denen sie wohnen. Während eines solchen Prozesses wird klar, dass solidarische Strukturen nicht nur im Gesundheitssektor geschaffen werden können, sondern in allen Bereichen unseres Lebens. Dieser Bewusstwerdungsprozess ist schwer in Gang zu setzen. Erfolg haben wir dann, wenn es gelingt, das SSKTH zum Teil einer Bewegung mit dem Ziel der gesellschaftlichen Selbstverwaltung und Solidarität zu machen«, so die Kinderärztin Serafia Kalamitsou in einem Interview in der Zeitschrift *Graswurzelrevolution*.[78]

Wie auch in Athen und den anderen Praxen arbeiten die MitarbeiterInnen hier unentgeltlich, d. h. nach Feierabend von ihrem anderen Job, in ihrer Freizeit. Die Praxis wird nicht als karitativ verstanden, sondern als politische. Insofern werden die PatientInnen auch dazu aufgefordert, an dem Projekt zu partizipieren. (Spenden-)Gelder werden nicht vom Staat, Parteien oder Firmen angenommen, sondern nur von Privatpersonen, Vereinen, sozialen Gruppen etc. Inzwischen gibt es in Thessaloniki eine Debatte darüber, inwiefern und unter welchen Bedingungen man mit »Solidarity for All«, einer dem Syriza-Bündnis nahe stehende und von diesem finanzierte »Dachorganisation« oder Netzwerkstruktur für alle möglichen solidarischen Projekte, zusammenarbeiten wird. Die Debatte dreht sich um die Frage, wie groß die Nähe zu Syriza damit werden würde.

Die Entscheidungen über solche Fragen werden auf den alle 7 bis 10 Tage stattfindenden Vollversammlungen des Gesundheitszentrums getroffen. Von

---

78 Eine solidarische Krankenstation in Thessaloniki. Ein Interview mit der libertären Kinderärztin Serafia Kalamitsou, *Graswurzelrevolution*, Nr. 373, 41.Jg, November 2012, SSKTH steht für »soziale Krankenstation der Solidarität Thessaloniki«.

dieser gehen auch öffentliche Stellungnahmen zu Gesundheitsthemen aus. Die Praxis versteht sich wie die in Athen als temporäre Einrichtung mit dem Ziel gesellschaftliche und politische Voraussetzungen dafür zu schaffen, dass alle einen gleichberechtigten kostenlosen Zugang zum Gesundheitssystem haben. Daneben stehen auch Fragen von Antirassismus auf der Tagesordnung des Zentrums. Zum einen vor allem durch die Praxis der gleichberechtigten Behandlung von MigrantInnen unabhängig von ihrem legalen Status und Menschen mit griechischem Reisepass, aber z.B. auch durch Kampagnen gegen die faschistische Partei »Goldene Morgenröte« (Chrysi Avgi).

Dass es in Thessaloniki eine Tradition an sozialmedizinisch geprägten ÄrztInnen gibt, die nicht erst durch die oder in der Krise Medizin als etwas Politisches verstehen, ist meines Erachtens kein Zufall, sondern hat auch mit der sozialmedizinischen Tradition an der Uni Thessaloniki zu tun, für die u.a. Alexis Benos, Professor für Sozialmedizin/Public Health, steht – der auch für Syriza aktiv ist.

Die Rolle von Syriza

Mit Leuten von Syriza hatten wir mehrfach Kontakt. Theodoros Paraskevopoulos, der für die Parlamentsfraktion am Programm von Syriza mitarbeitet, machte eine Einführung in die polit-ökonomische Situation und betonte dabei, dass im Moment neben der Entwicklung eines Regierungsprogramms das wichtigste Anliegen von Syriza sei, die verschiedenen solidarischen Projekte und Netzwerke zu unterstützen. Dafür sei »Solidarity for All«[79] gegründet worden. Dabei handelt es sich um eine Art Dachorganisation, die zum einen Gelder verteilt (jeder Parlaments-Abgeordnete der Syriza gibt 20 Prozent seines Gehalts an die Organisation ab), und zum anderen versucht, Netzwerke zwischen den verschiedenen Projekten zu knüpfen und diese miteinander in Kontakt zu bringen. Die Organisation arbeitet seit Oktober 2012 und alle MitarbeiterInnen betonen, dass sie nicht direkt für Syriza arbeiten und schon gar nicht an politische Weisungen gebunden sind... Das schien uns bezeichnend für die Beziehung von Syriza zu den sozialen Bewegungen. Sowohl die verschiedenen linken Strömungen in der »Partei« als auch diese selbst und soziale Initiativen bzw. unabhängige Gruppen bewegen sich – angesichts der ernsten Lage – aufeinander zu und müssen, wie es Alexis Benos in einem Interview formuliert, die alte Art zu arbeiten und Fraktionskämpfe

---

79 Ein Positionspapier von Solidarity for All und eine Analyse der Lage in Griechenland in deutscher Sprache findet sich unter: www.solidarity4all.gr/sites/www.solidarity4all.gr/files/deutsch.pdf

auszutragen, aufgeben und zusammenarbeiten.[80] Dies bestätigten auch Jannis
Milios, Parlamentsabgeordneter und Ökonomieprofessor in Athen, sowie die
Mitarbeiter von *Solidarity for All* und manche MitarbeiterInnen von der solidarischen Praxis in Thessaloniki; andere von deren MitarbeiterInnen sehen
das sehr viel kritischer und sind – den Eindruck hatte ich auch in Rethymno –
um größere Distanz zu Syriza bedacht, weil diese inzwischen schon zu viel an
Radikalität verloren habe.

Dass sich die Bewegungen politisch zu verallgemeinern beginnen, zeigte
sich uns auch daran, dass es für die KollegInnen von der solidarischen Praxis
völlig klar war, uns auch kurz zur selbstverwalteten Fabrik VIO.ME in Thessaloniki zu fahren und die Gelegenheit zu geben, mit den Beschäftigten dort
zu sprechen. Den Vorsitzenden der Betriebsgewerkschaft, Makis Anagnostou,
trafen wir am Abend dann auch auf einer offenen Syriza-Versammlung, wo er
und der Wirtschaftsexperte von Syriza, John Dragasakis, das ökonomische
Programm im Falle einer Regierungsübernahme erläuterten.[81] Alle Beteiligten
wissen, dass sie nur dann politisch erfolgreich sein können, wenn es in den
anderen Ländern der EU Unterstützung bzw. Solidarität durch starke linke
Bewegungen gibt.

Kritik übten unsere FreundInnen in Thessaloniki an Syriza, dass diese – anders als z. B. die KKE – in ihrer Öffentlichkeitsarbeit dem Gesundheitsthema
nicht die Priorität einräumt, die es verdiente. An der humanitären Krise im
Gesundheitswesen lassen sich die konkreten Auswirkungen der Austeritätspolitik gewissermaßen hautnah deutlich machen – und an der praktischen
Arbeit der solidarischen Praxen lässt sich eine kollektive selbstorganisierte
Arbeit als Hinweis für Wege aus der Krise ebenfalls erfahren.

Zur Lage der Flüchtlinge

Griechische Behörden gingen im April 2012 davon aus, dass in Griechenland
eine Million Menschen ohne Papiere leben. Die meisten von ihnen möchten
aber gar nicht in Griechenland bleiben, sondern stecken wegen der Abschottungspolitik der EU (Dublin II) dort fest.[82] Einer der traurigsten Momente
der Reise war der Besuch des »Netzwerks für politische und soziale Rechte
Diktio« im Athener Stadtteil Exarchia: Dort trafen wir Nassim Lomani, der
schon vor Jahren aus Afghanistan nach Griechenland geflohen ist und der

---

80 Vgl. Alexis Benos/John Lister: »Syriza – Reality Is Forcing Us To Forget The Old Ways
    Of Working«, a.a.O.

81 Vgl. Auch Alexis Tsipras: »Unsere Lösung für Europa – ein Vorschlag«, in: *Le Monde
    Diplomatique*, Februar 2013.

82 Nicole Tomasek: »Bloß weg hier«, *Jungle World*, Nr. 39, 27. September 2012.

dort politische Beratung für Flüchtlinge und Menschen ohne Papiere macht. Die massive Verarmung und die Arbeitslosigkeit machen die Lage für die hunderttausende Flüchtlinge in Athen noch schwieriger als früher. Selbst diejenigen, die legalisiert wurden, verlieren mit dem Job auch die Legalisierung. Das macht die Lage für sie extrem schwierig. Diktio gibt es bereits seit 25 Jahren, zunächst ging es vor allem um Unterstützung für AlbanerInnen. Seit Anfang des Jahrtausends kamen viele Flüchtlinge aus Asien und Afrika, die über Griechenland in die EU einreisen wollten.

Griechenland sei aber schon vor dem Ausbruch der Krise, ca. seit 2005, kein sicheres Land mehr für Flüchtlinge. Aber seit Ausbruch der Krise und dem damit einhergehenden wachsenden Rassismus – nicht nur der Anhänger der faschistischen Partei, sondern auch der konservativen Regierungspartei und damit breiter Gesellschaftsschichten – seien politische Arbeit und politische Kampagnen kaum oder gar nicht mehr möglich. »Wir kämpfen nur noch ums Überleben«, so das erschütternde Fazit von Nasim. Er demonstrierte uns dies an zwei Stadtplänen von Athen, in denen so genannte »No-Go-Areas«, also Stadtteile, in denen sich Flüchtlinge nicht mehr sicher bewegen können, eingezeichnet waren. Alleine im letzten Halbjahr hat sich die Zahl dieser No-Go-Areas deutlich sichtbar erhöht... Bei rassistischen Straftaten werden nur selten Täter ermittelt und noch seltener werden sie verurteilt, obwohl die griechische Regierung im Rahmen der EU-Gesetzgebung zu einer intensiveren Verfolgung von *hate crimes* verpflichtet ist. Die Polizei weigere sich oft, Anzeigen wegen rassistischer Übergriffe aufzunehmen, oder drohe Menschen ohne Papiere mit Abschiebung. In einigen Fällen seien die Polizisten, im Dienst oder privat, sogar selbst die Täter. Die Straflosigkeit legitimiere die Angriffe, so Lomani in dem *jungle world*-Artikel.[83]

Nach diesem Besuch wurde uns erst recht deutlich, wie wichtig es ist, die vielen solidarischen Projekte zu unterstützen und diesen rassistischen Tendenzen dort wie auch in Deutschland etwas entgegenzusetzen.

83 Ebd.

3. »Der Krieg gegen die Menschen in Griechenland muss aufhören«

Christos Sideris über die Selbsthilfe im griechischen Gesundheitswesen

Das griechische Gesundheitssystem bricht zusammen. Früher musste man aus privater Tasche etwas zuzahlen, um den Arzt oder das Krankenhauspersonal zu bestechen. Heute ist an die Stelle der Korruption die Privatisierung getreten – deren legitimes Kind. 2009 zahlte man 3 Euro »Eintrittsgebühr«, wenn man eine ambulante Leistung brauchte. Heute wird jede Leistung einzeln abgerechnet: einmal Röntgen kostet 15 Euro, eine einfache Blutuntersuchung 10 Euro. Hat eine Frau Glück und kann ihr Kind auf natürlichem Weg zur Welt bringen, muss sie 1000 Euro zahlen, braucht sie einen Kaiserschnitt werden 1500 Euro fällig. Es gibt sogar Fälle, wo das Neugeborene als Geisel im Krankenhaus behalten wurde, bis die Mutter gezahlt hat. Die privaten Zuzahlungen betragen 10-25%.

Viele Krankenhäuser, Ärzte und Apotheken verlangen mittlerweile Vorkasse auch für solche Leistungen, die von der staatlichen Krankenversicherung gedeckt ist. Diese aber steckt mit 3,7 Mrd. Euro in der Kreide (trotzdem wurde die Sozialversicherung im Mai zum Schuldenschnitt herangezogen und hat dadurch die Hälfte ihres Bestands verloren!). Außerdem will die Regierung im Zuge der Sparmaßnahmen 60 von 137 Kliniken schließen. Dem Bürger bleibt nichts anderes übrig, als in Eigeninitiative zu ersetzen, was der Staat nicht leisten kann.

Selbstverwaltete Gesundheitszentren gibt es jetzt mehrere in Griechenland. Ende September ist eine deutsche Delegation nach Athen gefahren und hat dort das sozial-medizinische Zentrum Elliniko besucht.

Paul B. Kleiser und Paul Michel sprachen dort mit Christos Sideris vom sozial-medizinischen Zentrum Elliniko-Argiroupolis (Athen).

Würden Sie kurz Ihr Zentrum vorstellen?
Mein Name ist Christos Sideris. Ich bin einer der Verantwortlichen für die Freiwilligen hier. Das hier ist das sozial-medizinische Zentrum von Elliniko, einer Vorstadt von Athen. Wir bieten kostenlose medizinische Behandlung für die Menschen in der Region Athen, ja für ganz Griechenland. Wir bieten Hilfe für drei verschiedene Gruppen von Menschen: 1. Arbeitslose, 2. arme Menschen, 3. Menschen, die keine Krankenversicherung haben. Aber zunehmend

kommen zu uns Menschen, die zwar eine Krankenversicherung haben, aber nicht in der Lage sind, die anfallenden »Nebenkosten« zu bezahlen. In solchen Fällen entscheidet der anwesende Arzt, ob der Patient Hilfe erhält oder nicht.

Warum kommen so viele Hilfesuchende zu Ihnen und wenden sich nicht an staatliche Krankenhäuser oder eben an Ärzte?
Öffentliche Krankenhäuser geben Menschen ohne Versicherung jetzt keine medizinische Betreuung mehr. Medizinische Betreuung gibt es in solchen Fällen nur noch nur gegen Bezahlung. Immer mehr Menschen können sich das nicht leisten.

Dieses sozial-medizinische Zentrum ist ein Produkt der sozialen Bewegungen in Griechenland. Können Sie uns etwas über seine Entstehungsgeschichte sagen?
Dieses Zentrum ist ein »Kind« der Proteste auf dem Syntagma-Platz im vorletzten Jahr. Die Menschen, die an der Entstehung des Zentrums mitwirkten, waren im letzten Jahr unter den Aktiven, als die Proteste auf dem Höhepunkt waren. Wir beschlossen dann, selbst etwas zu unternehmen. Wir begannen im September 2011. Die Idee dazu hatte unser Doktor anlässlich eines Konzerts von Mikis Theodorakis hier in diesem Gebiet. Innerhalb von zweieinhalb Monaten wuchs unsere Gruppe von 5 auf 60 Leute an. Es gelang uns, die Kommunalverwaltung in diesem Bezirk zu gewinnen, seither spielt sie bei der Entwicklung dieses Zentrums eine wichtige Rolle. Ende Dezember 2011 nahmen wir die Arbeit auf. Im Moment arbeiten bei uns mehr als 60 Ärzte und Therapeuten unentgeltlich mit. Alle Dienste, die wir anbieten, sind kostenlos und alle Mitarbeiter arbeiten unentgeltlich, also ohne Bezahlung.

Wie habt ihr es geschafft, die Unterstützung der lokalen Bezirksverwaltung zu gewinnen?
Wir haben sie gefragt. Wir haben ihnen unsere Vorstellungen dargelegt, und sie fanden das gut. Sie haben uns dieses Gebäude hier angeboten [ein Gebäude auf dem Gelände des alten Flughafens von Athen, wo auch das Europäische Sozialforum 2006 stattgefunden hat] und übernahmen die rund um das Gebäude anfallenden Kosten.

Als wir begannen, arbeiteten wir nur in drei Räumen. Aber es stellte sich schnell heraus, dass wir mehr Räume brauchen. Jetzt sind die Räumlichkeiten hier schon fast zu klein für uns.

Sie haben uns vorhin erzählt, dass sich das Gebäude auf dem Territorium der früheren amerikanischen Luftwaffenbasis befindet und dieses Gelände jetzt im Rahmen der Privatisierungskampagne der Troika an Investoren verkauft werden soll.

Die Troika verlangt von der griechischen Regierung, dass sie im großen Stil öffentliches Eigentum verkauft. Die alte US-Luftwaffenbasis ist eines dieser öffentlichen Gelände. Es ist ein riesiges Gebiet, das 5500 Acres (22 qkm) umfasst. Es ist sehr viel wert (fünf Milliarden Euro). Sie sind jetzt dabei, Investoren zu suchen, die das Land kaufen. Aber das Land wird bereits von Menschen genutzt. Und die örtliche Kommunalverwaltung versucht, hier noch mehr sozial nützliche Projekte anzusiedeln. Das Problem ist, dass die griechische Regierung dieses Land, das wie gesagt sehr wertvoll ist, zum Schleuderpreis verhökern will. Das werden wir nicht zulassen.

»Ärzte der Welt« betreibt in der Nähe vom Omonia-Platz eine Notklinik. Wie ist euer Verhältnis dazu?

»Ärzte der Welt« sind eine Nichtregierungsorganisation, sie verfügen über sehr viel Erfahrung. Wir sind mit ihnen in Kontakt und haben von ihnen auch sehr nützliche Ratschläge bekommen. Wir unterstützen sie unsererseits, indem wir ihnen Medikamente aus unserem Bestand zukommen lassen. Denn wir haben momentan mehr Medikamente als wir einsetzen müssen. Wir unterstützen damit übrigens auch öffentliche Krankenhäuser. Die Zusammenarbeit mit anderen Initiativen, die in diesem Bereich arbeiten, ist für uns wichtig. Denn die Zusammenarbeit macht uns stärker.

Ihr braucht ja auch die Zusammenarbeit mit öffentlichen Krankenhäusern. Hier in diesen Räumlichkeiten könnt ihr doch keine Operationen durchführen.

Ja, und umgekehrt bieten uns andere Organisationen ihre Unterstützung an. Wir können Bluttests anbieten, weil andere Organisationen für uns die Kosten übernehmen. Und wir sind in einigen Fällen auch in der Lage, einige unserer Patienten in privaten Krankenhäusern unterzubringen.

Wie kommt es, dass Sie als kleine Einrichtung öffentliche Krankenhäuser mit Medikamenten unterstützen?

Wir bekommen durch Spenden von gewissen Medikamenten mehr als wir brauchen, und wir wollen das nicht einfach hier herumliegen lassen. Deshalb bieten wir sie Krankenhäusern an. Als wir damit anfingen, wussten wir nicht, dass sie ernsthaft Mangel daran hatten. Es gab keinen öffentlichen Hilferuf seitens der Krankenhausleitungen. Der Mangel sollte nach Möglichkeit nicht öffentlich werden, ein Krankenhausmanager, der das tut, riskiert seinen Job zu verlieren.

Im Moment arbeiten wir mit zwei Krankenhäusern zusammen. Eines ist eine Krebsklinik mit dem Namen Metaxas. Ihnen lassen wir ein Medikament zukommen, das der Krebstherapie dient. Letzte Woche gab es einen Fall, wo ein Patient ohne unsere Unterstützung das Hospital ohne dieses Medikament hätte verlassen müssen. Vor zwei Monaten hatten wir zwei behinderte Patienten, die zwei Jahre lang das Haus nicht verlassen konnten, weil sie nicht das Geld hatten, sich einen Rollstuhl zu kaufen. Wir machten einen öffentlichen Aufruf und bekamen zwei Rollstühle gespendet.

Sie haben erklärt, dass im Bereich der medizinischen Versorgung die staatlichen Strukturen zusammenbrechen und gewissermaßen durch Strukturen der Selbstorganisation ersetzt werden. Können Sie uns ein paar weitere Beispiele geben?
Dazu gibt es eine wichtige Anmerkung. Wir wollen nicht an die Stelle des öffentlichen Gesundheitssystems treten, das ist nicht unser Ziel. Wir treten für ein funktionsfähiges öffentliches Gesundheitssystem ein. Wir wollen, dass die Menschen auf eigenen Füßen stehen können. Was passiert ist doch Folgendes: Sie saugen wie Vampire das Blut aus unseren Leuten heraus. Deshalb sind sie auch in einigen Monaten vielleicht nicht mehr in der Lage, Widerstand zu leisten. Wir haben nicht die Mittel, um die Masse der Bevölkerung angemessen mit medizinischen Dienstleistungen zu versorgen.

Wer sind die Menschen, die hilfesuchend zu Ihnen kommen? Sind es großenteils Immigranten? Sind es ganz »normale« alteingesessene Griechen?
Wir machen da keine Unterschiede. Aber wohl 70% unserer Patienten sind »eingeborene« Griechen und 30% Immigranten.

Was können wir aus den europäischen Kernländern für euch tun?
Das Wichtigste, was ihr tun könnt, ist, auf eure Regierungen Druck auszuüben, damit dieser Wirtschaftskrieg gegen die Menschen in Griechenland aufhört. Natürlich haben wir Griechen Fehler gemacht. Aber wenn wir auf die Vorgeschichte der Krise schauen, so sehen wir, dass auch die Geldgeber sehr wohl wussten, was sie taten. Sie gaben der griechischen Regierung Geld, obwohl sie genau wissen konnten, dass die griechische Regierung nicht anständig mit dem Geld umgeht. Es gibt da eine Analogie zum Verhalten der Konquistadoren in Südamerika.

Für mich gilt: Menschen müssen Vorrang vor Geld haben! Es geht um ganz grundlegende Dinge: Gesundheit, Schule. Wenn die Regierungen der EU wirklich ein Interesse an dem hätten, was hier passiert, würden sie keine Haushaltskürzungen durchziehen. Natürlich muss man genau prüfen, wohin das Geld fließt. Aber es gibt einen Unterschied zwischen einer solchen Kontrolle und den Kürzungen, die jetzt passieren. Jetzt wird den Patienten die Behandlung verwehrt, weil sie kein Geld haben, um die nötigen Medikamente zu bezahlen.

Und noch eine letzte Bemerkung: Dieselben Politiker, die uns diese Situation gebracht haben, sollen nun die Lösung bringen. Bisher wurde noch kein Politiker wegen Korruption zur Rechenschaft gezogen. Gleichzeitig verlangen sie, dass die einfachen Menschen bluten sollen. Wir müssen auf all die Politiker Druck ausüben, dass sie damit aufhören.

Kontakt: christos.sideris@gmail.com

Aus: SOZ – *Sozialistische Zeitung*, November 2012

Nach der Schließung der staatlichen Senders ERT:
4. Ein neues Widerstandszentrum in Griechenland
Von Panos Petrou

Der Widerstand gegen Sparpolitik und die soziale Krise in Griechenland hat sich rund um die Besetzung der staatseigenen Rundfunk- und Fernsehstation ERT neu formiert, nachdem die Regierung – zum ersten Mal seit der Militärdiktatur in Griechenland – den Versuch gemacht hat, den Sender zu schließen. Seit mehr als einer Woche versammeln sich tausende von Menschen auf dem Gelände des ERT Hauptquartiers, um die BesetzerInnen vor Angriffen seitens der Polizei zu schützen.

Die ERT-Besetzung und die Solidaritätsbewegung, die sie verteidigt, sind die bisher größte Herausforderung für die Regierung von Premierminister Antonis Samaras und seine Mitte-Rechts Partei »Nea Dimokratia« (ND). Nea Demokratia hat vor einem Jahr mit sehr knappem Vorsprung die Parlamentswahlen vor der Koalition der radikalen Linken, SYRIZA, gewonnen. Das führte zu einer Koalitionsregierung mit PASOK, der Mitte-Links-Partei in Griechenland, und der kleineren Mitte-Links Partei DIMAR. Samaras und sein Regime betrieben eine Politik des Durchpeitschens von Sparmaßnahmen, wie sie von der Troika – Europäische Union, Europäische Zentralbank und IWF – als Gegenleistung für die »Rettungsaktionen« zugunsten des griechischen Finanzsystems gefordert worden waren.

2012: Rückgang der Kämpfe

Letzten November gelang es trotz eines 48-stündigen Generalstreiks und Massendemonstrationen vor dem Parlament nicht, zu verhindern, dass ein neues Sparpaket (Memorandum IV) verabschiedet wurde. Seit diesem Zeitpunkt haben die Führungen der wichtigsten Gewerkschaftsdachverbände die Organisierung von Kämpfen im Wesentlichen eingestellt.

Dadurch wurden auch viele AktivistInnen bis zu einem gewissen Grad entmutigt. Über einen Zeitraum von drei Jahren hatten sie Streiks und Demonstrationen organisiert, sie hatten bei den Wahlen im Mai und Juni 2012 erreicht, dass die Koalition der radikalen Linken, SYRIZA, mehr als ein Viertel der Stimmen bekam und sie waren im November wieder auf die Straße gegangen. Dennoch mussten sie erleben, wie ständig neue Wellen der Austeritätspolitik über ihnen zusammenschlugen und ihr Leben erschütterten.

Viele GenossInnen in SYRIZA kamen unter diesen Umständen zu dem Schluss, dass die Leute verzweifelt seien und nicht mehr kämpfen wollten.

Die Führung von SYRIZA schlug eine Taktik des Abwartens ein. Man wollte abwarten, bis die Regierung unter der Last ihrer eigenen Widersprüche zusammenbricht und orientierte die Politik auf parlamentarische Manöver, um ggf. die Regierung übernehmen zu können.

All dies waren Gründe für einen deutlichen Rückgang der Kämpfe in Griechenland – zumindest im Vergleich zur Militanz in den Jahren davor.

Samaras: selbstgestrickte »Erfolgsgeschichte«

Natürlich gab es auch seit November 2012 wichtige Kämpfe. Beschäftigte in vielen Sektoren versuchten militante und anhaltende Kämpfe zu organisieren – Transportarbeiter, Seeleute, Regierungsbeschäftigte, Lehrer. Aber sie alle sahen sich immer öfter mit unverhüllt autoritären Maßnahmen der Regierung konfrontiert.

Innerhalb weniger Monate zog Samaras in allen vier Fällen die Karte einer »Dienst- und Arbeitsverpflichtung«, um die die Streiks zu zerschlagen – eine extreme Maßnahme, die seit dem Ende der Militärdiktatur gerade drei Mal zur Anwendung gekommen war. Im letzten Fall, als die Lehrergewerkschaft ankündigte, während der Zeit der Prüfungen streiken zu wollen, griff Samaras zu einer bisher nicht bekannten Law-und-Order Maßnahme: Er verhängte die »Dienst- und Arbeitsverpflichtung« gegenüber den Gewerkschaftsmitgliedern schon präventiv, was zur Folge hatte, dass die Gewerkschaft den Streik abblies.

Durch diese Erfolge bei der Ausübung der Regierungsgewalt gegen Streiks schuf sich Samaras das Image eines starken Führers, der stets vorangeht. Zum Entstehen dieses Bildes trug ein publizistisches Trommelfeuer der Medien über vermeintliche Errungenschaften der Regierung und angebliche wirtschaftliche Fortschritte bei. Der Premierminister und seine Verbündeten wähnten sich selbst als Darsteller in einer »Erfolgsgeschichte«.

Die Senderschließung: Wer Wind sät, wird Sturm ernten

In dieser Situation entschloss sich Samaras, ERT, den staatlichen Rundfunk- und Fernsehsender zu schließen. Diese beispiellose Aktion – keine zivile Regierung hat jemals einen staatlichen Sender schließen lassen – war allerdings ein Resultat von Selbstüberschätzung. Samaras glaubte fest an den von ihm selbst geschaffenen Mythos, dass er ohne weiteres die Arbeiterbewegung zermalmen und jede ihm gefällige Politik durchsetzen könne – ohne ernsthaften Widerstand fürchten zu müssen.

Die Schließung war aber auch das Resultat von permanentem Druck seitens der Troika. Die Regierung hatte der Troika die Zusicherung gegeben, in diesem Monat (Juni) noch 2000 Beschäftigte des öffentlichen Dienstes zu entlassen. Jetzt, da es so aussah, als könne die Regierung ihr Versprechen nicht einhalten, glaubte Samaras offenbar, dass die Schließung der ERT der große Wurf wäre: Denn mit einem Schlag wäre er 2600 Beschäftigte des öffentlichen Dienstes losgeworden. Da die Bosse der privaten Sender ohnehin schon die ganze Zeit ERT als Ort der Verschwendung und der Korruption an den Pranger stellten, glaubte die Regierung offenbar, die ERT-Schließung werde in der Öffentlichkeit sehr populär sein.

Die Mischung aus Arroganz und Druck von außen ließ Samaras schließlich zu einer Maßnahme greifen, die die zu diesem Zeitpunkt bestehenden Verhältnisse in Griechenland auf den Kopf stellen sollte.

Am Dienstag, den 11. Juni, kündigte die Regierung an, ERT würde um 23 Uhr am selben Tag den Betrieb einstellen. Und so geschah es auch – jeder Fernsehzuschauer konnte verfolgen, wie in dieser Nacht der Bildschirm schwarz wurde und jeder Radiohörer wurde Zeuge, wie ERT stumm wurde.

Diese unvermittelte Abschaltung der staatlichen Fernsehstation war für viele Leute ein Schock. Schon seit einiger Zeit hatte sich Ärger über das zunehmend autoritäre Gebaren der Regierung aufgestaut – was in der populären Parole seinen Ausdruck fand, der einem Slogan aus der Zeit des Aufstands gegen die Militärdiktatur 1973 entlehnt war: »Brot, Bildung, Freiheit – die Junta endete nicht 1973«.

Die ganze Zeit über warteten die Menschen, die unter der Last der Austeritätspolitik litten, auf einen Anlass zurückzuschlagen – auf den Funken, der das Feuer entzünden würde. Diese beiden Faktoren kamen jetzt zusammen in der kraftvollen Antwort der Bevölkerung auf die Abschaltung der ERT. Im Nu wurde ERT zum Symbol des Widerstands.

Die ERT-Beschäftigten beschlossen, das zentrale ERT-Sendegebäude zu besetzen und weiter auf Sendung zu bleiben. Gleichzeitig erhoben sie die Forderung nach Rücknahme des Dekrets, das die Schließung des Senders und die Entlassung tausender von Beschäftigten zum Inhalt hatte. Sie organisierten Streikposten, um das besetzte Gebäude zu verteidigen und im Gebäude selbst installierten sie einen Rcinigungsdienst. Außerdem schickten sie eine Botschaft des Widerstands an die Menschen in Griechenland.

Lektion gelernt

Spezialeinheiten der Polizei wurden an die Gebäude mit Übertragungstechnik geschickt, um den Sendebetrieb von ERT zu verhindern. Aber Dutzende von Web-Seiten begannen, das ERT-Streikprogramm zu übertragen. Mit dem »illegalen« Senden seitens der ERT wurde die Parallele zum Aufstand von

1973 perfekt – auch damals hatten sich die Studenten, die sich in der polytechnischen Fakultät verbarrikadiert hatten, über einen Piratensender an die Öffentlichkeit gewandt.

Ab Mitternacht des 11. Juni strömten tausende von Menschen hin zum Gelände des besetzten Senders, um eine Räumung durch Sondereinheiten der Polizei zu verhindern. Von da an versammelten sich Tag und Nacht Menschen auf dem Gelände außerhalb des zentralen ERT-Gebäudes.

Es wurden Parolen gegen die die Regierung angestimmt. Die Sprecher der BesetzerInnen des Senders spielten bekannte linke Lieder aus den 1970er Jahren, die Hymnen der Widerstandsbewegung gegen die Nazis aus den 1940er Jahren und das italienische Lied »Bella Ciao«. Dutzende von Bands und zahllose Künstler machten Solidaritätskonzerte auf dem Gelände des ERT-Gebäudes. Das ERT-Orchester veranstaltete Konzerte für die Menschen, die sich um das Gebäude herum versammelt hatten.

Es sieht ganz so aus als wären die bitteren Lektionen aus der Niederschlagung der Streiks durch die Regierung gelernt worden –die ja nicht zuletzt einem Mangel an organisierter Solidarität zuzuschreiben waren. Und man belebte die erfolgreiche Praxis aus der Bewegung der Platzbesetzer im Frühjahr 2011 wieder: Es gab eine massenhafte körperliche Präsenz, um die Streikenden und das Gebäude vor Angriffen der Polizei zu schützen und parallel dazu große Versammlungen und intensive Diskussionen, Gemeinschaftsküchen usw. Natürlich war Athen das Zentrum des Kampfes. Aber in Thessaloniki sah es nicht anders aus: Vom besetzten Gebäude des Lokalsenders ET3 wurden Programme über die sozialen Kämpfe ausgestrahlt. Genauso war es in jeder Stadt, wo es eine ERT-Radiostation gab, die versuchte weiter zu senden.

Einheit im Kampf

Das Thema ERT war zu einem Brennpunkt des Kampfes geworden. Dutzende von Solidaritätserklärungen von verschiedenen Gewerkschaftsgliederungen wurden auf dem Gelände verlesen. Die Senderschließung hatte für so großes Aufsehen gesorgt, dass sogar internationale Medien ihre Solidarität mit der ERT erklärten – eine französische Zeitung erschien zum Beispiel mit geschwärzter Titelseite. Es gab Solidaritätsdemonstrationen in London, Paris und anderen europäischen Städten.

Es gab auch Solidaritätsstreiks. Da sie enorm unter Druck gerieten, kamen auch die Führer der beiden Gewerkschaftsdachverbände nicht umhin, für Donnerstag, den 13. Juni, einen Generalstreik auszurufen. Anstelle der traditionellen Route hin zum Syntagma-Platz gegenüber dem Parlament wurde nun als Endpunkt der Streikdemonstration das ERT-Gelände angesetzt. Tausende von Menschen versammelten sich dort. Beschäftigte im Medienbereich waren seit Tagen im unbefristeten Streik, so dass als einziges Programm ERT sendete.

Viele Medienbosse organisierten Streikbrecher-Aktionen. So gelang es ihnen, ihre Zeitungen herauszubringen. Als Antwort darauf veröffentlichten die Streikenden eine Streikzeitung der Gewerkschaften – eine Maßnahme, die zum ersten Mal seit 1975 wieder stattfand.

Abgesehen von der Besetzungsaktion in Athen war das spektakulärste Phänomen die Einigkeit in der Aktion zwischen allen linken Kräften. Es waren tausende von DemonstrantInnen auf dem Gelände, aber das Herz und Seele der Mobilisierung waren die linken AktivistInnen.

Zum ersten Mal seit Jahren konnte man/frau Parteifahnen von Syriza und Antarsya, der KKE-nahen Gewerkschaften und der Anarchisten und Antiautoritären in trauter Eintracht nebeneinander wehen sehen. Mitglieder all dieser Parteien und Gruppierungen standen Schulter an Schulter, um die Besetzung zu verteidigen.

Regierung kriegt die Krise

Die Senderbesetzung und die Proteste sorgten für eine große Krise innerhalb der Regierungskoalition.

PASOK und dann auch DIMAR drückten öffentlich ihre Missbilligung der Vorgehensweise von Samaras aus. Nach drei Krisensitzungen entschied sich DIMAR zum Austritt aus der Koalition.

DIMAR hatte bisher der Koalition als linkes Feigenblatt gedient. Jetzt muss die Regierung ohne Feigenblatt auskommen. Die Altparteien »Nea Demokratia« und PASOK bleiben zusammen und diskutieren die Details einer Umstellung des Kabinetts und neue Absprachen über das politische Programm. In der Frage der ERT scheinen sie sich auf ein Wiederanschalten des Senders geeinigt zu haben, aber in neuem »reformierten« Format – was beinhaltet, dass ungefähr 1500 Leute entlassen werden sollen und ein neuer nationaler Fernsehsender geschaffen werden soll – mit deutlich schlechteren Arbeitsbedingungen und noch stärker unter der Fuchtel der Regierung als bisher schon.

Das Finanzministerium hat bereits angekündigt, dass eine »Neue ERT« alsbald starten soll und dass die Beschäftigten Abfindungen erhalten sollen – was so viel heißt, dass die Entlassungen beschlossene Sache sind.

Besorgniserregender an der Ankündigung des Ministeriums ist die Aufforderung an Adresse der ERT-Beschäftigten, das Gebäude zu räumen, damit die neuen Regeln in Kraft treten können. Das läuft auf eine Drohung mit einem Einsatz der Sonderpolizei hinaus. Die Gewerkschaft der ERT-Beschäftigten hat geantwortet, dass alle im Gebäude bleiben werden. Gleichzeitig hat sie zu Solidaritätsdemonstrationen aufgerufen.

Es scheint so, als würde Samaras politisch überleben. PASOK-Führer Evangelos Venizelos hat erklärt, dass die politische Stabilität und die Stabilität der Regierung sein oberstes Anliegen seien. DIMAR Mitglieder scheinen unzufrieden mit dem Ausscheiden ihrer Partei aus der Regierung zu sein – die offizielle Position der »demokratischen Linken« ist eine kritische Unterstützung der Regierungsmehrheit.

Unabhängig von den Entscheidungen der Parteiführungen – es ist offensichtlich, dass die Regierung jetzt, ein Jahr nach Regierungsübernahme, in einer tiefen Krise steckt.

Soziale Bewegungen organisieren!

Der Kampf um die ERT ist beileibe nicht vorüber. Wir können nicht voraussagen, wie er ausgeht, aber er ist ein schwerer Rückschlag für Samaras. Das Image des allmächtigen Premierministers und seiner »Erfolgsgeschichte« ist Vergangenheit. Gegenwart sind die Krise der Regierung, die Demonstrationen rund um die ERT-Zentrale und die internationalen Proteste gegen die Abschaltung.

Als er von Unten ernsthaft herausgefordert wurde, zeigte Samaras , was er wirklich ist: Der Führer der Fraktion der rechten Hardliner in Nea Dimokratia, der nicht in der Lage ist, die Koalition oder auch nur seine eigene Partei ohne große Konflikte zu kontrollieren – es gibt Gerüchte, wonach Teile von ND die Führungsqualitäten von Samaras in Frage stellen und über seine mögliche Ersetzung diskutieren. ERT war das Ereignis, das nötig war, um zu zeigen, dass das Ziel, der Regierung eine Niederlage zuzufügen, viel realistischer ist als viele gedacht hatten.

Es muss aber klar sein, dass wir unsere Hoffnungen nicht auf parlamentarische Manöver zwischen den Parteiführungen setzen sollten. Der Kampf um die ERT hat für die Linke eine Chance eröffnet, eine politische und soziale Bewegung gegen die Regierung zu organisieren. Alle Kräfte und AktivistInnen müssen sich für dieses Ziel engagieren.

Das heißt: Durch Kampagnen an Arbeitsplätzen und in den Wohngebieten Unterstützung für ERT organisieren, immer wieder die Notwendigkeit der Vereinheitlichung der Kämpfe herausarbeiten, Solidaritätsaktionen organisieren. Versammlungen einberufen, Druck auf die Gewerkschaftsdachverbände machen, damit sie zu weiteren Generalstreiks aufrufen. Einige Kräfte in der Linken tun das bereits. Aber es muss der Normalfall linker Aktivität werden.

Aus: *Socialist Worker* (USA), 24. Juni 2013; Übersetzung: Paul Michel

V. Rassismus und Neofaschismus

1. Goldene Morgenröte – Spinne im Netz der rassistischen Gewalt

Von Paul Michel

Für Flüchtlinge ist Griechenland und insbesondere bestimmte Stadtteile von Athen, ein sehr gefährlicher Ort. Immer wieder sehen sie sich gewalttätigen Angriffen von organisierten Gruppen ausgesetzt. Diese tragen üblicherweise schwarze Kleidung, Militärhosen, Helme oder haben ihre Gesichter vermummt. Sie bewegen sich auf Motorrädern oder durchkämmen als selbst ernannte Bürgerwehrgruppen ganze Stadtteile nach potentiellen Opfern. Die Angriffe erfolgten mit Waffen wie Eisenstangen, Teleskop-Schlagstöcken, Ketten, Schlagringen, Messern oder zerbrochenen Flaschen. Manchmal wurden auch große Hunde eingesetzt. Immer wieder bezeugen die Angegriffenen, unter den Tätern Personen erkannt zu haben, die Abzeichen der Naziorganisation »Goldene Morgenröte« (Chrysi Avgi) trugen.

Auch wenn aufgrund des wohlwollenden Wegschauens der Polizei kaum Täter festgenommen werden konnten, gibt es kaum Zweifel, dass die organisierte Arbeit der Chrysi Avgi wesentlich für die Verschärfung des Straßenterrors verantwortlich zeichnet. Die Parteiführung versichert in ihren offiziellen Statements zwar, dass sie mit den Angriffen auf die Migranten nichts zu tun habe, weder aktiv noch im Hintergrund – doch zahlreiche Hinweise sprechen dagegen.

Bisweilen inszeniert sich die Chrysi Avgi sogar ausdrücklich als Bürgerwehr gegen die angebliche Überfremdung der Heimat. So gingen drei Parlamentsabgeordnete der Partei im September 2012 in Begleitung von Schlägertrupps auf zwei Wochenmärkten gegen afrikanische und asiatische Verkäufer vor. Sie verlangten – ohne jede rechtliche Handhabe – deren Papiere zu sehen. Konnten die Händler keine gültigen Papiere vorweisen, demolierten die Schläger kurzerhand deren Stände – und ließen sich von mitgebrachten Kamerateams dabei filmen. Ihre Botschaft: Wir zeigen Präsenz, wir räumen auf. In der *Frankfurter Rundschau* vom 18. Dez. 2012 fragt der Journalist einen Chrysi Avgi-Anhänger, wer denn die Jungs von den Rollkommandos rund um den Aghios-Panteilimonas-Platz seien und dieser antwortet: »Na, die Goldene Morgenröte«.

Chrysi Avgi – eine Nazipartei mit Auslegern im Unterweltmilieu

»Wir sind Nationalisten, keine Nazis« behaupten zumindest seit ihrem Wahlerfolg die Sprecher von Chrysi Avgi immer wieder. Schließlich sei ja nichts Schlimmes daran, sein Land zu lieben. Gleichzeitig propagieren sie die »Reinheit der Rasse und des griechischen Blutes«, die Zwangssterilisation von Müttern behinderter Menschen und fordern die Wiedereinführung der Todesstrafe. Der Journalist und Buchautor Dimitris Psarras, der als Griechenlands führender Rechtsextremismus-Experte gilt, hält sie für lupenreine Nazis: »Seit ihrer Gründung 1980 ist das eine Organisation, die in Theorie und Praxis die Lehren des deutschen Nazismus, der deutschen NSDAP, zwischen den beiden Weltkriegen nachahmt. Sie ist zu 100 Prozent eine Nazi-Partei.« (*Wiener Zeitung Online*, »Sie wollen einen Bürgerkrieg«, 4.12.2012)

Psarras weiter: »Der Kern der Partei, der sich um den «Führer», Nikos Michaloliakos gebildet hat, ist seit ihrer Gründung 1980 derselbe. Die einzigen ideologischen Bezugspunkte der Partei stammen direkt vom deutschen Nationalsozialismus: Da finden wir die Klassiker der Naziliteratur, wie *Mein Kampf* und die Werke der Nazi-Ideologen Alfred Rosenberg und Joseph Goebbels.« (*Wiener Zeitung Online*, a.a.O.)

In der öffentlichen Inszenierung ihrer Aufmärsche benutzen die militanten Mitglieder der Partei dieselben Methoden wie die NSDAP, bevor sie an die Macht kam. Bewusst pflegt die Organisation Rituale, die Erinnerungen an die SA wecken. Bei Ihren Aufmärschen mit Fackeln, Feuerwerk und militärischem Absingen der Nationalhymne spricht ihr »Führer« Michaloliakos das Fußvolk an mit »Ihr seid unsere Sturmabteilungen«,. Ihre Parole lautet in Anlehnung an die SA: »Blut, Ehre, Goldene Morgenröte«, in ihrer offiziellen Hymne heißt es wohl nicht von ungefähr »Die Fahne hoch…«

Es gibt immer wieder Gerüchte über Verbindungen zur organisierten Kriminalität und Verwicklung in Drogen-, Menschenhandel und Prostitution. Dazu Dimitris Psarras: »Über die Kontakte zur organisierten Kriminalität kann ich nur sagen, dass ein Großteil der Parteimitglieder aus Security-Leuten besteht, die in Nachtclubs arbeiten und teilweise in kriminelle Geschäfte verwickelt sind. Der lokale Anführer der Chrysi Avgi in Agios Panteleimonas etwa ist ein bekannter Mafioso, dem sogar zwei Morde vorgeworfen werden.«

Von einer Randerscheinung …

Über den Parteiführer Nikos Michaloliakos sagt Psarras: »Nach der Diktatur (von 1967-1974, d. A.) war Michaloliakos in terroristische Aktionen von verschiedenen rechtsextremen Gruppen verwickelt, die einen zweiten Putsch wollten. Diese wahllosen Aktionen, etwa Attentate in zwei Kinos in Athen, hatten das Ziel, einfach Leute umzubringen, und wurden teilweise mit der Unterstützung der italienischen neofaschistischen Gruppe Ordine Nuovo durchgeführt, die in den siebziger und achtziger Jahren auch in Griechenland tätig war. In diesem Zusammenhang wurde Michaloliakos verhaftet und verurteilt, nachdem bei ihm Sprengstoff gefunden worden war. 1984 wurde er vom einstigen Diktator Giorgos Papadopoulos – der seit 1974 im Gefängnis von Koridalos saß – zum ersten Anführer der Jugendorganisation der faschistischen Partei Epen ernannt. Aber in der Ideologie von Chrysi Avgi findet sich mehr als nur die Pro-Junta-Rhetorik. Michaloliakos verließ die Epen, weil sie ihm nicht antisemitisch genug war.« (*Jungle World*, »Es sind richtige Nazis«, 15. Nov. 2012)

Nach ihrer Gründung Ende 1981 war die Chrysi Avgi eine kleine, politisch eher unbedeutende Gruppe. Sie konzentrierte sich zunächst auf die Herausgabe einer gleichnamigen Zeitschrift und beschränkte sich in den Jahren 1981 bis 1984 weitgehend auf nazistische Propaganda. Außer der Zeitschrift gab die Organisation auch Bücher mit entsprechendem Inhalt heraus, als erste eine Rede Hitlers, Nachdruck einer Ausgabe der deutschen Propaganda während der Besatzung. Nach der offiziellen Biographie ihres Anführers Michaloliakos stellte Chrysi Avgi Anfang 1984 „aufgrund des Drucks von parastaatlichen Kreisen des Systems" ihre Aktivitäten ein. Nach dem Intermezzo von Michaloliakos bei der Jugendorganisation der faschistischen Partei Epen gründete Michaloliakos 1987 erneut die Chrysi Avgi. Nun aber wurde neben der „theoretischen" Arbeit der Kampf auf der Straße Schwerpunkt der Organisation. Ihre Schläger wurden ganz gerne gebraucht, um die Arbeit der Polizei zu erleichtern, etwa auf Demonstrationen von Linken und Studenten. 1990 richtete die Chrysi Avgi ihren ersten Parteikongress mit noch wenigen Delegierten aus. In den 90er Jahren gab es eine Reihe von gesellschaftlichen Veränderungen in Griechenland, die Chrysi Avgi entgegen kamen. Da war zunächst die nationalistische Welle in Griechenland um den Namen »Mazedonien«, als sich die frühere jugoslawische Teilrepublik unter dem Namen Mazedonien für unabhängig erklärt hatte und dann gab es Streit mit der Türkei um den Besitz einiger Inseln in der Ägäis. Hinzu kam die erste Einwanderungswelle, die auf das Auseinanderfallen des Ostblocks und die Kriege in Jugoslawien folgte. Und schließlich entstanden im Rahmen der Deregulierung die privaten Fernsehstationen, die einen Sensationsjournalismus mit rassistischem Grundrauschen à la BILD-Zeitung oder der englischen SUN pflegen.

Zwischen 1992 und 1997 wurden den Behörden mehr als 50 Angriffe der Faschisten in Athen, Thessaloniki, Patras, Komotini und Chania angezeigt.

Alle folgten den klassischen Beispielen der «Squadristi» von Benito Mussolini in Italien: Blitzangriff mit Messern, Knüppeln und Schlagstöcken, Zusammenschlagen, Verschwinden. Die so etablierte Organisation bestand Mitte der 90er Jahre aus einem aktiven Gefolge von etwa 100 bis 150 Personen in der Region Athen und Piräus (zum großen Teil Skinheads und ein paar alte Juntarechte), kleineren Gruppen in der Provinz, einem kleinen, konstanten Führungskern sowie einer paramilitärischen Struktur. Dennoch war die Partei in dieser Zeit eher eine Randerscheinung.

... zur dominierenden Kraft

2008 begannen die Neonazis den politischen Raum systematisch zu erobern. Sie beschlossen, ihren Kleinkrieg mit den Anarchisten zu beenden und ihre Aktivitäten auf Stadtviertel zu konzentrieren, in denen viele Ausländer ohne Aufenthaltspapiere wohnten. Wie z. B. Agios Panteleimonas, einem heruntergekommenen Viertel nördlich des Athener Zentralbahnhofs. Die Gegend war einst ein solides Mittelschichtviertel, das aber einen sozialen Verfall erlebte. In den vergangenen Jahren gab es dort einen starken Zustrom von Einwanderern, der zu starken sozialen Konflikten mit den dort lebenden Griechen führte. Chrysi Avgi heizte diese Konflikte durch Überfälle und Vetreibungsaktionen gegen Migranten systematisch an.

Bei den Parlamentswahlen 2009 zahlte sich die neue Strategie noch nicht aus. 2009 kam Chrysi Avgi lediglich auf 0,5 Prozent der Stimmen. Der Durchbruch gelang bei Kommunalwahlen im November 2010: Chrysi Avgi kam auf 5,29 Prozent der Stimmen und ihr Führer Michaloliakos erreichte einen Sitz im Athener Stadtparlament. Ihre Hauptparole lautete: »Das Land von dem Unrat befreien.«

Bis zu diesem Zeitpunkt war LAOS die stärkste rechtradikale Organisation. Aber mit ihrem Eintritt in die Regierung von Lukas Papademos stürzte LAOS in eine tiefe Krise. Nutznießer dieser Krise war die »Goldene Morgenröte«. Bei den Parlamentswahlen 2012 erhielt LAOS unter drei Prozent der Stimmen und flog aus dem Parlament. Chrysi Avgi konnte die Stimmen der LAOS für sich gewinnen und wurde damit endgültig zur dominierenden Kraft im rechtradikalen Lager. Innerhalb weniger Wochen nach den Wahlen vermehrte Chrysi Avgi die Anzahl ihrer Parteibüros von 8 auf 60 und verstärkte ihre Präsenz auf den Straßen drastisch. Sie inszenierte sich in zahllosen öffentlichen Auftritten als Kraft, die aufräumt, nutzte die gesteigerte Aufmerksamkeit der Medien zur Verschärfung ihrer aggressiven Rhetorik. Gleichzeitig vervielfachten sich die tätlichen Angriffe auf MigrantInnen.

Antisystemische Partei?

Chrysi Avgi zielt über den faschistischen Kern von Anhängern hinaus darauf ab, jene Teile im Kleinbürgertum zu erreichen, die »die da Oben« mal abstrafen möchten, ohne aber die Spielregeln der kapitalistischen Konkurrenzgesellschaft infrage zu stellen. Dieses Klientel betrachtet eine Stimme für Chrysi Avgi als eine Art Schlag ins Gesicht des bestehenden politischen Systems. Chrysi Avgi bedient solche Sehnsüchte, indem sie sich in ihrem Auftreten als antisystemische Partei darstellt. Selbstredend mobilisieren die Nazis nicht gegen die Sparprogramme der Regierung. Und obwohl persönliche Angriffe auf ihre Gegner eines ihrer Markenzeichen ist, wurde bisher noch kein Politiker der Regierungsparteien von den Schlägertypen der Chrysi Avgi behelligt. Mit ihrer fremdenfeindlichen Parolen (»Ausländer raus«, »Griechenland den Griechen«) und ihrer ultranationalistischen Demagogie, die voll ist von Gefasel über »Verräter« und »Verschwörungen gegen die Nation«, tun sie den Herrschenden nicht weh. Sie sprechen sich ausdrücklich gegen Streiks aus, weil Streiks angeblich »Hass gegen Griechen« erzeugen. Bezeichnenderweise sprachen sie sich für weitere Steuererleichterungen für Reeder aus.

Populismus

Gleichzeitig gibt sich die Partei bürgernah: Mitglieder verteilen Essenspakete an »echte« Griechen und organisieren Blutspenden »von und für Griechen«, begleiten alte Menschen in »gefährlichen, von Migranten bedrohten Gegenden« zum Bankomat, wenn diese ihre Rente abheben wollen. Die Nazi-Partei machte sogar eine eigene Arbeitsvermittlung auf. Sie tritt an Unternehmer heran und schlägt ihnen vor, ihre (falls noch vorhandenen) Arbeitnehmer ausländischer Herkunft durch von Chrysi Avgi vermittelte »echte Griechen« zu ersetzen. Nach Aussagen von linken AktivistInnen machen die Nazis damit bei den Griechen nicht nur Pluspunkte. Denn die neu eingestellten Griechen müssen zu den Bedingungen wie vorher die MigrantInnen arbeiten – und die sind oft noch einmal deutlich schlechter als für den Rest der Belegschaft.

Enge Bande mit der Polizei

Jedermann in Griechenland weiß, dass es enge Bande zwischen der Polizei und der Nazipartei Chrysi Avgi gibt. Man geht davon aus, dass 50 Prozent der Polizisten bei den Wahlen für die Chrysi Avgi gestimmt haben. Besonders ausgeprägt soll die Zustimmung für die Nazipartei bei den Sondertruppen der Polizei sein. Leute aus linken Organisationen erzählten, dass es durchaus üblich ist, dass bei den Polizei-Motorradstreifen einer vom Chrysi Avgi auf dem Sozius sitzt. Die Nazis ihrerseits fahren auch in der Nacht mit Motorrädern durch die Gegend Streife und machen dann ihre Überfälle auf Flüchtlinge. Es ist bisher noch nie vorgekommen, dass die Polizei hier eingegriffen hätte. Der britischen Zeitung *The Guardian* erklärte ein Polizeioffizier, dass die Partei die Sicherheitsbehörden regelrecht unterwandert hätten. Und dies dem Inlandsgeheimdienst längst bekannt sei.

Dimitris Psarras stellt zum Verhältnis zwischen Polizei und Chrysi Avgi fest: »Es gibt da eine Art von Osmose zwischen Anhängern von Chrysi Avgi, zwischen jenen, die innerhalb der Polizei tätig sind und jenen, die in privaten Sicherheitsdiensten arbeiten sowie jenen, die Türsteher bei Nachtclubs sind. Manchmal ist es dieselbe Person, die diese drei Dienstleistungen erbringt. Sie treffen sich in örtlichen Fitnesszentren, besuchen dieselben Cafes und teilen die gemeinsame Ideologie.« Psarras meint, dass hartes polizeiliches Vorgehen gegen Drogenverstöße und Migranten ein Signal für Chrysi Avgi ist, dass illegale Angriffe auf diese Gruppen willkommen sind. (Paul Mason, »Alarm at Greek police ›collusion‹ with far-right Golden Dawn«, BBC News World, 17. Oktober 2012)

Es gibt zahlreiche Beispiele dafür, wie Polizisten sich bei kriminellen Aktionen der Chrysi Avgi blind stellen. Als bei einem Nazitreffen am 29. September im zentralgriechischen Vólos der Chrysi Avgi-Abgeordnete Panagiótis Iliópoulos Protestierende mit der Waffe bedrohte, schritt die Polizei ein – und nahm sechs Antifaschisten fest.

Unbeteiligte Passanten, die auf der Polizeiwache die Bedrohung mit der Waffe anzeigen wollten, wurden des Raumes verwiesen. In der gleichen Nacht griffen Faschisten den ranghöchsten Imam der pakistanischen Gemeinde in Athen in seinem Haus an und verletzten einen Mitbewohner durch Knüppelschläge. Die zur Hilfe gerufene Polizei nahm nicht die noch anwesenden Angreifer, sondern deren Opfer in Gewahrsam. (nach Ralf Dreis, »Regierung, Polizei, Massenmedien und Faschisten Hand in Hand«, *Graswurzelrevolution* 11. Dez. 2012)

Die Presse schweigt sich im Allgemeinen über rassistische Angriffe der Nazis und das Vorgehen der Polizei aus oder verdreht die Tatsachen bis zur Unkenntlichkeit. Nachdem der Vorfall in Vólos nicht mehr zu leugnen war, wurde in den Fernsehnachrichten berichtet, der Faschist habe seine »Waffe gezeigt«, bedroht worden sei niemand.

Besorgniserregender Zuspruch für Chrysi Avgi

Sehr besorgniserregend ist, dass auch nach ihren Wahlerfolgen der Zuspruch für die Neonazis offenbar ständig wächst. Nach neuesten Meinungsumfragen liegen die Sympathiewerte für die Nazis bei deutlich über zehn Prozent – Tendenz weiter steigend. Panagiotis Sotiris schreibt in einem Aufsatz zu Aufstieg der griechischen Nazipartei und den Aufgaben der Linken:

»Es ist bekannt, dass faschistische Bewegungen immer wieder ihren Antrieb aus der Verzweiflung und Unsicherheit, speziell der individualisierten Verzweiflung schöpfen. Wenn nicht weite Teile der Gesellschaft eine Art von kollektivem Selbstvertrauen wiedergewinnen in ihrer Fähigkeit, ihr Leben zu verändern durch kollektive solidarische Kämpfe, muss man ein weiteres Erstarken der Faschisten befürchten. (…) Wenn wir nicht zeigen können, dass wir durch kollektive Kämpfe erreichen können, dass kein Haushalt mehr ohne Strom ist, kein Mensch ohne Zugang zu medizinischer Versorgung bleibt, kein Kind ohne Mahlzeit in der Schule bleibt, wenn wir es nicht schaffen, den Sparmaßnahmen zu widerstehen, wenn wir nicht zeigen, dass Solidarität zwischen GriechInnen und MigrantInnen der beste Weg ist die Nachbarschaften sicherer zu machen, dann wird der Zuspruch für Chrysi Avgi mit all ihren aufgeblasenen Sprüchen über ›Solidarität nur für Griechen‹ weiter steigen.«

Antirassistische Solidarität, das Ineinandergreifen von solidarischen sozialen Selbsthilfeprojekten und breiten antifaschistischen/antirassistischen Selbstverteidigungsbündnissen in den Wohnbezirken scheint mir ein Ansatz zu sein, gegen die drohende Verrohung und Brutalisierung einer Gesellschaft, die völlig aus den Fugen geraten ist, vorzugehen.

Es ist zu hoffen, dass die immer noch zahlenmäßig deutlich überlegene Linke in diesem Sinne zu einem geschlossenen Handeln findet. Sollten sich die Nazis durchsetzen, droht die offene Barbarei.

2. Flüchtlinge in Griechenland

»Das Leben hier ist nicht nur schwer, sondern unmöglich«

Von Paul Michel

Sie leben auf der Straße oder in miserablen Unterkünften. Sie warten tagelang vergeblich vor Behörden und leben in ständiger Furcht vor Angriffen von Rassisten. Die Lage von Flüchtlingen in Griechenland ist in jeder Hinsicht katastrophal.

Immigration in Griechenland

Über die Anzahl der in Griechenland gestrandeten Flüchtlinge gibt es nur Schätzungen. Sie bewegen sich zwischen 400 000 und etwas über eine Million. Und das bei einer Gesamtbevölkerung in Griechenland von 10,4 Mio. Menschen. Dabei war Griechenland lange Zeit kein Einwanderungs-, sondern ein Auswanderungsland. Die Armut zwang alleine im 19. Jahrhundert eine Million Griechen zur Emigration. Vor allem Kanada und die Vereinigten Staaten, aber auch Australien wurden für viele Griechen zum Ziel eines wirtschaftlichen Neuanfangs. Später, nach dem Zweiten Weltkrieg wurde Westeuropa ein Migrationsziel. Bis zu einer Million Griechen wanderten seit 1960 in die BRD aus. Die meisten von Ihnen sind wieder nach Griechenland zurückgekehrt, in Deutschland geblieben sind weniger als 300 000.

In den letzten zwanzig Jahren gab es aber einen massiven Anstieg bei der Einwanderung nach Griechenland. Die erste große Einwanderungswelle nach dem Ende der stalinistischen Regimes in den Ostblockstaaten – wobei Menschen aus Albanien die größte Einzelgruppe ausmachten – hat Griechenland nach Aussagen von Eberhard Rondholz (»Aufstand der Illegalen«) noch gut verkraftet. Anfangs versuchte die griechische Regierung die Einwanderung aus Albanien per Massenabschiebung zu verhindern. Aber nachdem man erkannte, dass angesichts der schwer zu überwachenden Grenzen eine Abschottungspolitik nicht praktikabel war, entschloss man sich in Athen nach einiger Zeit zur Legalisierung der fast 500 000 Illegalen. In der Zeit des Wirtschaftsbooms gelang es vielen Flüchtlingen aus Albanien, sich in die griechische Gesellschaft zu integrieren. Im Jahr 2008 stellte Eberhard Rondholz zur Immigration aus Albanien fest: »Sie sind mittlerweile erstaunlich gut integriert, gegen sie gerichtete fremdenfeindliche Ausschreitungen sind selten«.

Seit Beginn des neuen Jahrtausends wurde Griechenland für Flüchtlinge aus Asien und Afrika zum wichtigsten Transitland. Der Grund dafür ist der Umstand, dass die Flucht aus Nordafrika über das Mittelmeer nach Italien und Spanien immer schwieriger und gefährlicher wurde und Griechenland eine Landgrenze mit der Türkei hat. Die meisten der Flüchtlinge kommen nicht nach Griechenland mit der Absicht, hier auf Dauer zu bleiben. Sie würden lieber heute als morgen Griechenland verlassen und in Richtung Nord- oder Zentraleuropa weiter reisen. Nach dem sogenannten Dublin II-Abkommen muss das EU-Land, das ein Migrant zuerst betreten hat, auch seinen Asylantrag bearbeiten. Mit dieser Begründung verweigern die anderen EU-Länder wie Deutschland oder Italien die Weiterreise der Flüchtlinge in ihre Länder und schicken oft selbst jene, die es in ihr Land geschafft haben, wieder nach Griechenland zurück. Also stecken die Flüchtlinge in Griechenland fest, in dem Land, das am stärksten von der Krise betroffen ist.

Beschämende Lebensbedingungen

Die soziale Lage der Flüchtlinge in Griechenland ist katastrophal. Die Migranten müssten in Griechenland unter »beschämenden und fürchterlichen« Bedingungen leben, stellt Amnesty International im Dezember 2012 fest. Sie erhalten so gut wie überhaupt keine Hilfe vom Staat und es werden auch keine Unterkünfte bereitgestellt. Sie bleiben völlig sich selbst überlassen. In der Zeitung *Ekathimerini* beschreibt ein 29 jähriger Flüchtling aus Kamerun seine Situation so: »Das Leben hier ist nicht nur schwer, sondern unmöglich.«...«Es gibt keine Arbeit, kein Geld und keine Wohnung. Wir teilen uns mit 15 Menschen ein kleine Wohnung, sehen uns an jeder Ecke Polizeikontrollen ausgesetzt, sind ständigem Rassismus ausgesetzt und können nicht in ein anderes Land gehen.« (16.12.2012)

Natürlich gibt es Kriminalität von Seiten der Flüchtlinge. Wie könnte es auch anders sein, wenn mehrere hunderttausend Menschen ohne Wohnung und finanzielle Unterstützung gezwungen sind, sich auf der Straße durchzuschlagen. Natürlich gibt es Drogenhandel und wohl an und ab auch Überfälle. Dass das ein gefundenes Fressen für die Nazihetzer ist, kann man sich vorstellen. Nach dem altbekannten Muster der Sündenbocktheorie nutzen Nazis die existierenden schlimmen sozialen Probleme für ihre Zwecke.

Verhinderung von Asyl

Viele Flüchtlinge sind illegal, und der Staat hat auch kein Interesse daran, dass sie ihren Status legalisieren. Die einzige Stelle in Athen, wo die Flüchtlinge einen Asylantrag stellen, ist die Ausländer-Direktion Attika, gelegen in der Petrou-Ralli-Straße. Die hat aber nur zwei Stunden in der Woche geöffnet (Samstag morgens ab 6 Uhr). Dann drängen sich dort hunderte von Flüchtlingen in der Hoffnung, dort einen Antrag auf Asyl stellen zu können. Aus nicht nachvollziehbaren Gründen hat die Behörde lediglich für zwei Stunden geöffnet. Oft warten zahlreiche Flüchtlinge in der Nacht von Freitag auf Samstag vor der Behörde, um ihren Antrag einzureichen. Die Behörde akzeptiert aber nur maximal zwanzig Anträge pro Öffnungstermin, der Rest wird abgewiesen.

Bis 2008 gab es in der griechischen Gesellschaft noch eine gewisse Toleranz für Flüchtlinge. Aber mit dem Ausbruch der Wirtschaftskrise ab 2008 wich die passive Toleranz seitens der griechischen Gesellschaft zunehmend fremdenfeindlicher Intoleranz. Aber noch 2009 scheint die Stimmung bei weitem nicht so angeheizt gewesen zu sein wie etwa 2012 und 2013. Obwohl PASOK rund um die Parlamentswahlen 2009 eine Kampagne gegen illegale Einwanderung vom Zaum brach, nannten damals im Sommer 2009 auf dem Höhepunkt der Kampagne laut Meinungsumfragen lediglich 18 Prozent der Befragten das Thema »Immigration« als wichtigstes Thema. Zwei Wochen später waren es nur noch 10 Prozent. (siehe Thanasis Kourkoulas, »Challenging the Right in Greece«, in: *Socialist Worker*, 3. August 2009) Jagwinder Sing, ein ausgebildeter Elektriker aus Indien, beschreibt den Wandel in der Einstellung: Er verließ vor vielen Jahren im Hafen von Piräus heimlich sein Schiff und zog dann nach Korinth. Dort bekam er alsbald eine Arbeit in einer Holzfabrik und bekam vier Jahre später auch eine permanente Arbeitserlaubnis. Zwölf Jahre arbeitete er in Schichtarbeit, zahlte auch seine Beiträge für die Sozialversicherung und versorgte seine Frau und die zwei Kinder. Aber vor einem Jahr verlor er seine Arbeit in der Fabrik, weil diese ihre Belegschaft von 230 auf 20 Leute reduzierte. Nun muss er böse Blicke ertragen, wenn er seinen Scheck mit dem Arbeitslosengeld einlöst. »Für so viele Jahre waren die Griechen zu mir und meiner Familie so nett… Aber jetzt in den letzten Monaten ist alles ganz anders. Die Leute schauen mich mit kalten Augen an. Sie nennen mich einen Xenos (Fremden) und sagen, dass sie Chrysi Avgi holen wollen, um uns alle aus Griechenland rauszuschmeißen.« (Reclaiming Xenophobia: The rise of Ultra-Nationalism in Greece, 31.12.2012)

Die rassistisch motivierten gewaltsamen Angriffe zeigen im Verlauf des Jahres 2012 einen dramatischen Anstieg und stellen mittlerweile ein alltägliches Phänomen dar. Nachdem die Nazi-Partei »Goldene Morgenröte« mit fast 7 Prozent bei den Wahlen im Mai und Juni 2012 den Einzug ins Parlament geschafft hatte, war ein deutliches Ansteigen rassistischer Angriffe zu verzeichnen. In der Periode Januar bis September 2012 wurden laut dem »Netz zur Erfassung rassistischer Gewalt« 87 Vorfälle rassistischer Gewalt gegen

Flüchtlinge und Immigranten verzeichnet, von denen 83 in der Öffentlichkeit erfolgten (auf Plätzen, auf Straßen, in Beförderungsmitteln). Auch im Jahr 2013 gehen die Morde weiter. Am Morgen des 17. Januar wurde ein 27-jähriger pakistanstämmiger Mann, der mit seinem Fahrrad auf dem Weg zur Arbeit war, im Athener Bezirk Petralona von zwei Personen auf einem Motorrad niedergestochen und erlag seinen Verletzungen. Anders als sonst üblich wurden diesmal aufgrund der Aussage von Augenzeugen kurz darauf die beiden mutmaßlichen Täter festgenommen. Bei anschließenden Hausdurchsuchungen fand die Polizei in der Wohnung eines der Täter mehrere Dutzend Pamphlete der Neonazipartei »Goldene Morgenröte«.

Institutioneller Rassismus

Seit August 2012 haben die griechischen Behörden ihr Vorgehen gegen Flüchtlinge noch einmal verschärft. Wohl um der Unzufriedenheit der griechischen Bevölkerung einen Sündenbock zu liefern, startete die griechische Regierung im Spätsommer die Operation mit dem zynischen Namen »Gastfreundlicher Zeus«. Landesweit, vor allem in den Großstädten, machten Hundertschaften von PolizistInnen Jagd auf Migrantinnen. 70 000 wurden vorübergehend festgenommen . Allein in Athen waren über 4500 PolizistInnen unterwegs. Diese Jagd der Polizei läuft offenbar immer noch. Während unseres Aufenthaltes in Athen Ende September/Anfang Oktober 2012 fielen uns in den Innenstadtvierteln die häufigen Polizeistreifen auf. Trupps von Polizisten kontrollieren die Papiere der Flüchtlinge, nehmen sie mit auf die Wache. Manchmal, um sie von da in Abschiebelager abzutransportieren, manchmal aber auch um sie dort zu verprügeln oder irgendwie anders zu schikanieren.

Die Bedingungen in den Abschiebelagern und in den Polizeigefängnissen, in denen die Flüchtlinge festgehalten werden, wurden immer wieder von verschiedenen internationalen Organisationen kritisiert. Im Juli und August 2012 besuchte Amnesty International (AI) verschiedene Einrichtungen im Raum Athen. In den Lagern Alt-Elliniko und Neu-Elliniko, so AI, sind die Flüchtlinge inhumaner und erniedrigender Behandlung ausgesetzt. In beiden Lager sind die Betten alt und schmutzig, die Toiletten sehr schmutzig und das Trinkwasser von sehr schlechter Qualität. In Alt-Elliniko hatten die Gefangenen zudem keine Möglichkeit zur Bewegung im Freien und in den Zellen gab es kein natürliches Licht.

Der Umgang der Polizei mit den Flüchtlingen ist von subtiler bis offener Gewalt geprägt. Die illegalen Flüchtlinge sind in besonderem Maße der Willkür der Polizei aus geliefert. Es gibt zahlreiche Fälle, in denen Polizisten sich geweigert haben, Anzeigen von rassistischer Gewalt aufzunehmen. »Human

Rights Watch« hat im Juli 2013 einen Report mit dem Titel »Hate in the Streets: Xenophobic violence in Greece« der griechischen Polizei vorgeworfen, dass sie gegenüber rassistischen Angriffen sich blind und taub stellt und die Opfer davon abhält, die Täter anzuzeigen.

Es kommt aber auch immer wieder zu Misshandlungen von Flüchtlingen auf Polizeirevieren. Am 21. Oktober wurden beispielsweise drei Häftlinge aus Bangladesch und Pakistan im dritten Stock eines Polizeireviers verprügelt. »Es gibt auch Beispiele, wo Menschen auf Polizeiwachen gebracht wurden, dort festgehalten und für einige Stunden misshandelt wurden und es gibt Fälle wo offizielle Dokumente während dieser Zeit bewusst zerstört wurden« heißt es in einem UN-Report.

Offiziell wird das natürlich bestritten. Aber mittlerweile gab es Zwischenfälle, wo die Polizei auch zwei Touristen schwer misshandelte – in der Annahme, es handle sich um Flüchtlinge. Ein koreanischer Rucksacktourist wurde schwer misshandelt, weil er die ihn kontrollierenden Zivilpolizisten bat, sich auszuweisen. Selbst nachdem ihn schon Handschellen angelegt worden waren, prügelten die Polizisten weiter auf ihn ein. Im Sommer traf es einen schwarzen US-Bürger nigerianischer Abkunft. Er wurde, obwohl er seine Papiere wie gefordert vorzeigte, auf die Wache gebracht und dort so schwer misshandelt, dass er das Bewusstsein verlor. Offenbar mussten noch weitere US-BürgerInnen ähnliche Erfahrungen machen. Mitte November gab das US-Außenministerium eine Warnung heraus, dass ihren Bürgern in Athen Ähnliches zustoßen könnte (nach BBC News 1.1.2013)

Wir wurden selbst Zeugen des rabiaten Vorgehens eines solchen Polizeitrupps in einer Seitenstraße, wo ein Flüchtling, der sich gegen die Fesselung lautstark zur Wehr zur Wehr setzte, mit Faustschlägen und Tritten traktiert wurde. Nachdem der offenkundige Leiter der Polizeieinheit von einem Mitglied unserer Gruppe zur Rede gestellt wurde, rechtfertigte er sich damit: »Diese Leute sind daran schuld, dass meine Brüder und Verwandten arbeitslos sind…«

»Neue Demokratie« und PASOK spielen die rassistische Karte

Nicht nur die Neonazis der »Goldenen Morgenröte« spielen die rassistische Karte. Schon im Wahlkampf 2009 ging PASOK mit der Parole Null-Toleranz gegen illegale Einwanderung hausieren und warf der damaligen ND-Regierung vor, nicht genügend für die Abriegelung der Grenzen zur Türkei zu tun. Der frühere Minister für öffentliche Ordnung der PASOK-Regierung, Michalis Chryssohoides, machte den Griechen mit angeblich ansteckenden Krankheiten der Afrikaner und Asiaten Angst. Er bezeichnete die illegalen

Einwanderer als »Hygiene-Bombe, die vor der Explosion steht«. (Nach *Der Standard*, 28. April 2012, »Faschisten wittern Morgenluft«)

Antonis Samaras, der aktuelle griechische Ministerpräsident und Chef der konservativen »Neuen Demokratie« machte im Juni 2012 Wahlkampf mit dem Versprechen, die griechischen Straßen von Migranten zu säubern: »Griechenland ist heute zum Zentrum für illegale Einwanderer geworden. Wir müssen uns unsere Straßen zurückholen, wo illegaler Drogenhandel, Prostitution und Fälscherware boomen. Es gibt da viele Krankheiten und da spreche ich nicht nur von Athen.«

Der Chef der ND von Nordgriechenland erklärte seine Partei und Chrysi Avgi zu »Schwesterorganisationen« ohne, dass es in der ND deswegen einen Aufschrei der Empörung gegeben hätte. In ähnlicher Weise äußerte sich der Berater von Samaras, Kranidiotis: Seiner Meinung nach besteht die Basis der »Goldenen Morgenröte« »hauptsächlich aus unseren Leuten aus der Nachbarschaft, die eine nachdrücklichere Positionierung in der Frage der illegalen Migration« wollen. In einigen Gesetzen der Samaras-Regierung findet diese rassistische Gesinnung ihren Niederschlag.

Inzwischen gibt es bereits Sondergesetze für Flüchtlinge. Die konservative Regierung Samarás hat jetzt ein Gesetz verabschiedet, wonach die Gesetzesverstöße von MigrantInnen ohne Papiere härter bestraft werden als die eines Griechen. Am 20. Januar 2013 wurden zwei junge Flüchtlinge von der 2. Einzelrichterkammer des Strafgerichts Athen wegen eines Fahrraddiebstahls zu acht (!!) Jahren Haft verurteilt. (Griechenland-Blog, 3. Februar 2013)

Und dann wäre noch die Rolle der Medien: »Völlig unreguliert durch den Staat und im Besitz von verschiedenen Berlusconi-Kleinausgaben haben das griechische Radio und die Fernsehkanäle über Jahrzehnte hinweg einen wahren Kult um Chauvinismus, Rassismus, Sexismus und Hass gegen Einwanderer kultiviert. Jetzt präsentieren sie ständig die Kader der Goldenen Morgenröte als ganz normale Bürger, zeigen sie von ihrer ›privaten‹ Seiten und stilisieren sie zu Lifestyle-Ikonen und Medienstars hoch. Nur sehr selten diskutieren sie die gewalttätigen Verbrechen, derer diese Leute angeklagt oder gar überführt sind«, schreibt Spyros Marchetos im *Guardian*. (19.6.2012)

3. Chrysi Avgi: Stiefelnazis, keine Rechtspopulisten

Dimitris Psarras[*] *über Hintergrund und Charakter der »Goldenen Morgenröte«*

Weimar in Athen: Im Zusammenbruch des politischen Systems und dem kometenhaften Aufschwung einer Nazipartei des alten Typs scheint sich Geschichte zu wiederholen. Auch die notwendige anti-faschistische Einheitsfront ist eine Lektion, die nochmal zu lernen ist. Das nachstehende Interview führten Eleni Varikas und Michael Löwy, beide sind Hochschullehrer in Paris.

Wo hat die Neonaziorganisation Chrysi Avgi (CA, »Goldene Morgenröte«) ihren Ursprung?
Chrysi Avgi wurde im Dezember 1980 als Naziorganisation gegründet. Seither besteht ihre Führung aus derselben Personengruppe, ihr unangefochtener Chef ist Nikolaos Michaloliakos. Während der Obristendiktatur [1967–1974] war Michaloliakos Mitglied der Neonaziorganisation »Partei des 4. August«. Nach dem Sturz der Diktatur gab es zahlreiche Attentate von Juntaanhängern in Zusammenarbeit mit den italienischen Neofaschisten von Ordine Nuovo. Michaloliakos wurde beschuldigt, Sprengstoff besorgt zu haben, verurteilt und verbrachte ein Jahr im Gefängnis. 1984 ernannte Papadopoulos, der Ex-Diktator im Gefängnis, Michaloliakos zum ersten Führer der Jugend der von Papadopoulos gegründeten Partei EPEN (Nationale Politische Union).
Aber Michaloliakos blieb nicht lange in dieser Funktion, ihm war diese Partei von Juntaanhängern nicht hart und vor allem nicht antisemitisch genug. Er reaktivierte CA und setzte die Nazipropaganda fort. Ab dem Beginn der 90er Jahre profitierte die Organisation von der nationalistischen Welle in Folge des Konflikts zwischen Griechenland und der früheren jugoslawischen Republik Mazedonien um den Namen Mazedonien. Es kam zu ersten öffentlichen Auf-tritten (z. B. bei nationalistischen Massendemonstrationen), aggressive Akte häuften sich.

Welche Differenzen bestehen zwischen CA und den anderen Gruppen der extremen Rechten in Griechenland?
Die meisten Formationen der extremen Rechten, die nach dem Sturz der Diktatur aufgetreten sind, zeichnen sich durch starke nationalistische und traditionalistische Tendenzen aus – sie sind für eine Intervention der Armee in der Hoffnung auf eine Restauration der Monarchie und identifizieren sich mit Kirche und Staat. Dagegen hat CA eine klar nazistische Weltsicht, die nicht

den Vorstellungen der anderen Parteien der extremen Rechten entspricht. Alle früheren Tendenzen, besonders die Beziehungen zu den Überresten der Diktatur, zu den Monarchisten und der Kirche übernimmt CA nur aus taktischen Gründen und als ergänzende Elemente.

Welches sind die besonderen Nazikennzeichen von CA? In welcher Form repräsentiert oder reaktiviert CA eine Nazitradition in Griechenland?
Seit ihrem ersten Auftreten wird CA mit der deutschen NS-Ideologie identifiziert. Es handelt sich nicht um eine Partei der sog. »dritten Welle« der europäischen extremen Rechten. Rassismus und Gewalt sind wesentliche Bestandteile. In ihren Publikationen übersetzt sie Naziklassiker wie Hitler, Rosenberg und Freisler. Außerdem kooperiert CA periodisch mit anderen Neonazibewegungen in Europa.

Aber das Wichtigste sind nicht die ideologischen Konvergenzen. CA folgt mit der Schaffung eigener Sturmabteilungen (SA) sehr genau der politischen Praxis der NSDAP, die in den großen Städten ganze Stadtviertel »eroberte«. CA-Aktivisten zerschlagen die Verkaufsstände von Migranten und greifen sie massiv an. Die Anwendung von Gewalt ist ein konstitutives Element ihrer Praxis und nicht bloß eine gelegentliche Handlung ihrer extremistischsten Mitglieder.

Wer sind nach der Ideologie von CA die »Feinde«? Die Juden, die Homosexuellen, die Migranten, die Muslime, die Aktivisten der Linken, die Feministinnen?
Alle diese gehören laut CA-Ideologie zur Kategorie der »Untermenschen«. Sie sind Feinde und somit Zielscheibe. Aber CA achtet darauf, die Zielscheiben nach der politischen »Mode« jeder Phase zu bestimmen. Anfangs der 90er Jahre war in Griechenland die nationalistische Hysterie um den Namen Mazedonien »Mode«. Damals waren die Aktivisten der internationalistischen Linken die Hauptzielscheibe von CA, weil sie »Verräter an der Nation« seien. In den letzten Jahren sind die Migranten zur Hauptzielscheibe geworden, seitdem sich erneut ein politisches Klima der Fremdenfeindlichkeit im Land etabliert hat, darauf stützt sich CA bei ihrer blutigen Propaganda.

Wie entwickelten sich die Wahlergebnisse von CA in den letzten Jahren?
Zum ersten Mal trat die Organisation bei den Europawahlen 1994 zu Wahlen an, da erhielt sie 7242 Stimmen (0,1%). Danach nahm sie selektiv an mehreren Wahlen teil, mit recht niedrigen Ergebnissen. Ein sichtbareres Resultat erzielte sie bei den Europawahlen 1999, wo sie 0,8% der Stimmen erhielt. Bei den

Kommunalwahlen von 2002 arbeitete sie mit G. Karatzaferis zusammen, der eine von Le Pen inspirierte rechte Partei gegründet hatte. Bei den Europawahlen 2009 trat sie wieder unter ihrem eigenen Namen an und erhielt 0,5%, bei den Parlamentswahlen im selben Jahr bekam sie nur 0,3%.

Den Durchbruch brachten die Kommunalwahlen 2010, als die Krise bereits begonnen hatte. CA kam in Athen auf 5,3% und Mixaloliakos wurde in den Stadtrat gewählt. In manchen Wahlkreisen im Zentrum von Athen erzielte sie noch höhere Ergebnisse. Bei den Parlamentswahlen im Mai 2012 kam die Partei auf 7,0% (441 000 Stimmen), einen Monat später auf 426 000 Stimmen (6,9%) und 18 Abgeordnete.

Wie erklärt sich ihr spektakulärer Wahlerfolg 2012?
Ohne die Wirtschaftskrise wären die Dinge zweifellos anders gelaufen. Aber die Krise reicht nicht, um zu erklären, warum eine so extreme Formation für so viele Bürger anziehend ist. Wenn die Krise nicht den Zusammenbruch des politischen Systems provoziert hätte, hätten wir nichts dergleichen erlebt. Die Mehrheit der CA-Wähler meint, sich mit Hilfe dieser extremen Wahl an den Politikern, den Parteien, den Regierungen rächen zu können. In ihrer totalen Verzweiflung sind sie der Überzeugung, dass dem Bürger nur das eine Instrument bleibt, sich mit Hilfe dieser extremistischen Organisation zu rächen. Es ist ein klassischer Fall eines kollektiven Ressentiments. Aber man darf auch nicht die Tatsache unterschätzen, dass sich CA mit vielen ihrer Sprüche – vor allem über Migranten – auf einem Terrain bewegt, das lange vorher von fremdenfeindlichen Kampagnen vorbereitet wurde. Die Medien, besonders die privaten Fernsehanstalten, verbreiten seit langem verschiedene nationalistische und rassistische Stereotypen.

Außerdem haben die beiden größten Parteien – ND und PASOK – einen großen Teil der migrantenfeindlichen Rhetorik von CA übernommen, im naiven Glauben, deren Wähler zu sich herüber zu ziehen. Diese beiden Parteien haben 2011 eine Koalitionsregierung mit der rechtsextremen Partei LAOS gebildet und somit zum ersten Mal seit dem Ende der Diktatur die Beteiligung der extremen Rechten an der Regierung legitimiert.

Wie kommt es, dass die schrecklichen Leiden Griechenlands unter der Nazibesetzung den jüngsten Erfolg des Neonazismus nicht verhindert haben? Mangelt es an historischer Erinnerung?
Es scheint, dass die historische Erinnerung nicht ausreicht, wenn das Gefühl der Verzweiflung und der blinden Rache massiv zunimmt. Aber noch etwas anderes muss berücksichtigt werden. Während der deutschen Besatzung gab

es in Griechenland zahlreiche Nazikollaborateure. Da auf die Okkupation der Bürgerkrieg folgte (1946-1949), wurden viele von diesen zu Verfechtern des »nationalen Staates«. In Griechenland ist deshalb nicht nur die »Entnazifizierung« ausgeblieben, die es in mehreren europäischen Staaten gab. Hier sind aus Kollaborateuren auch sichtbare staatliche Funktionsträger geworden, während die wirklichen Widerstandskämpfer, d.h. die Linke, nach dem Krieg von der Staatsmacht als Verräter denunziert und ins Exil oder Gefängnis geschickt wurden.

Wie kommt es, dass Gewaltakte von CA gegen Migranten und sogar die Angriffe auf Abgeordnete der Linken ungestraft bleiben?
Es ist wahr, dass sehr wenige dieser Angriffe vor Gericht kommen. Der Grund ist, dass CA seit Jahren besondere Beziehungen zur Polizei und insbesondere zu deren paramilitärischen Sondereinheiten unterhält. Bei den letzten Wahlen zeigte sich, dass ein großer Teil der Polizeibeamten für CA gestimmt hat. Das ist auch der Grund, warum die Behörden zögern, gegen Angriffe der Nazis zu ermitteln.

Hinzu kommt, dass es kein soziales Netzwerk zur Unterstützung der betroffenen Migranten gibt, deshalb haben diese Angst, solche Vorkommnisse anzuzeigen, aus Furcht vor Sanktionen, vor allem wenn sie keine Papiere haben. Erst in jüngster Zeit haben die Behörden angefangen, endlich zu reagieren, vor allem nachdem CA-Abgeordnete führend an besonders provokanten Aktionen gegen migrantische Kleinhändler beteiligt waren. Das Parlament hat ihre Immunität sofort aufgehoben, und der Minister für öffentliche Ordnung hat die Polizisten suspendiert, die als Schutztruppe der Parlamentsgruppe von CA eingesetzt waren.

Wie bewertet die Linke die neonazistische Gefahr in Griechenland? Gibt es ein gemeinsames Vorgehen?
Leider gibt es bis heute keine Anzeichen für eine gemeinsame antifaschistische Strategie der Linken. All diese Parteien und Organisationen halten ihre programmatischen Differenzen untereinander für wichtiger. Zum Beispiel akzeptiert die KKE in keinem Fall eine Zusammenarbeit mit SYRIZA, der sie vorwirft, »proeuropäisch« zu sein, während SYRIZA nicht mit Dimar sprechen will, weil sie an der volksfeindlichen Regierung von Samaras beteiligt ist. Natürlich agieren all diese Parteien und die sozialen Bewegungen jede auf ihre Weise, um sich der faschistischen Bedrohung entgegenzustellen, aber es ist offensichtlich, dass das nicht reicht. Ich fürchte, dass sie die neonazistische Gefahr vielfach unterschätzt haben, und sie wurden wahrscheinlich von der

Tatsache überrascht, dass es nicht genügt, den Charakter von CA zu »entlarven«, um ihr die Massenunterstützung zu entziehen. Die Generalsekretärin der KKE, Aleka Papariga, meinte z. B., wenn CA ins Parlament kommt, werde sie ins politische System integriert werden, das hat sich als Irrtum herausgestellt. Das Gegenteil ist passiert. Nach ihrem Wahlerfolg ist die Organisation noch provozierender und aggressiver aufgetreten.

Dimitris Psarras ist ein bekannter griechischer Journalist und Mitbegründer von *Ios (Virus)* – einer unabhängigen Wochenendbeilage der Tageszeitung *Eleftherotypia* und seit zwanzig Jahren ein Organ des kritischen Journalismus. Psarras ist aktuell Redakteur der selbstverwalteten Tageszeitung *Efimerida ton Sindakton (Zeitung der Redakteure)*. Er verfasste das »Schwarzbuch Chrysi Avgi«.

Quelle: SoZ – *Sozialistische Zeitung,* Website: http://www.sozonline.de, Artikel-Link: http://www.sozonline.de/2013/05/chrysi-avghi-stiefelnazis-keine-rechtspopulisten/Veröffentlichung: 30. Mai 2013.

Theo Angelopoulos (1935-2012)

Von Paul B. Kleiser

Am 24. Januar 2012 wurde der griechische Filmregisseur Theodoros Angelopoulos bei den Dreharbeiten zu seinem neuen Film »Das andere Meer«, in
dem er sich auch mit den Folgen der Finanzkrise für Griechenland auseinan-
dersetzen wollte, beim Überqueren der Straße in Piräus von einem Motorrad
erfasst. Er starb ein paar Stunden später im Krankenhaus. Er wurde 76 Jahre
alt. Das Land verliert mit ihm seinen größten Filmemacher und das europäische Kino einen der bedeutendsten zeitgenössischen Regisseure. In einem guten Dutzend Langfilmen setzte er sich mit der griechischen und europäischen
Geschichte und deren Brüchen und Katastrophen auseinander. Gleichzeitig
war seine Art des Filmemachens, des genauen Komponierens und der langen,
intensiven Kamerafahrten, selbst schon ein Akt des Innehaltens, der Verweigerung und des Widerstandes gegen die immer rasender werdenden globalen
Bilderfluten.

Nach nicht abgeschlossenen Studien in Athen und Paris drehte Angelopoulos 1970, zur Zeit der Militärdiktatur, seinen ersten Spielfilm, »Die Rekonstruktion«. Ein »Gastarbeiter« kommt aus Deutschland in sein abgelegenes
Dorf zurück, findet dort seine Frau mit einem Liebhaber und bringt diesen
um. Solche Geschichten gibt es im Kino zuhauf; die bedeutendste Version dieses Themas, »Ossessione«, wurde 1950 von Luchino Visconti gedreht, dessen
frühe Filme auch als Vorbild für »Rekonstruktion« gelten können. Das eigentliche Thema ist die (reale und mentale) Abgeschlossenheit des Dorfes, das im
Schweigen zusammenhält und sich gegen eine feindliche Stadt (die Polizei, die
Presse, die Regierung) zur Wehr setzt, was auch immer geschieht. Tatsächlich
handelt es sich bei dieser anti-etatistischen Haltung um einen Grundzug der
griechischen Geschichte bis heute. Denn der im 19. Jahrhundert entstehende
neue Staat setzte gewisse Traditionen der früheren Fremdherrschaft einfach
fort: Die Behörden kommunizierten in der (dem Altgriechischen nachemp-
fundenen) Amtssprache »Katharäoussa«, die das einfache Volk weder verstehen noch sprechen konnte. Daher bedurfte es »studierter Personen«, die
als Mittler zwischen der Staatsgewalt und der einfachen Bevölkerung tätig
werden konnten. Um sie herum bildeten sich in der Regel die Netze des Klientelismus, die ja bis heute wirksam sind.

Bereits der zweite Film, »Die Tage von 36«, beschäftigte sich mit der Diktatur und es war schon ein Glücksfall, dass er im Griechenland der Obristen
gedreht werden konnte. Es geht um den Militärputsch des rechten Generals

und Faschistenfreundes Ioannis Metaxas von 1936, der einen Polizeistaat nach italienischem Vorbild errichtete. Der Film beginnt mit einer Massenveranstaltung, auf der ein Gewerkschaftsführer reden soll; zu Beginn der Rede wird er niedergeschossen. Der frühere Mitarbeiter der Polizei, Sofianos, der inzwischen die Seiten gewechselt hat, wird des Mordes verdächtigt und ins Gefängnis gebracht. Dort gelingt es ihm, einen ihn besuchenden konservativen Abgeordneten als Geisel zu nehmen, wodurch eine tiefgreifende politische Krise ausgelöst wird. Entweder verlassen die Liberalen oder die Konservativen die Regierung – daher die gewaltsame »Lösung« durch den Militärputsch und die Ermordung des Häftlings. Angelopoulos filmt aus der Sicht des Volkes (häufig durch das Gefängnisgitter!), also sieht man die Politiker kommen und gehen, doch ihre Verhandlungen werden in den entscheidenden Momenten durch Geräusche der Straße, Motoren- und Fluglärm etc. überdeckt. Man kann nicht hören, sondern muss *sehen*, was geschieht.

Auch Angelopoulos' weitere Filme beschäftigen sich mit der modernen griechischen Geschichte und ihren Brüchen. Die »Wanderschauspieler« (*O Thiasos*) sind eine um eine Familie herum gruppierte Schauspieltruppe, die von Ort zu Ort durchs Land zieht und das bekannte griechische Volksstück »Golfo, die Schäferin« aufzuführen versucht. Es ist eine Art Reise durch Raum und Zeit mit zahlreichen Verweisen auf das klassische griechische Drama. 1939 weilt die Truppe gerade in Aigion bei Patras, wo alles für den Besuch von Reichspropagandaminister Goeppels vorbereitet wird, der auf seinem Weg nach Olympia hier durchkommen soll. Die Situation der Gruppe ist spannungsgeladen, denn in ihr gibt es Befürworter und Gegner des Faschismus sowie Opportunisten. Der die Schauspieler anführende Vater berichtet von seiner Flucht aus Kleinasien 1922, als die Türken die griechischen Gebiete um Smyrna (Izmir) überrannten. Als die Truppe im nächsten Ort ankommt, feiert man (es ist Oktober 1940) gerade den Kriegseintritt des Landes gegen Italien und die Truppe widmet ihre Aufführung den Soldaten an der Front. Ein Bombenangriff der Italiener zwingt zur Aufgabe der Vorstellung. Der Vater meldet sich zur Armee und wird von einem Kommando der Wehrmacht erschossen, weil er einen Verbindungsmann der Engländer zu den in den Bergen kämpfenden Partisanen gedeckt hat. (Bekanntlich haben die Partisanen den Italienern und der Wehrmacht erhebliche Verluste zugefügt, so dass es zu äußerst brutalen Vergeltungsmaßnahmen, etwa in Kalavrita oder Distomo, gekommen ist.) 1944 soll die ganze Truppe von der sich auf dem Rückzug befindlichen Wehrmacht an die Wand gestellt werden, doch ein Partisanenangriff rettet ihnen das Leben. Ab 1944 finden unter den Bedingungen einer Hungersnot Demonstrationen für die wieder erkämpfte Demokratie statt, doch schon bald richten die Briten sich als neue Besatzungsmacht ein; der Bürgerkrieg beginnt, Athen wird von den Briten bombardiert. In den Kämpfen zwischen Linken und Rechten finden zahlreiche Rachemorde und Massaker statt. Angelopoulos verknüpft auf dem Hintergrund einer gewalttätigen Geschichte zahlreiche Episoden der schauspielernden Familie mit ihren Ausbrüchen von Liebe, Hass und Leidenschaft zu einem ungemein beeindruckenden Gesamtbild. Gleichzeitig reflektiert er über die Möglichkeiten des Mediums Film, geschichtliche Themen kritisch darzustellen.

Den nächste Film, »Die Jäger« (*I Kynighi*), drehte Angelopoulos nach dem Sturz der Obristenherrschaft 1974. Er schließt gewissermaßen an den vorherigen an und reflektiert die Verdrängungsmechanismen der »normalen« bürgerlichen Gesellschaft. Filmische Vorbilder dürften Jean Renoirs »Spielregel« (*La règle du jeu*) und Luis Bunuels »Würgeengel« (*El angel exterminador*) gewesen sein. Es treffen sich ein Redakteur, ein Großindustrieller, ein Unternehmer und früherer Kommunist, ein Oberst im Ruhestand und ein früherer rechter Politiker bei ihrem Freund, dem Hotelier Savas (türkisch = Krieg) zur Wildschweinjagd im winterlichen Epiros-Gebirge. Diese betuchte Jagdgesellschaft findet auf einem Jagdausflug in den Schnee die Leiche eines Partisanen aus dem Jahr 1949. Doch das Blut ist noch frisch und die Jäger daher perplex: »Diese Geschichte von 1949 ist doch abgeschlossen!« meinen sie. Sie bringen die Leiche ins Hotel, wo schon alles für die Neujahrsfeier 1977 vorbereitet ist. Eigentlich möchten sie die Leiche verschwinden lassen, doch Savas ruft schließlich die Polizei, die sich jedoch für nicht zuständig erklärt und wieder abreist. Wir sehen Demonstrationen und den Wahlkampf von 1964, als Papandreou (der Großvater des heutigen Chefs der PASOK) für die liberale Zentrumsunion die Wahlen gewann. Die Jäger treffen sich mit dem früheren Chef der Hatz auf die Kommunisten nach 1945. Im Umkreis der Regierungsbildung kommt es zu Massendemonstrationen für die Demokratie und gegen den Faschismus. Gleichzeitig organisieren sich die Kräfte der Rechten, bringen führende Gegner um und bereiten den Putsch von 1967 vor. Es gibt wenige Filme, die die Brutalität und Verdrängungskünste der Herrschenden und ihre Verachtung des Volkes so klar herausarbeiten wie »Die Jäger«.

Im Jahr 1980 drehte Angelopoulos »Der große Alexander« (*O Megalexandros*), der häufig als Abgesang auf den Stalinismus oder gar den Marxismus interpretiert worden ist – vor allem von Leuten, die wenig Ahnung von der griechischen Geschichte haben. Für mich ist »Der große Alexander« sein originellstes und bedeutendstes Werk.

Im Athener Königspalast wird gerade Silvester 1900 gefeiert, als aus dem Gefängnis auf der Insel Syros Gefangene ausbrechen, die sich um einen auf einem Schimmel reitenden Anführer scharen, der sich ganz unbescheiden »Der große Alexander« nennt und auch entsprechend drapiert. Es handelt sich um eine Gruppe von »Kleften« (Dieben), wie es sie in Zeiten der osmanischen Fremdherrschaft fast überall auf dem Balkan gab und die im griechischen Befreiungskampf als Bewaffnete eine nicht unerhebliche Rolle gespielt haben. Sie nahmen den Steuereintreibern wieder einen Teil ihrer »Beute« ab und verteilten sie – natürlich nicht ohne einen beträchtlichen Eigenanteil abgezweigt zu haben – an die bäuerliche Bevölkerung zurück.

Die Gruppe um »Alexander« reitet auf den Tempel am Kap Sounion zu, wo eine Gruppe von britischen Adeligen neben dem berühmten Sonnenaufgang auch den Anbruch des 20. Jahrhunderts feiern möchte. Die Briten werden von der Ausbrechergruppe entführt und Alexander schreibt an die Regierung: »Sollten Eure Gnaden zu vermitteln belieben, dass die Felder im Tal ihren Besitzern zurückerstattet werden und eine Amnestie gewährt wird, mir und meinen Leuten und all jenen, die eingesperrt wurden dafür, dass wir die Rechte erzwungen haben, die uns die Gutsherren verweigerten, dann werden wir die Lords und die Damen freilassen.«

Alexander bringt die Gruppe in sein genauso malerisches wie archaisches Dorf in den Bergen im Norden Griechenlands. Die Regierung, die von London unter Druck gesetzt wird, ist bereit, ein Lösegeld zahlen, lehnt jedoch eine Amnestie ab. Auch von der Polizei verfolgte italienische Anarchisten treffen im Dorf ein. Sie haben vom dortigen Lehrer gehört, der versucht, aus dem Dorf eine Art Musterkommune mit Gemeineigentum zu machen. Die Idee vom Gemeineigentum behagt den Kleften jedoch ganz und gar nicht.

Alexander begibt sich in sein Haus, wo seine Stiefschwester, die auch seine Stieftochter ist, auf ihn wartet. Im Zimmer hängt ein Brautkleid mit einem eingetrockneten Blutfleck an der Stelle des Herzens.

Die Auseinandersetzungen zwischen den Kleften, der Bevölkerung, die ihr Land zurückbekommen soll, und der Regierung eskalieren. Alexander entwickelt sich zu einer Art Kleindespot und es kommt zu einem Aufstand gegen ihn. Er greift zum Mittel des Terrors und lässt nacheinander alle Gegner und auch die Briten umbringen. Dies ist das Fanal zum Angriff der Armee; in einem magischen Bild, das seinesgleichen sucht, wird Alexander vom Volk verschlungen. Zurück bleibt nur sein Helm.

Mit »Die Reise nach Kithera« (1982-84) und vor allem »Der Bienenzüchter« (1986, mit Marcello Mastroianni) begann Angelopoulos eine neue Episode seines Schaffens, in der eher einzelne Charaktere im Mittelpunkt stehen. Der Regisseur greift bei der Besetzung der zentralen Männerrollen auf internationale Schauspieler zurück. Der frühere Lehrer Spiros möchte wie sein Vater und Großvater mit seinen Bienen der »Straße des Frühlings« folgen. Die Tochter hat geheiratet (der unendliche Regen unterstreicht die Gefühle des Abschieds) und der Sohn geht zum Studium nach Athen. So ist Spiros allein mit seiner Vergangenheit und seinen (häufig traumatischen) Erinnerungen. Nach einer heftigen Liebschaft mit einer jungen Frau beendet er sein Leben in einem Bienenschwarm.

Angelopoulos' bedeutendste Filme aus den 1990er Jahren waren »Der Blick des Odysseus« (1995, mit Harvey Keitel) und »Die Ewigkeit und ein Tag« (1998, mit Bruno Ganz), für den er in Cannes die »Goldene Palme« bekam. In »Blick des Odysseus« filmt der Regisseur eine Reise durch den Balkan auf der Suche nach verschollenen Filmrollen des ersten griechischen Filmregisseurs, die im belagerten Sarajevo endet. Die Stadt liegt in einem undurchdringlichen Nebel, durch den Schüsse von Snipern peitschen. Das Kino ist von Bomben getroffen und dient als wenig einladender Aufwärmort. Ein Schiff auf der Donau transportiert eine monumentale Lenin-Statue aus Granit. Der Film verbindet die Ereignisse von 1914 mit den Zerfallskriegen des früheren Jugoslawien.

In »Die Ewigkeit und ein Tag« verabschiedet sich der von Bruno Ganz gespielte Dichter von seinen Freunden, um ins Krankenhaus zu gehen, wo er wohl an seiner Krebserkrankung sterben wird. Zufällig trifft er einen sich illegal in Griechenland aufhaltenden Jungen, der von einer Bande geschnappt wird, die Kinder an reiche Griechen verhökert. Dies geschieht in einer baufälligen Baracke unweit einer Durchgangsstraße. Auf unnachahmliche Weise filmt Angelopoulos in einer Art *film noir* die Enge und Bedrohung der »Illegalen« und wie sie von kriminellen Banden ausgenützt werden. Der Protagonist bringt den Jungen im Auto an die verschneite Grenze (wohl Albanien). Die Grenzbefestigungen sehen aus wie ein KZ; in den Drähten hängen Menschen – ein surreales Bild voll poetischer Wahrheit. Der Dichter flüchtet mit dem Jungen nach Süden, wo er in einer Art Halluszination Bilder aus der Geschichte von Literatur und Theater erfährt: Ein Italiener trägt seine Oden auf Griechenland vor und fährt dann in einem Pferdewagen des 19. Jahrhunderts von dannen. Vergangenheit und Gegenwart verschmelzen zu einer Art Traumbild der Hoffnung einer möglichen besseren Zukunft.

In den Jahren nach 2000 arbeitete Angelopoulos an seiner »Die Erde weint«-Trilogie, die die Vertreibung der Griechen aus Kleinasien zum Thema hat.

Es ist dem Göttinger Unternehmen Kairosfilm zu verdanken, dass gerade eine Box mit sechs Filmen von Theo Angelopoulos veröffentlicht wurde. Außerdem gibt es dort *O Megalexandros* und der *Blick des Odysseus* ebenfalls auf DVD.

Bibliografie

Aldcroft, Derek H. (2006): *Europe's Third World*. The European Periphery in the Interwar Years, Hants & Burlington (Ashgate).

Alter, Peter (1994): *Nationalismus*. Dokumente zur Geschichte und Gegenwart eines Phänomens, München/Zürich (Piper).

Anderson, Benedict (1983): *Imagined Communities*. Reflections on the Origins and Spread of Nationalism, London, New Yorh (Verso).

Anderson, Perry (1978): *Von der Antike zum Feudalismus*. Spuren der Übergangsgesellschaften, Frankfurt am Main (Suhrkamp).

Anderson, Perry (1979): *Die Entstehung des absolutistischen Staates*, Frankfurt am Main (Suhrkamp).

Anderson, Perry (2009): *Nach Atatürk*. Die Türken, ihr Staat und Europa, Berlin (Berenberg).

Aristoteles (1973): *Politik*, München (dtv).

Benedikt XVI. (= Joseph Ratzinger) (2012): *Die Ökologie des Menschen*. Die großen Reden des Papstes, München (Pattloch).

Bloch, Marc (1982): *Die Feudalgesellschaft*, Frankfurt am Main/Wien/Berlin (Propyläen), (zuerst Paris 1939).

Brosius, Bernhard (2007): *Strukturen der Geschichte*. Eine Einführung in den Historischen Materialismus, Köln (Neuer ISP).

Charalambis, Dimitris (1981): *Gesellschaftliche Klassen, politische Krise und Abhängigkeit*. Die politischen Strategien der herrschenden Klasse in Griechenland und die innerbürgerlichen Widersprüche (1952-1974), Frankfurt am Main/Bern (Peter Lang).

Clogg, Richard (1997): *Geschichte Griechenlands im 19. und 20. Jahrhundert*. Ein Abriss, Köln (Romiosini).

Darwin, John (2010): *Der imperiale Traum*. Die Globalgeschichte großer Reiche 1400-2000, Frankfurt am Main (Campus).

Delacampagne, Christian (2004): *Die Geschichte der Sklaverei*, Düsseldorf und Zürich (Artemis & Winkler).

Dirrigl, Michael (1980): *Ludwig I. König von Bayern*, München (Hugendubel).

Eberhard, Erik (2005): *Revolution und Konterrevolution in Griechenland*, Wien (= *Marxismus* Nr. 25, hrsg. von der AGM).

Fischer, Walter, Rondholz, Eberhard (1970): »Revolution und Konterrevolution in Griechenland 1936-1970«, in: *Das Argument* Nr. 57, Mai.

Fouskas, Vassilis K. und Dimoulas, Constantine (2013): *Greece, Financialization and the EU*. The Political Economy of Debt and Destruction, Houndmills (Palgrave Macmillan).

Gaitanides, Johannes (1978): *Griechenland ohne Säulen*, München (List), 2. Auflage (zuerst 1955).

Grekopoulou, Paraskevi (1995): *Die Mittelschichten in Griechenland – Entwicklung und soziale Differenzierung seit 1950*. Ein Beitrag zur Strukturanalyse Griechenlands, Frankfurt am Main (Peter Lang).

Hobsbawm, Eric (1995): *Das Zeitalter der Extreme*. Weltgeschichte des 20. Jahrhunderts, München, Wien (Carl Hanser).

Ikonomou, Christos (2013): *Warte nur, es passiert schon was*. Erzählungen aus dem heutigen Griechenland, München (C.H.Beck).

Irmscher, Johannes (1968): »Der Dessauer Dichter Wilhelm Müller und der deutsche Philhellenismus«, in: *Hellenika* 21, S. 48-74.

Jacoby, Edmund (2009): *Kurze Geschichte Europas*, Berlin (Jacoby & Stuart).

Konstantinou, Evangelos (2012): Griechenlandbegeisterung und Philhellenismus, www.ieg-ego.eu/de/threads/modelle-und-stereotypen/griechenland. html

Laskos, Christos and Tsakalotos, Euclid (2013): *Crucible of Resistance*. Greece, the Eurozone, and the World Economic Crisis, London (Pluto Press).

Lieberman, Benjamin (2006): *Terrible Fate*. Ethnic Cleansing in the Making of Modern Europe, Chicago (Ivan R. Dee).

Lilie, Ralph-Johannes (2003): *Byzanz*. Das zweite Rom, Berlin (Siedler).

Lützeler, Paul Michael (1992): *Die Schriftsteller und Europa*. Von der Romantik bis zur Gegenwart, München (Piper).

Maier, Franz Georg, Hg. (2011): *Byzanz*, Hamburg (Nikol) (zuerst bei Fischer, Frankfurt am Main 1973).

Majoros, Ferenc, Rill, Bernd (2011): *Das Osmanische Reich*. Die Geschichte einer Großmacht, 1300-1922, Hamburg (Nikol).

Manolopoulos, Jason (2011): *Greece's ›Odious‹ Debt*. The Looting of the Hellenic Republic by the Euro, the Political Elite and the Investment Community, London/New York/Delphi (Anthem Press).

Maras, Konstadinos (2012): *Phihellenismus*. Eine Frühform europäischer Integration, Würzburg (Königshausen & Neumann).

Markaris, Petros (2005): *Balkan Blues*. Geschichten, Zürich (Diogenes).

Markaris, Petros (2012): *Finstere Zeiten*. Zur Krise in Griechenland, Zürich (Diogenes).

Meier, Christian (2004): *Athen.* Ein Neubeginn der Weltgeschichte, München (Siedler), (zuerst 1993).

Meyer, Hermann Frank (2010): *Blutiges Edelweiß.* Die 1. Gebirgs-Division im Zweiten Weltkrieg, Berlin (Chr. Links), (zuerst 2008).

Moser, Brigitte/Weithmann, Michael W. (2002): *Die Türkei.* Nation zwischen Europa und dem Nahen Osten, Regensburg (Friedrich Pustet), Graz/Wien/Köln (Styria).

Mouzelis, Nicos P. (1978): *Modern Greece.* Facets of Underdevelopment, London and Basingstoke (The MacMillan Press).

Nessou, Anestis (2009): *Griechenland 1941-1944.* Deutsche Besatzungspolitik und Verbrechen gegen die Zivilbevölkerung – eine Beurteilung nach dem Völkerrecht, Göttingen (V&R unipress).

Nikolinakos, Marios und Nikolaou, Kostas, Hrsg. (1969): *Die verhinderte Demokratie: Modell Griechenland,* Frankfurt am Main (= edition suhrkamp 302).

Nikolinakos, Marios (1970): »Materialien zur kapitalistischen Entwicklung in Griechenland«, in: *Das Argument* 57, Mai.

Osterhammel, Jürgen und Petersson, Niels P. (2007): *Geschichte der Globalisierung.* Dimensionen, Prozesse, Epochen, München (C.H. Beck), (zuerst 2003).

Osterhammel, Jürgen (2009): *Die Verwandlung der Welt.* Eine Geschichte des 19. Jahrhunderts, München (C.H. Beck).

Paech, Norman (1999): »Wehrmachtsverbrechen in Griechenland«, in: *Kritische Justiz,* Heft 3, S. 380-397.

Papadopoulou, Elenea, Sakellaridis, Gabriel (2012): *The Political Economy of Public Debt and Austerity in the EU,* Athens (Nissos Publications).

Psarras, Dimitris (2014): *Neofaschisten in Griechenland.* Die Partei Chrysi Avgi, Hamburg (Laika).

Rathner, Christian (2013): *Durch die Krise kommt keiner allein.* Was Griechenland Europa lehrt. Wien, Graz, Klagenfurt (Styria).

Reinhard, Wolfgang, Hg. (1991): *Imperialistische Kontinuität und nationale Ungeduld im 19. Jahrhundert,* Frankfurt am Main (Fischer).

Richter, Heinz A. (1984): *Greece and Cyprus since 1920.* Bibliographie zur Zeitgeschichte, Heilbronn (Wissenschaftlicher Verlag Nea Hellas).

Richter, Heinz A. (2012): *Griechenland 1940-1950.* Die Zeit der Bürgerkriege (= Studien zur Archäologie und Geschichte Griechenlands und Zyperns, Bd. 59), Ruhpolding (Franz Philipp Rutzen).

Richter, Heinz A. (2013): *Griechenland 1950-1974.* Zwischen Demokratie und Diktatur, Ruhpolding (Franz Philipp Rutzen).

Rondholz, Eberhard (2011): *Griechenland. Ein Länderporträt*, Berlin (Chr. Links).

Roth, Karl Heinz (2012): *Griechenland: Was tun?* Hamburg (VSA).

Rousseas, Stephen (1968): *Militärputsch in Griechenland*, oder Im Hintergrund der CIA, Reinbek bei Hamburg (Rowohlt).

Said, Edward W. (2009): *Orientalismus*, Frankfurt am Main (Fischer), (zuerst 1978).

Schminck-Gustavus, Christoph (2010): *Winter in Griechenland*. Krieg – Besatzung – Shoah 1940-1944, Göttingen (Wallstein).

Seidl, Wolf (1981): *Bayern in Griechenland*. Die Geburt des griechischen Nationalstaats und die Regierung König Ottos, München (C.H. Beck).

Skordos, Adamantios (2012): *Griechenlands Makedonische Frage*. Bürgerkrieg und Geschichtspolitik im Südosten Europas, 1945-1992, Göttingen (Wallstein).

Strobel, Matthias (1993): *Machtwechsel in Griechenland*. Eine Analyse der Panhellenischen Sozialistischen Bewegung (PA.SO.K) zwischen 1974 und 1989, Frankfurt am Main/Berlin/Bern/New York/Paris/Wien (Peter Lang).

Tzermias, Pavlos (1999): *Neugriechische Geschichte*. Eine Einführung, Tübingen (A. Francke Verlag), (zuerst 1986).

Von Hellfeld, Matthias (2006): *Akte Europa*. Geschichte eines Kontinents, München (dtv).

Wehr, Andreas (2010): *Griechenland, die Krise und der Euro,* Köln (PapyRossa).

Weithmann, Michael W. (1994): *Griechenland*. Vom Frühmittelalter bis zur Gegenwart, Regensburg (Friedrich Pustet).

Zelepos, Ioannis (2002): *Die Ethnisierung griechischer Identität 1870-1912*. Staat und private Akteure vor dem Hintergrund der »Megali Idea«, München (R. Oldenbourg).

Autorinnen und Autoren

Georgia Bekridaki, geb. 1983 in Athen, Soziologin, promoviert gerade zum Thema Selbstverwaltung und Selbstorganisation, beteiligte sich im Sommer 2011 an der Bewegung der »Empörten«, Mitglied von »Solidarity for all«, von Syriza und »Kokkino«.

Martin Klingner, geb. 1962 in Kiel, Studium der Rechtswissenschaften in Hamburg, arbeitet dort als Rechtsanwalt, engagiert sich im AK-Distomo Hamburg.

Jan Krüger ist 47 Jahre alt und lebt in Hamburg. Er arbeitet im AK-Distomo mit.

Paul Michel, geb. 1953, Studium der Anglistik und Geschichte in Würzburg, Umschulung zum EDV-Spezialisten, Tätigkeit im IT-Bereich der Telekom, langjähriger Betriebsrat, Mitglied im Ortsvorstand von ver.di Schwäbisch Hall.

Panos Petrou, geb. 1986 in Livadia, Studium der Kommunikationswissenschaften, Redakteur von *Labour Left,* Mitglied von Syriza und DEA.

Dimitris Psarras, geb. 1953 in Athen, von 1990 bis 2012 Redakteur der Zeitung *Eleftherotypia,* Verfasser des griechischen Standardwerks zur »Goldenen Morgenröte«.

Nadja Rakowitz, geb. 1966, Studium der Politischen Wissenschaften in Frankfurt, Promotion zum Thema »Einfache Warenproduktion – Ideal und Ideologie«, seit 2001 Mitglied der Redaktion von *express. Zeitung für sozialistische Betriebs- und Gewerkschaftsarbeit,* Bildungsarbeit in der ÖTV und bei ver.di, seit 2006 Leiterin der Geschäftsstelle des Vereins demokratischer Ärztinnen und Ärzte.

Karl Heinz Roth, geb. 1942, Studium der Medizin und der Geschichtswissenschaft, Abschluss jeweils mit Promotion, Mitbegründer der Hamburger Stiftung für Sozialgeschichte des 20. Jahrhunderts. Lebt in Bremen. Zuletzt *Reemtsma auf der Krim.* Tabakproduktion und Zwangsarbeit unter der deutschen Besatzungsherrschaft 1941-1944, Hamburg (Nautilus) 2011.

Christos Sideris, geb. 1975 in Athen, Studium des Seewesens und Seerechts, arbeitet als Manager für eine Schifffahrtsgesellschaft in Piräus, organisatorischer Leiter der selbstverwalteten Klinik in Elliniko.

Charles-André Udry, geb. 1944, Wirtschaftswissenschaftler, leitet den Verlag Editions page 2 in Lausanne.